中国
金融市场开放
政策与实证分析

张雪春 徐瑞慧 著

中国出版集团
中译出版社

图书在版编目（CIP）数据

中国金融市场开放：政策与实证分析 / 张雪春，徐瑞慧著. -- 北京：中译出版社，2023.6
ISBN 978-7-5001-7420-2

Ⅰ.①中… Ⅱ.①张…②徐… Ⅲ.①金融市场—市场开放—研究—中国 Ⅳ.① F832.5

中国国家版本馆 CIP 数据核字（2023）第 084991 号

中国金融市场开放：政策与实证分析
ZHONGGUO JINRONG SHICHANG KAIFANG: ZHENGCE YU SHIZHENG FENXI

著　　者：	张雪春　徐瑞慧
策划编辑：	于　宇　华楠楠
责任编辑：	于　宇
文字编辑：	华楠楠
营销编辑：	马　萱　钟筱童
出版发行：	中译出版社
地　　址：	北京市西城区新街口外大街 28 号 102 号楼 4 层
电　　话：	（010）68002494（编辑部）
邮　　编：	100088
电子邮箱：	book@ctph.com.cn
网　　址：	http://www.ctph.com.cn
印　　刷：	固安华明印业有限公司
经　　销：	新华书店
规　　格：	710 mm × 1000 mm　1/16
印　　张：	22
字　　数：	286 千字
版　　次：	2023 年 6 月第 1 版
印　　次：	2023 年 6 月第 1 次印刷

ISBN 978-7-5001-7420-2　　　　　定价：79.00 元

版权所有　侵权必究
中 译 出 版 社

目 录

第一篇　绪言

第一章　以对外开放促进金融市场改革发展
一、中国金融市场发展的关键 · 004
二、我国金融市场结构及国际比较 · 010
三、主要金融子市场对外开放进展及评估 · 035
四、尊重国际市场规则和惯例，
　　推进金融市场更高层次的开放 · 057

第二篇　股票市场

第二章　股票市场开放历程
一、B股概况 · 068
二、中资企业境外上市 · 070
三、合格境内外机构投资者制度 · 074
四、股票市场互联互通 · 077
五、纳入国际指数 · 079
六、股票市场对外开放成效评估 · 080

I

第三章　中概股的发展历程

一、背景 · 082

二、中概股发展历史 · 090

三、中概股法律和监管框架 · 095

四、《外国公司问责法案》的影响和应对 · 107

五、中概股三次事件分析 · 112

六、美国总统行政令和股指剔除的影响分析 · 121

七、国际经验 · 131

第四章　A股和H股溢价分析：宏观视角

一、内地与香港联通机制及对A股和H股溢价的初步分析 · 144

二、相关文献综述 · 149

三、实证分析 · 154

四、结论与政策含义 · 166

第五章　A股相对H股和ADR价差分析

一、引子 · 168

二、文献综述 · 172

三、基本模型 · 176

四、实证分析 · 187

五、结论和政策含义 · 206

第六章　从H股、A股对ADR的波动溢出效应看中概股回归

一、引子 · 208

二、文献综述·209

　　三、样本选取与研究设计·212

　　四、实证结果与分析·219

　　五、结论与政策建议·227

第七章　未来方向

　　一、深入推进金融开放与汇率改革，
　　　　提升A股市场价格发现能力·228

　　二、在香港地区发行以人民币计价的中概股股票为
　　　　突破口，建立分层有效的稳定金融体系·231

第三篇　债券市场

第八章　债券市场开放历程

　　一、境外投资者和发行人"引进来"·237

　　二、境内发行人和投资者"走出去"·243

　　三、债券市场指数·248

　　四、债券市场开放评估·250

第九章　在岸和离岸债券收益率联动关系及
　　　　相关政策效果

　　一、引子·253

　　二、离岸在岸债券相关文献综述·254

　　三、离岸在岸债券收益率联动实证分析·258

　　四、结论·276

第十章　从离岸在岸企业债券收益率看利率平价理论在中国的适用性

一、引子 · 279

二、利率平价理论及其成立条件文献综述 · 281

三、模型设定、指标选取及数据初步分析 · 289

四、计量分析结果 · 294

五、结论及政策含义 · 310

后记：我国金融开放与安全 · 313

附录 · 321

参考文献 · 323

第一篇 绪言

第一章

以对外开放促进金融市场改革发展

以开放促改革、促发展,是我国改革发展的成功实践。改革和开放相辅相成、相互促进,改革必然要求开放,开放也必然要求改革。开放包括两个层次的内容:一是将外资机构引进来或让国内机构走出去;二是根据金融市场发展规律发展国内金融市场,尊重并适应国际市场规则和惯例,这是更高层次的开放。中国的金融市场是1978年改革开放后建立并发展起来的,其发展历程就是以开放促改革、促发展的成功实践。如果根据金融市场发展规律和国际规则发展国内金融市场,金融市场发展就比较快,反之就会出现问题,甚至可能推倒重来。随着开放领域不断扩大、程度不断加深,我们对开放重要性的认识在不断深化,开放本身也成为改革不可或缺的重要内容。改革开放40多年的实践表明,以对外开放来推动国内改革,经济社会发展就能在短期内取得长足进步。继续充分用好这一宝贵经验,不断提高开放型经济水平,就能在激烈的全球竞争中占据优势,并立于不败之地。

目前,我国经济总量已跃居世界第二,进入中等收入国家行列,但人均GDP排名仍靠后。我国经济正在经历一场转方式、调结构的深刻变革。从粗放到集约,从投资外需拉动到创新驱动,转变经济发展方式,实现经济结构更优、质量更高、效益更好,是迈向发达阶段必须跨过的一道坎。在新老方式转变、新旧动力转换的关键阶段,需要积极推进供给侧结构性改革,消除各种价格扭曲,更加充分地发挥市场配置资源的作用。在此过程中,需要完善金融市场体系,充分发挥金融市场服务实体经济,优化资源配置的功能作用。同时，只有开放的金融市场才会有真正的广度和深度，形成的价格信号才真正有代表性和影响力，才能够吸引更多资金和投资者，支持实体经济的发展。当前中国经济已与世界经济高度接轨，所处的发展阶段必然需要一个稳步开放的金融市场，逐步融入国际金融秩序。中国的人民币国际化进程也需要进一步开放金融市场，为海外人民币提供丰富的投资机会。人民币要成为国际储备货币，必须首先成为世界广泛接受的贸易货币和投资货币。在此背景下，应坚持以开放促改革、促发展，注重顶层设计与统筹安排，加强宏观审慎管理，建设形成与大国开放经济地位相适应、种类齐全、结构合理、服务高效、安全稳健、更具包容性和竞争性、支持实体经济可持续发展的现代金融市场体系。

一、中国金融市场发展的关键

1978年改革开放以后，为配合建立社会主义市场经济的需要，金融市场作为社会主义市场体系的一个重要组成部分，从无到有，逐步建立、发展和壮大，成绩有目共睹。目前，中国已经基本形成了涵盖货币市场、债券市场、股票市场、保险市场、黄金市场、外汇市场及相关衍生品市场等相对完善的多层次金融市场体系。中国金融市场的发展历程就是以开放促改革、促发展的成功实践，这种开放更多是遵循金融市场的发展规律。然而，在发展之初也走过一些弯路，不按金融市场的发展规律发展，出现了一些问题，甚至推倒重来。为了更好地分析中国金融市场发展的现状以及展望未来的市场发展，有必要了解金融市场发展的历史，吸取经验和教训。

英国、美国的金融体系在一两百年的发展过程中也出现过各种各样的问题，比如：美国在大危机之后出台了《格拉斯-斯蒂格尔法案》；储贷协会出问题后也进行了相应改进，如1989年通过的《金融机构改革、复兴和实施法案》，针对储贷协会危机提出了一揽子金融改革方案；随着金融业综合经营的发展，21世纪初美国出台了《金融服务现代化法》；安然事件以后，出台了《萨班斯－奥克斯利法案》（Sarbanes-Oxley Act），强化了公司治理和审计制度，又对会计报表进行了完善；次贷危机爆发后，出台了《多德－弗兰克法案》，等等。由此可以看出，美国的金融市场立法一般是在金融市场出现问题后，监管部门研究这些问题，分析其原因，再从法律、制度方面进行立法完善。

中国的金融市场发展处于何种环境？首先，改革开放初期百废待兴，但政府财力不足，即使发放国库券，也只能强行摊派。20世纪90年代初，通过上海证券交易所（以下简称"上交所"）、深圳证券交易所（以下简称"深交所"）的设立来推动国有企业改革。所以中国的金融市场发展是政府主导，不是循序渐进的市场化过程。其次，中国的金融市场发展不同于经济改革。经济改革是从体制外开始，由市场来推动，再进一步总结推广。但金融市场发展是立足于政府服务经济的需要，在此过程中走了很多弯路，甚至推倒重来。最后，中国金融市场是在基础信用不完善的情况下建立起来的。经济学家约翰·R. 希克斯（John R. Hicks）曾说过，西方国家的商业繁荣取决于三个方面，即货币、法律和信用。在我国的改革开放初期，信用是集体信用而非个体信用，即谁的"公章"越大，谁的信用越高。但金融市场的发展必须建立在个体信用基础之上，否则金融体系将存在很大问题。不过也应该看到，在计划经济向市场经济转轨并且个人信用体系尚未完全建立起来的过程中，集体信用的确发挥了十分重要的作用。当然，随着近年来会计、征信、信用评级等体系的不断发展，个人信用体系也逐渐完善，为金融市场的发展创造了很好的条件。事实上，现今金融市场出现的很多问题均是与个人信用体系不完善，相关配套制度如会计、审计、评级等不健全有关。

回顾金融市场发展中的案例，可以清晰地看出，根据金融市场发展规律和国际规则发展国内金融市场，金融市场发展就比较快，反之就会出现问题，甚至推倒重来。在1996年亚洲金融危机之前，中国国债期货市场曾经发生过重大的违规事件。当时最大的债券公司万国证券由于在期货方面的一些风险投资，导致了公司倒闭。"3·27"国债期货事件反映出金融市场产品的推出没有充分考虑当时的市场条件是否合适，没有循序渐进，只是根据监管当局的主观意愿来推出，具有较大随意性和盲目性，最终导致该事件的发生。该事件发生的主要原因：一是当时中国的利率远未市场化；二是财政部保值贴补率不透明；三是交易所对国债期货风险了解不足。总体来说，就是由于当时国债期货的市场基础很不牢固。

这些风险促使中国政府决心发展一个更加统一、健康和透明度更高的市场。在债券市场方面，1997年，国务院批准建立了新的中国银行间债券市场，在这个市场的建立过程中出台了一系列政策措施。由此，在之后的20年里，债券市场迅速发展。银行间债券市场是以机构为主的市场，而上交所、深交所是以自然人为主的市场。银行间市场可进行场外询价交易，交易所市场可进行集中撮合交易，而以机构为主的银行间市场适合进行大额的资金交易。很多创新由于是机构投资的，所以很容易推出。在股票市场方面，全面深化改革，逐步建立健全多层次的市场体系，推出新三板、科创板，设立北京证券交易所，股票市场注册制改革取得突破，发行市场化程度加深，审核注册效率和可预期性大幅提升，交易、退市等关键制度进一步改善，股票市场的投融资功能显著增强。先后开通沪港通、深港通、沪伦通等互联互通机制，合格境外机构投资者（Qualified Foreign Institutional Investor，QFII）、人民币合格境外机构投资者（Renminbi Qualified Foreign Institutional Investor，RQFII）、合格境内机构投资者（Qualified Domestic Institutional Investor，QDII）、人民币合格境内机构投资者（Renminbi Qualified Domestic Institutional Investor，RQDII）等制度不断完善，境外上市制度改革稳步推进，跨境投融资便利程度显著提高，A股纳入国际知名指数且比重不断提升，资本市场的国际吸引力和影响力大幅增强。

1997年年底召开了第一次全国金融工作会议，明确提出发展资本市场，扩大直接融资。有关部门加速推动发展资本市场，加强基础性制度建设，完善市场功能。中国股票市场和债券市场的发展都取得了令人瞩目的成绩。数据显示，截至2021年12月末，我国债券市场托管量达到

133.5万亿元。我国债券市场规模位居全球第二、亚洲第一,公司信用类债券余额位居全球第二、亚洲第一。其中,银行间债券市场产品序列完整、交易工具丰富,已成为我国债券市场乃至整个金融市场的主体。万德(Wind)数据显示,截至2021年年末,上海、深圳两市上市公司总数为4 615家,总市值为91.61万亿元。其中,主板上市公司3 148家,创业板公司1 090家,科创板公司377家。2021年,上海、深圳两市全年成交额达258.0万亿元。据世界交易所联合会(WFE)统计,2021年我国股票市场总市值仅次于美国,位居世界第二位。

从社会融资规模的总量和结构变化来看,融资方式多元发展,融资结构明显优化,过去过于倚重间接融资的格局已经开始改变。从总量上看,2002—2021年,社会融资增量规模由2万亿元扩大到31.35万亿元,年均增长18.88%,比同期人民币贷款年均增速高3.28个百分点。2021年社会融资增量规模与GDP之比为27.41%,比2002年提高10.89个百分点。从结构上看,2002—2021年,贷款(不含委托和信托贷款)在社会融资规模中的比重从95.5%下降到64.2%,企业直接融资的比重[①]从4.9%上升到14.4%,其中债券融资占比上升尤为明显,从1.8%大幅上升至10.48%(见图1.1)。

中国债券市场大体上分成交易所市场和场外市场,后者主要是机构投资者的市场。目前机构投资者市场和全球的交易模式相近。场外市场(银行间市场)是以机构投资者为主的市场,大概占到全国债权市场的85.9%。上交所、深交所原来是以自然人为主的集中撮合交易市场,不符合债券交易的规律,一直发展很慢,最终按照场外询价机构投资方式交易,才有了较快发展。

---

① 即企业债券融资和非金融企业境内股票融资合计在社会融资规模中占比。近年来,社会融资规模统计范围有所调整。2018年7月起,人民银行将"存款类金融机构资产支持证券"和"贷款核销"纳入社会融资规模统计,在"其他融资"项下单独列示。2018年9月起,将"地方政府专项债券"纳入社会融资规模统计。2019年9月起,将"交易所企业资产支持证券"纳入"企业债券"指标。2019年12月起,将"国债"和"地方政府一般债券"纳入社会融资规模统计,与原有"地方政府专项债券"合并为"政府债券"指标,指标数值为托管机构的托管面值。

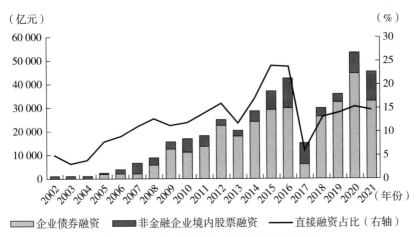

图 1.1　企业直接融资占社会融资规模的比例

注：企业直接融资=企业债券融资+非金融企业境内股票融资。

资料来源：Wind。

中国债券市场总规模在过去十几年快速增长，债券市场规模与 GDP 比例不断上升，其增速快于 GDP 的增速。2001 年，我国债券规模占 GDP 的比例不到 20%，目前大体上已经占到中国 GDP 的 116.7%。从全球来看，中国债券市场规模在全球的排名也是大幅跃升。根据国际清算银行的统计，1997 年，中国这样一个大国，在全球债券市场总规模中排到第 25 位。美国证券业和金融市场协会（Securities Industry and Financial Markets Association，SIFMA）数据显示，截至 2021 年年底，全球最大的国家债券市场是美国，美国债券市场总余额约 49.1 万亿美元，占全球的 38.7%。第二大债券市场是中国，约合 21.8 万亿美元，占全球的 17.2%。目前全球第三大债券市场是日本，债券市场余额约 13.4 万亿美元。日本债券结构和中国有很大的差异，由于经济长期停滞，日本大量发行国债，根据亚洲开发银行（Asian Development Bank，ADB）统计，国债在日本债券余额中占比超过 90%。

从总体上来讲，中国的债券市场是在解决各方面矛盾的过程中产生的，是由社会需求推动的，不是人们臆想的，也不是一些管理部门或者某些思想家来推动的，在解决矛盾的过程中，我国不是通过行政干预，而是通过更加深入的改革带来了债券市场的开放。过去 20 余年的实践表明，越是困难的时候，通常也是改革的最好时机。只有在困难的时候，大家才更容易统一对改革的共识。真正解决各种问题的路径还在于深化改革，而不是要倒退回去，这是中国债券市场实践的一个重要经验。

首先，新的债券市场要发展到一个更高的水平，必须坚持市场化的方向，而不是加强行政审批，进行各种各样的限制。而减少行政审批，并不等于放松市场纪律。发行的企业债对企业的约束不但没有减少，反而加强了。过去的贷款是一对一，现在是一对多，一个企业可能有几十家甚至上百家的投资者。如果企业不保持良好的信用，如今就很难在市场上再发行新的债券。如果发行人发布虚假信息，投资者立刻就会抛售债券，发行人就很难再融到资金。债券市场发展的另一个重要经验，是减少政府的隐性担保。总体的改革方向是在减少行政审批的同时，加强市场化的约束。这种市场化的约束包括信息披露、会计审核和各种托管清算的安排等。

其次，在过去十多年中，中国债券市场一个很重要的突破就是重点发展机构投资者。普通人可能没有直接进入机构投资者市场，但并不等于无法投资债券。普通人可以通过基金、银行的理财项目或其他机构投资者来开展债券投资。这些机构投资者可以在市场上进行比较有效的风险管理，取得比较高的收益。进入金融市场需要专业化知识，机构投资者能够更加专业地甄别各种金融产品和债券产品的风险，而个人投资者很难做到。当然，个人投资者也可以到柜台购买国债，但柜台的产品很难获得较高的收益。通过发展机构投资者，把广大老百姓的储蓄间接引导到产品丰富的银行间债券市场，使债券市场获得较快发展，同时避免了普通投资者债券知识缺乏的问题，防止了欺诈性销售的发生。债券市场和一些股票交易所的特点不太一样。我国过去也是依托这种金融交易，这是国际上比较典型的交易模式。我国基本上是沿着全球主要的债券市场发展规律来建设债券市场的，实现了过去十余年的跃进。未来，还是要继续沿着这个方向，提升债券市场的发展水平。

中国经济总规模庞大，债券市场虽然已经有了这么多债券产品，还是远远不能满足社会的需求。要满足和适应市场的真实需求，各种类型的公司信用类债券都应陆续推出。相关产品不是为了创新而创新，而是为了实体经济的需要，为了不断提高金融对实体经济需求的服务水平而创新。这也是中国债券市场发展与西方一些债券市场发展的重要不同。过去十余年的经验告诉我们，在债券市场上，政府要退居二线，更多地推动中介机构和自立组织发挥作用。比如在2007年，中国银行间市场成立了一个新的组织——中国银行间市场交易商协会（以下简称"交易商协会"）。截至2022年5月12日，交易商协会已经有9 009家会员。一些重要的金融产品不是由中国人民银行（以下简称"人民银行"）提出的，也不是由某一个监管部门提出的，而是由交易商协会的成员提出的。金融产品被提出来以后，交易商协会成员和律师、会计师共同商议，平衡各种利益和矛盾，约束各种风险，最后产生产品规则和产品的设计概念，再向市场管理部门进行备案。管理部门主要检查该金融产品产生的程序和既有的一些条例，审查它与风险控制条例是不是吻合，查看该产品在讨论中是个人、个别机构的意志，还是所有市场成员所能接受的共识。市场主体在创新中发挥了越来越重要的作用，使创新动力源源不断。这中间没有形成审批，因为这样的市场主体成员与利益相关，其中有的是发行人，有的是投资人。发行人要求更加便利地融资，投资人要求更加安全地保护，最终达成了多种利益的平衡。这种产品的设计理念和过程，远远比政府个别管理人员想象出来的更加成熟。这也是中国债券市场成功的一个重要经验。未来还应坚持此种发展方向，推动各种债券产品的创新。

二、我国金融市场结构及国际比较

（一）直接融资和间接融资对比

过去十余年，我国企业直接融资占比快速上升，但和其他国家相比还有一定差距。如图1.2所示,我国直接融资在社会融资规模中的占比从2006年的9%升至2021年的14.4%,其中债券融资占比更是从5.4%上升到10.48%。但与其他国家的横向对比来看,我国的直接融资与间接融资之比仍然很低,不仅低于美国、新加坡等国家的成熟市场,也低于韩国、马来西亚、日本等国家较活跃的传统信贷市场(见图1.3)。

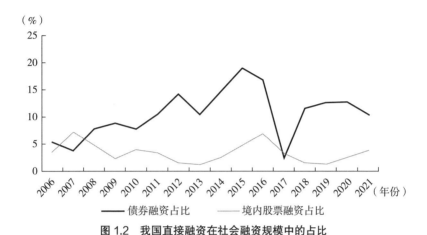

图1.2 我国直接融资在社会融资规模中的占比

资料来源:Wind。

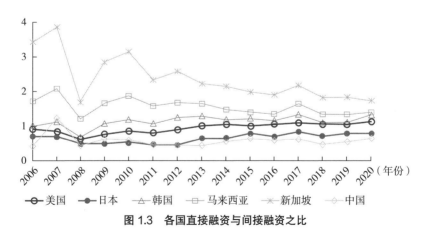

图1.3 各国直接融资与间接融资之比

注:指标=(上市公司总市值+公司债存量)/对私人部门信贷存量。

资料来源:SIFMA,ADB,Wind,世界银行。

(二)广义债券(公司类债券+ABS)

我国广义债券规模迅速扩张,但结构化融资占比依然较低。2006—2021年,我国广义债券规模由0.75万亿元增加到39.93万亿元,增长了五十多倍(见图1.4)。其中,公司类债券增长了48.7倍,资产抵押债券(Asset-Backed Securities,ABS)增长了137.3倍。虽然经历了2013年以来的快速发展,由于ABS基数较低,在广义债券中的占比仍然很低,2021年ABS占比为10.5%,与日本近23%、美国55%的占比相比,我国的ABS仍有较大的市场发展空间(见图1.5)。

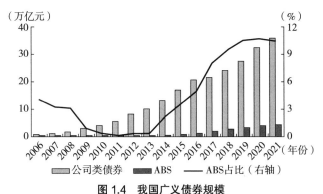

图1.4 我国广义债券规模

注:公司类债券=金融债券-政策性银行债+公司债+企业债+债务融资工具。
资料来源:Wind。

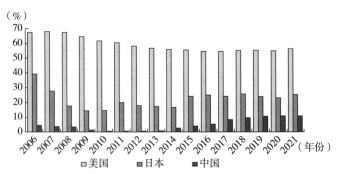

图1.5 广义债券中ABS占比的国际比较

资料来源:JSDA,SIFMA,ADB,Wind。

（三）广义债券与影子银行

尽管我国直接融资市场快速发展，广义债券规模高速扩张，但不可忽视的是，影子银行在一段时间内同样急剧膨胀，潜在风险增大。从图1.6可以看出，2009—2020年，我国影子银行的规模从8万亿元增加到113.4万亿元，增长了近6倍，且和广义债券规模的比例自2014年以来超过了3∶1。不过，影子银行资产占金融体系总资产的比重已从2010年的7.93%快速提升到2017年的25.94%，2018年以来维持在25%左右，占中国金融体系总资产的1/4。

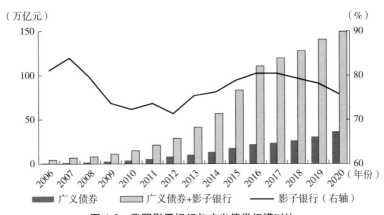

图1.6 我国影子银行与广义债券规模对比

资料来源：金融稳定理事会（FSB），Wind。

从影子银行的结构看，按照FSB的分类[①]，我国基金类产品（EF1）占3/4以上。2020年的全部狭义影子银行资产中，EF1（债券类基金、

---

① FSB主张"两分法"定义影子银行，即广义上涵盖一切非正规银行的融资中介活动，是所有非银行金融中介活动的全口径衡量指标；狭义影子银行是指参与信用中介活动，可能带来与商业银行类似的金融稳定风险的非银行金融机构，按经济功能（EF）把影子银行归为基金（EF1）、放款公司（EF2）、券商融资（EF3）、担保公司（EF4）、证券化平台（EF5）五类。从2015年开始，金融稳定理事会正式将影子银行定义为"非银行金融中介"（Nonbank Financial Intermediation，NBFI），并提出三个衡量影子银行规模的口径，从2018年的年度报告开始，把"影子银行"的名称修改为"非银行金融中介"。

混合基金、信贷对冲基金、房地产基金）占 82.58%，EF5（资产证券化平台）占 8.06%，EF3（证券经纪商、承销商）占 6.12%，EF2（金融公司、租赁公司、保理公司、消费信贷公司）占 3.23%（见图 1.7）。

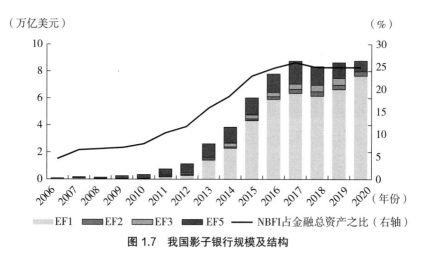

图 1.7　我国影子银行规模及结构

资料来源：FSB。

近年来，随着防范化解重大风险工作的推进，我国影子银行总规模趋稳，高风险影子银行较历史峰值压降约 25 万亿元[①]。2018 年 4 月，《关于规范金融机构资产管理业务的指导意见》（即《资管新规》）发布，设置过渡期[②]，打破刚性兑付，统一监管标准，防止套利，有助于消除银行在发行理财产品时对投资者的明确和隐性担保，有效遏制了影子银行高速扩张的势头。从图 1.8 中也可以看出我国影子银行相对全球市场的收缩状态，2016 年年底我国影子银行规模在全球市场总规模中占比为 16.14%，而 2020 年年底这一比例降至 14.76%。

---

① 证监会. 中共中央宣传部举行党的十八大以来金融领域改革与发展情况发布会 [EB/OL].（2022-06-23）.http://www.csrc.gov.cn/csrc/c100028/c3849994/content.shtml.
② 原定过渡期到 2020 年年底结束。为缓解新冠病毒肺炎疫情下金融机构资产管理业务规范转型的压力，银保监会 2020 年 7 月宣布《资管新规》过渡期延长至 2021 年年底。

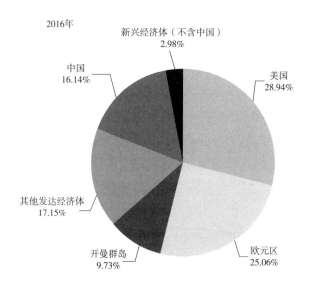

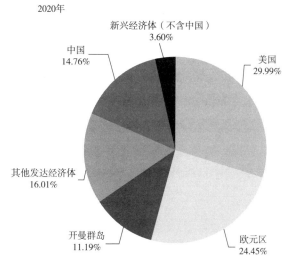

图 1.8　中国影子银行规模在全球市场总规模中的占比

资料来源：FSB。

（四）债券市场相关指标国际对比

1. 存量规模

我国债券市场过去十几年来发展迅速，无论是债券市场绝对规模还是债券市场/GDP规模，均实现了快速上升。但与此同时，我国国债/GDP比重与美国、日本等国家仍有差距，公司信用类债/GDP的比重较美国市场也有不小的差距（见图1.9—图1.11）。

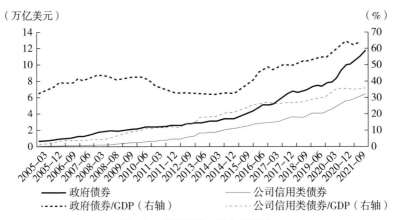

图 1.9　中国债券市场存量规模

注：按照ADB的统计，政府债券包括中央政府债券、地方政府债券、央票及政策性金融债券等。公司信用类债券（Corporate Bond）包括企业债券、公司债券、非金融企业债务融资工具以及金融机构发行的债券。统计范围比我国对公司信用类债券的界定增加了金融机构债券。

资料来源：ADB。

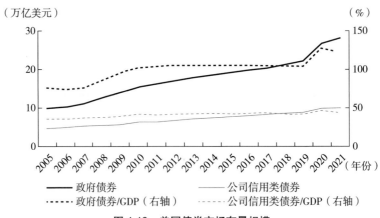

图 1.10　美国债券市场存量规模

资料来源：SIFMA。

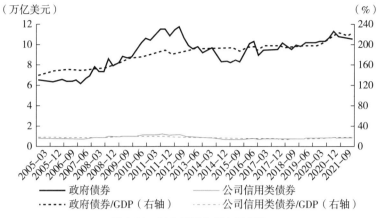

图 1.11 日本债券市场存量规模

资料来源：ADB。

2. 发行规模

从发行规模看，近年来我国债券市场发行规模明显上升，结构也有所优化。根据 ADB 数据，政府债券市场方面，由于地方债发行规模快速增长，2014—2021 年发行规模从接近 0.7 万亿美元增至 3.03 万亿美元（见图 1.12）。公司信用类债券市场发行规模也实现了快速增长，从 2014 年的 0.93 万亿美元增至 2021 年的 3.03 万亿美元（见图 1.13）。

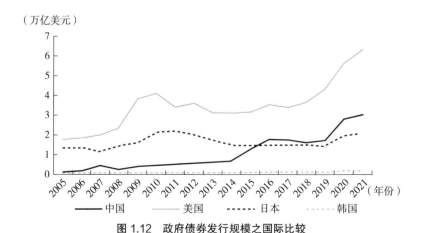

图 1.12 政府债券发行规模之国际比较

资料来源：ADB，SIFMA。

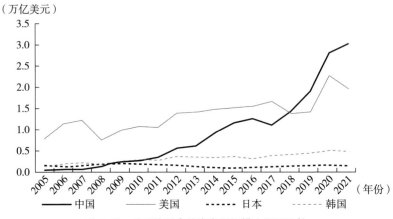

图 1.13　公司信用类债券发行规模之国际比较

资料来源：ADB，SIFMA。

3. 交易规模及流动性水平

从交易规模看，我国债券市场交易规模从 2005 年的 40 万亿元快速增长至 2016 年的突破 1 000 万亿元，2020 年达到 1 758.1 万亿元。由于这十几年刚好也是我国债券市场存量规模快速增长的时期，为更好地进行比较，我们选择了交易规模的相对值（年度交易量／平均存量）作为指标进行观察。我们发现，尽管债券市场交易规模大幅上升，但换手率指标表明：一是我国国债流动性水平有所改善；二是公司信用类债流动性水平没有明显改善。

从跨市场比较看，图 1.14—图 1.16 显示，当前我国国债市场流动性水平强于日本、韩国，但与美国相比，还存在很大的改善空间；公司信用类债券的流动水平弱于美国、韩国。

（五）多层次债券市场

在发展过程中，我国债券市场遵循建设面向机构投资者的场外市场的定位，形成了以场外市场（银行间债券市场）为主、场内市场（交易所和柜台债券市场）协调发展的市场结构。多层次的市场体系分工合作、

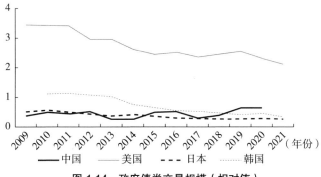

图 1.14　政府债券交易规模（相对值）

注：交易规模相对值 = 当年交易规模/（上年年末存量规模与当年年末存量规模的均值）。美国政府债数据为国债和市政债券合计，国债流动性更强。

资料来源：ADB，SIFMA。

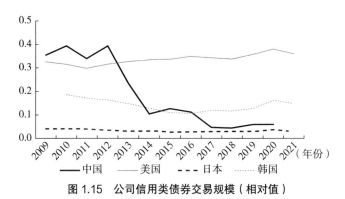

图 1.15　公司信用类债券交易规模（相对值）

资料来源：ADB，SIFMA。

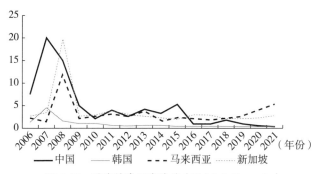

图 1.16　政府债券买卖价差（Bid Ask Spreads）

资料来源：ADB。

相互补充，以充分满足不同金融市场参与者的需求。银行间债券市场是机构投资者的场外交易市场，由人民银行监管。交易所属以集中撮合交易的零售市场为主，由证监会监管。银行间债券市场的发行量占我国债券市场总规模的 86%，是债券的主体。2021 年全年债券交易规模中，银行间市场占比为 92.48%，交易所市场占比为 7.52%，交易所市场是银行间市场的重要补充。

信用类债券产品持续创新，品种也日益多元化。我国债券市场的类型包括国债、政策性金融债、地方政府债、人民银行票据、企业债、公司债、短期融资券、中期票据、资产支持证券等。一些创新品种不断涌现，包括中小企业集合债、商业银行次级债、熊猫债、可转债、可交换债、永续债、项目收益债、绿色债券、特别提款权（SDR）计价债券等。债券品种丰富，满足了不同类型投资者的需求。从交易场所看，银行间市场交易的债券品种齐全，利率债和信用债的种类丰富。交易所市场以企业债、公司债为主，也有一部分国债、地方政府债。国债、地方政府债以及符合交易所上市条件的企业债，可以在银行间市场和交易所市场之间相互转托管，并在两个市场同时交易。

这里重点介绍几种存量规模较大的信用债。

一是企业债。我国企业债券市场始于 20 世纪 80 年代，债券管理制度体系逐步完善。1987 年，国务院颁布《企业债券管理暂行条例》，规定企业发行债券必须经人民银行批准。在此基础上，1993 年 8 月，国务院发布《企业债券管理条例》，对企业债券的发行审批程序、发行配额、面向产业和利率等进行了规范，规定由国家计划委员会会同人民银行、财政部、国务院证券委员会拟订全国企业债券发行的年度规模和规模内的各项指标报国务院批准。这一时期企业债的行政色彩较为浓厚。由于收益率高、转让困难、流动性低，企业债的交易量较小，上交所、深交所分别于 1996 年、1997 年允许面值在 1 亿元以上的债券在交易所挂牌交易，提升了债券流动性。2000 年起，企业债券的额度实行国务院特批制度。2008 年 1 月，国家发展和改革委员会（以下简称"发改委"）发布《关于推进企业债券市场发展、简化发行核准程序有关事项的通知》，把企业债"先核定规模、后核准发行"的程序，简化为核准发行一个环节，有利于扩大企业债发行规模。2015年，发改委在继续承担企业债券受理、审核和监管责任的前提下，将企业债券审核中的合规性审核、财务指标审核等技术评估工作委托第三方市场专业机构负责。2020年3月，发改委发布通知，明确企业债券发行由核准制改为注册制。

二是公司债。公司债相关制度是在借鉴企业债基础上建立的。近年来，公司债发行管理的市场化程度逐步提高。2007年8月，证监会颁布实施《公司债券发行试点办法》，允许上市公司向证监会申请发行公司债券。受债券审批流程复杂等因素制约，在2007—2014年仅发行1 472只公司债。2015年1月，证监会发布修订后的《公司债券发行与交易管理办法》，对相关制度进行改革，大幅简化审批流程，扩大发行主体范围，丰富债券发行方式，增加债券交易场所，使公司债的发行猛增（见图1.17）。此后，公司债的发行量逐步超过中期票据、短期融资券等同类企业融资工具。近年来，公司债券市场的债券品种也日益丰富，包括双创公司债券、扶贫债券、住房租赁债券、绿色债券、可续期债券、可交换债券、熊猫债券、"一带一路"债券等。2021年2月，根据2019年修订后的《证券法》相关要求，证监会修订了《公司债券发行与交易管理办法》，对公开发行公司债券实施注册制。

三是债务融资工具。债务融资工具通常与发改委管理的企业债、证监会管理的公司债对应，人民银行主管交易商协会推出的短期融资券与超短期融资券、中期票据、中小企业集合票据、非公开定向债务融资工具、资产支持票据等，统称为债务融资工具。我国的企业短期融资券始于1987年，是企业筹措短期资金的工具。在试点基础上，1989年，人民银行先后发布《关于发行企业短期融资券有关问题的通知》《关于发行企业短期融资券问题的补充通知》，允许企业在获得人民银行批准后发行企业短期融资债券，对债券利率、额度等进行了规定，但所筹集的资金只能用于短期融资需要，不得用于长期周转和固定资产投资。2005年，

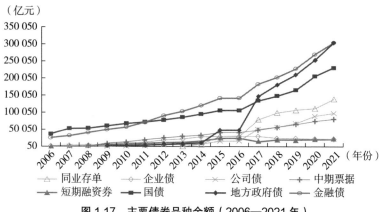

图 1.17 主要债券品种余额（2006—2021 年）

资料来源：Wind。

人民银行发布《短期融资券管理办法》，允许符合条件的非金融企业[①]在银行间债券市场发行短期融资券，其发行实行备案制。2007 年交易商协会成立，对中期票据、短期融资券等非金融企业债务融资工具的发行进行自律管理并实行注册制，激发了市场潜力。短期融资券对拓宽企业直接融资渠道做出了重要贡献。

四是同业存单。2013 年 12 月，人民银行在银行间债券市场推出同业存单。其投资和交易主体是全国银行间同业拆借市场成员、基金管理公司及基金类产品。得益于其可转让、可流通的特点，同业存单为商业银行提供了比同业存款更高的流动性，发行量快速增加，有利于完善短期利率体系。2017 年以来，同业存单的规模大幅增加。

各监管部门均大力发展自身管辖下的债券市场（或类债券市场），尤其是公司信用类债券市场，包括证监会公司债、保监会债券投资计划，并形成了不同的发行、交易及登记托管场所。除了图 1.18 中提到的这几类债券或类债券融资外，还包括银监会主管的理财直融工具等。

---

① 金融企业短期融资券主要是证券公司短期融资券。2004 年 10 月，人民银行和证监会发布《证券公司短期融资券管理办法》，明确证券公司短期融资券由人民银行和证监会联合管理，其他短期融资券由人民银行管理。2006 年，由于市场环境变化等原因，证券公司未再发行短期融资券，直到 2012 年才恢复（谢多，2014 年）。

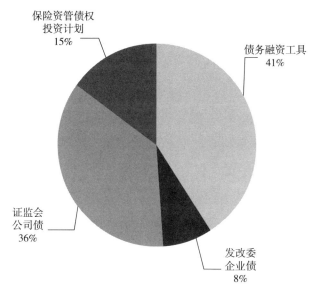

图1.18　2021年年末我国公司信用类债券市场结构

注：由于数据可得性，图中的保险资管债权投资计划是合计注册金额，不等于真实存量金额，且包括了少部分股权项目，因此数据有所高估。

资料来源：保险资产管理协会网站，WIND。

除了公司信用类债券外，资产证券化市场发展也存在由不同监管部门或自律组织进行管理的市场（见图1.19），如资产支持专项计划、信贷资产支持证券、资产支持票据、资产支持计划、信贷资产流转等。除上述五类ABS外，资产支持证券还可以在全国中小企业股份转让系统、机构间私募产品报价与服务系统、证券公司柜台市场等进行挂牌、转让。例如，机构间私募产品报价与服务系统建立了固定收益平台，在该系统累计发行ABS 343只，累计金额1 040.46亿元。

2020年7月19日，人民银行和证监会联合发布2020年第7号公告，同意银行间市场与交易所市场相关基础设施机构开展互联互通合作。基于此，上交所、深交所、中国外汇交易中心暨全国银行间同业拆借中心（以下简称"中国外汇交易中心"）、银行间市场清算所股份有限公司、中国证券登记结算有限责任公司（以下简称"中国结算"）共同制定并发布了《银行间债券市场与交易所债券市场互联互通业务暂行办法》。

相关举措有助于提升债券市场运行效率。不过,中央国债登记结算有限责任公司(以下简称"中央结算公司")没有参与互联互通。

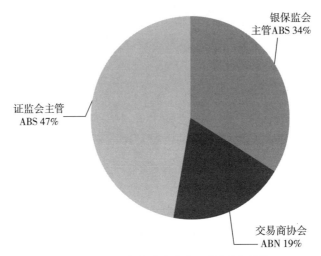

图1.19 2021年年末类资产证券化市场结构

注:银保监会资产支持计划规模的数据为截至2021年8月末的数据。
资料来源:银登中心网站,Wind。

(六)证券市场持有人结构

1. 国债持有人结构

我国国债持有人结构在2006—2021年发生了一些积极变化,包括基金类投资者(非法人产品)持有占比大幅上升,从1%的持有占比上升至7.3%,境外机构持有占比从零起步,上升至11.7%(见图1.20、图1.21)。但也存在一些问题,如银行持有国债占比较高使得风险偏好不够多元,对国债的流动性水平形成负面影响。银行类机构持债比例中银行理财的占比在快速上升,如果将这一部分作为非法人产品而剥离后,银行自营资金实际持有国债占比会大幅下降。

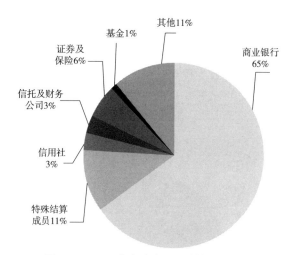

图 1.20　2006 年年末中国国债持有人结构

资料来源：中央结算公司。

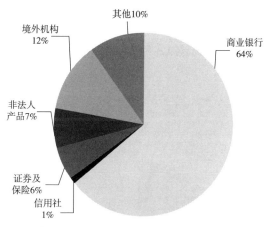

图 1.21　2021 年年末在中央结算公司登记托管的中国国债持有者结构

注：根据 2014 年出台的《中央国债登记结算有限责任公司非法人产品账户管理规程》，非法人产品包括证券投资基金、全国社会保障基金、信托计划、企业年金基金、保险产品、证券公司资产管理计划、基金公司特定资产管理组合、商业银行理财产品等。

资料来源：中央结算公司。

从国际对比看，美国存款类机构持有美国国债的比例低于 10%，而日本的银行持有国债比例为 13%，韩国为 17%（见图 1.22—图 1.24）。

国际成熟市场上，央行、保险公司、养老金、共同基金、境外机构均为国债的重要投资人。我国国债的持有人结构中银行类机构持有占比较高，投资人结构在未来存在优化空间，尤其是在吸引养老金、保险公司以及境外机构等长期机构投资者方面存在空间。

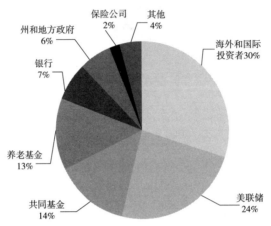

图1.22　2021年年末美国国债持有人结构

资料来源：SIFMA。

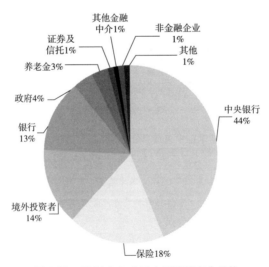

图1.23　2021年年末日本国债持有人结构

资料来源：ADB。

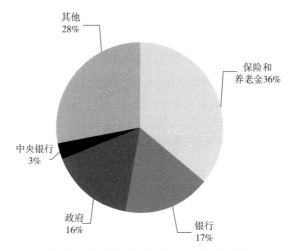

图 1.24 2020 年年末韩国国债持有人结构

资料来源：ADB。

2. 股票持有人结构

从股票市场的持有人结构看（见表 1.1），自然人投资者在上海交易所开户的持股账户数超过 4 000 万户，占总账户数的比例为 99.74%，其金额占比为 22.93%，其中 10 万元以下的账户数占比超过 50%。这一数据显示，我国股票市场以投资经验相对不够丰富的散户为主。表 1.2 显示，散户投资者的持股期限短、换手率高，具有较为明显的投机性质。

表 1.1 2021 年年末上海交易所各类投资者持股情况

投资者类别	持股市值（亿元）	占比（%）	持股账户数（万户）	占比（%）
自然人投资者	87 042	22.93	4 181.61	99.74
其中：10 万元以下	3 538	0.93	2 249.17	53.65
10 万—50 万元	10 449	2.75	1 212.50	28.92
50 万—100 万元	8 395	2.21	355.40	8.48
100 万—300 万元	13 631	3.59	259.64	6.19
300 万—1 000 万元	12 176	3.21	80.26	1.91
1 000 万元以上	38 852	10.24	24.65	0.59
一般法人	212 427	55.97	4.74	0.11

续表

投资者类别	持股市值（亿元）	占比（%）	持股账户数（万户）	占比（%）
沪股通	12 659	3.34	0.00	0.00
专业机构	67 430	17.77	6.27	0.15
其中：投资基金	23 171	6.10	0.45	0.01

资料来源：2021年上海证券交易所统计年鉴。

Jones等（2020年）[①]基于上交所2016年1月—2019年6月约5 340万个账户的交易和持股数据研究显示，所有散户投资者都会亏钱，账户规模较大的散户投资者的平均损失要小一些。平均而言，账户市值10万以下的散户亏20.53%，账户市值1 000万元以上的只亏1%，机构投资者和公司账户分别盈利11%和6%。散户亏钱的主要原因是账户规模较小的散户投资者在交易方向上的错误，造成了损失。其中，账户市值小于300万元的投资者经常采取"高买，更高卖"的交易策略，但往往不能如愿；账户市值小于1 000万元的散户买入和卖出的方向常与未来价格变动的方向相反。

（七）金融衍生品市场发展不足

自1995年"3·27"国债期货事件后，我国金融衍生品市场一直处于停滞状态。直到债券市场发展到一定规模后，2005年推出了第一个场外金融衍生产品——债券远期。

经过十几年的快速发展，我国衍生品市场初步形成了包括银行间市场、交易所市场、柜台市场等在内的衍生品市场体系。我国场外市场利率衍生产品不断丰富，现已有债券远期、远期利率协议和人民币利率互换等三大类，并已出现了CDS等信用风险缓释工具。场内金融衍生品

---

① Jones C. M., Shi D., Zhang X and Zhang X. 2020. "Heterogeneity in Retail Investors: Evidence from Comprehensive Account-Level Trading and Holdings Data", working paper. Available at https://papers.ssrn.com/sol3/papers.cfm?abstract_id=3628809.

第一章　以对外开放促进金融市场改革发展

表 1.2　不同类型投资者的平均持股和交易情况（2016 年 1 月—2019 年 6 月）

持股和交易情况	散户（按账户市值分组）					机构投资者	公司法人投资者
	10万元以下	10万—50万元	50万—300万元	300万—1000万元	1000万元以上		
账户数（户）	31 409 950	15 282 005	5 826 800	734 705	235 420	39 547	46 882
交易金额（十亿元）	9	35	54	27	37	35	3
交易金额占比（%）	5	17	27	13	19	17	2
持股市值（十亿元）	336	951	1,566	840	1,794	4 201	15 547
持股市值占比（%）	1	4	6	3	7	17	62
买入量（万股）	80.1	270.9	419.0	205.2	277.7	234.4	25.5
卖出量（万股）	79.9	269.8	417.9	205.1	277.7	236.6	25.9
买入量占比（%）	5.4	20.1	30.0	13.2	14.9	15.2	1.2
卖出量占比（%）	5.6	20.6	30.2	13.2	14.4	15.1	1.0
持股数（万股）	3 997.1	9 712.9	14 478.4	7 236.1	13 501.2	25 630.2	162 631.7
持股数占比（%）	3.3	10.4	16.0	7.8	14.5	11.5	36.4
持股天数（天）	50	36	35	35	49	109	6 319
年均总盈亏（元）	-77 186	-100 877	-177 388	-120 861	-21 162	531 814	1 098 956
收益率（%）	-20.53	-9.98	-10.79	-13.20	-1.62	11.22	6.68
年均总盈亏（元/账户）	-2 457	-6 601	-30 443	-164 503	-89 890	13 447 655	23 440 904
择时收益（元/账户）	-774	-3 018	-15 558	-80 767	-411 584	-4 176 872	-14 766 355
选股收益（元/账户）	-1 532	-2 443	-10 171	-65 269	402 271	18 074 792	38 244 620
交易成本（元/账户）	-151	-1 140	-4 714	-18 466	-80 577	-450,265	-37 361

资料来源：Jones 等（2020 年）。

主要是股指期货和期权、国债期货。2010年，中金所推出首个股指期货——沪深300股指期货。近年来，交易所期权品种更加丰富，市场交易规模不断增加。2015年2月9日，首只场内期权——上证50ETF期权在上交所上市。2019年12月23日，上交所、深交所同时推出沪深300ETF期权，中金所推出沪深300股指期权。国债期货有2年期、5年期、10年期三个品种。

尽管我国金融衍生品市场取得了积极进展，但发展仍然是不足的。2021年，中国利率互换成交额为21.1万亿元，交易量不到债券现货市场（2021年银行间债券市场现券加回购交易量为1 259.7万亿元人民币）的1.7%（见图1.25）。2021年年末，我国国债期货持仓规模为3 224亿元左右，与我国22.5万亿元规模的国债相比，存在数量级上的差距（见图1.26）。

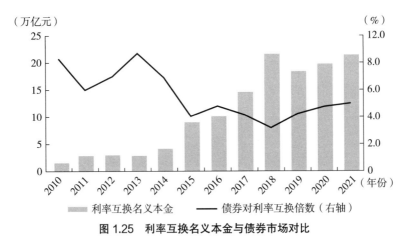

图1.25 利率互换名义本金与债券市场对比

注：债券对利率互换倍数=平均债券余额/当年利率互换名义本金交易发生额。
资料来源：人民银行。

我国国债期货具有高杠杆、T+0交易的特点[①]，市场规模有限但交易活跃，日常价格波动较小（通常在0.1%左右），但在消息传言驱动下

---

① 国债期货采用保证金交易制度，可以实现T+0交易，并且对开仓次数没有限制，是目前杠杆倍数最高的金融产品。10年期国债期货最低保证金为2%，理论杠杆可以达到50倍。

第一章 以对外开放促进金融市场改革发展

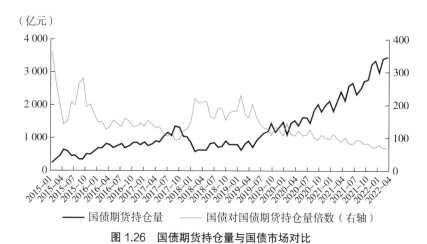

图 1.26　国债期货持仓量与国债市场对比

注：国债对国债期货持仓量倍数 = 国债存量 / 国债期货持仓量。
资料来源：CEIC，Wind。

会出现大幅波动。目前，国债期货市场以机构参与为主，非银行参与机构多元化，个人投资者可以参与国债期货交易。国债期货是目前机构投资者占比最高的期货品种，但长期限制银行、保险等机构准入，以券商自营、广义基金（含私募基金、公募基金、证券资管、期货资管等）为主的机构投资者占比越来越高，占据了国债期货成交量和持仓量的绝对比例。2021年，国债期货中机构成交、持仓占比分别为 65.5%、88.4%（见图 1.27）。

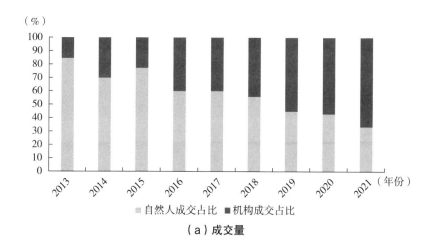

（a）成交量

031

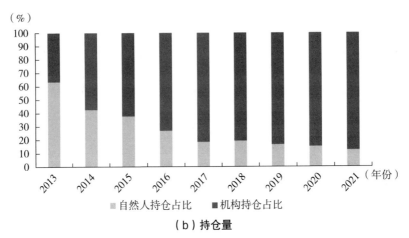

(b) 持仓量

图1.27 国债期货成交量和持仓量构成

资料来源：中国金融期货交易所。

同时，金融衍生品市场的结构不太均衡，产品还不够丰富；活跃主体类型单一，主要为银行；配套制度有待完善，单一协议、终止净额及履约保障机制等制度仍存在一定的法律不确定性等。金融衍生品市场发展的不足，与过去更多关注金融市场的投融资功能，而对市场参与者套期保值、规避风险等需求方面考虑相对不足有关，也与中国金融市场所处的发展阶段和渐进式改革的特点有关。在基础产品市场取得了较大发展，利率、汇率、信用体系等市场化改革推进到一定阶段后，衍生品市场才能快速发展。

2022年4月20日，十三届全国人大常委会第三十四次会议表决通过了《期货和衍生品法》，在重点规范期货市场的同时，也对场外衍生品市场做了原则性的制度安排，补齐了我国金融法律制度体系短板，有利于提升行业法治化、市场化和国际化水平。

为促进内地与香港金融衍生品市场共同发展，2022年7月4日，中国人民银行、香港证监会、香港金融管理局发布联合公告，开展香港与内地利率互换市场互联互通合作（以下简称"互换通"）。通过两地金融市场基础设施连接，提升人民币利率互换的交易和集中清算的便捷性，有利于境外投资者管理人民币利率风险,推动境内利率衍生品市场发展。初期先开通"北向通",未来将适时研究扩展至"南向通"。"互换通"于公告发布6个月后正式启动。

(八)黄金市场

根据市场组织形式的维度划分,黄金市场可以分为场内交易市场和场外交易市场[①]。我国黄金场内交易主要通过上海黄金交易所(以下简称"上金所")、上海期货交易所、上交所和深交所挂牌合约完成,交易产品(业务)主要包括黄金现货、黄金期货、黄金期权、黄金 ETF 等。黄金场外交易主要是指银行间及银行柜台黄金交易市场,交易产品(业务)主要包括询价业务、租借业务、账户黄金、黄金积存等。近年来,场内场外交易市场呈现融合趋势。一方面,场内交易市场具有交易流程规范、交易过程透明、交易产品流动性高等特点,同时为了更好地满足交易主体需求,交易所等场内市场组织主体在场内交易的基础上,充分结合传统的场外机制进行产品研发;另一方面,场外交易市场则在整体上呈现出灵活多变的特点,有利于满足投资者等多样化的需求,同时为了契合规范的运行规则和透明公开的运行体制的交易内在需求,规模化、体系化和规范化的业务流程逐渐被应用于交易的各个细节中,出现了场外市场"场内化"的趋势。

我国黄金管理体制市场化改革始于 2001 年。2002 年上金所成立,代表中国黄金市场正式建立[②]。2001 年 4 月,中国人民银行宣布取消黄金"统购统配"的计划管理体制,在上海组建黄金交易所,作为从事黄金等贵金属交易及相关业务服务的金融基础设施。2001 年 11 月,上金所开始模拟运行。2002 年 10 月,上金所正式运行,随后中国人民银行停

---

① 许贵阳.中国黄金产业组织与发展战略研究[M].北京:经济管理出版社,2012.
② 焦瑾璞.提升黄金交易话语权 切实发挥交易所在黄金市场国际化进程中的引领作用[J].清华金融评论,2021(10):20—22.

止黄金配售业务，并在较短时期内停止黄金收购，中国的黄金价格完全交由市场决定。2011年3月，上金所试行推出银行间询价交易系统，为商业银行间的大宗交易提供了便利，也为银行间的头寸对冲提供了平台和渠道。2013年，上金所联合上交所和深交所推出了第一个"跨市场、跨系统、跨品种"的黄金ETF产品。

我国已连续多年成为全球最大的黄金生产、消费和进口国。从生产端看，我国自2007年以来已连续14年稳居世界第一产金大国的地位，2020年我国黄金产量（不含进口原料产金）为365.35吨，占全球黄金总产量的10%以上[1]，2021年受安全事故等因素影响，产量降为328.98吨[2]。需求端，我国黄金需求于2011年突破千吨大关，达到1 043.88吨；2021年全国黄金实际消费量为1 120.90吨，与2020年同期相比增长36.53%，较2019年同期增长11.78%。

受黄金供需波动影响，我国黄金现货、期货、ETF等产品成交量在2021年有所减少。2021年，上金所全部黄金品种累计成交量单边为1.74万吨，同比下降40.62%，成交额单边为6.54万亿元，同比下降41.99%；上海期货交易所全部黄金品种累计成交量单边为4.85万吨，同比下降11.33%，成交额单边为17.10万亿元，同比下降17.54%。截至2021年12月，国内黄金ETF基金持仓量为75.28吨，较2020年同期的60.91吨增持23.60%[3]。

（九）金融开放促进了中国金融市场的完善

总体看，我国金融市场的发展取得了丰硕的成果，已经发展成为全球投资者难以忽视的大型市场。但是，我国金融市场仍然存在诸多结构性问题，如持有人结构单一、流动性水平欠缺、结构化融资占比较低、

---

[1] 英国金属聚焦有限公司.全球黄金年鉴2021[M].北京：中国黄金协会，2021.
[2] 资料来源于中国黄金协会。
[3] 同[2]。

衍生工具发展相对不足等。

但这些问题本质上是在制度层面相互关联的系统性问题。例如，持有人结构的单一会导致风险偏好的单一，因而不利于流动性水平的提升和价格发现功能的发挥，标准产品相对非标准化产品的流动性溢价优势不能充分体现，市场参与者类型不够丰富，尤其是持有至到期投资者的占比过高，也会使得通过衍生工具开展风险对冲的需求下降。

金融市场国际化，尤其是制度规则的国际化，将从制度层面消除境外主体的顾虑，为我国市场参与机构引入多元化风险偏好的交易对手方。在境外主体参与我国债券市场后，可以进一步借鉴国际市场比较成熟的经验和做法，从境外参与者较为熟悉的做市商制度、衍生品、结构化融资、违约处置等相关制度作为突破口进一步改革和完善我国金融市场发展中存在的结构性问题，并以此为基础进一步扩大开放，形成对内改革和对外开放的良性格局。

三、主要金融子市场对外开放进展及评估

（一）债券市场

中国债券市场的对外开放始于 2005 年。这一年，国际金融公司和亚洲开发银行等国际开发性机构获准在银行间债券市场发行人民币债券[①]，泛亚基金和亚债基金也获准在银行间债券市场开展投资。

2008 年国际金融危机爆发后，美元等主要货币币值大幅波动。为防范汇率风险，国内外企业使用人民币进行跨境贸易结算的需求迅速上升，人民币跨境使用业务逐步发展。2010 年，为满足跨境人民币结算业务快速发展而带来的境外人民币回流投资的需求，人民银行允许境外

---

① 2005 年 10 月 9 日，国际金融公司和亚洲开发银行在全国银行间债券市场分别发行人民币债券 11.3 亿元和 10 亿元，是中国债券市场首批外资机构发行主体。

中央银行或货币当局、港澳地区人民币业务清算行、跨境贸易人民币结算境外参加银行（即三类机构）投资银行间债券市场。上述三类机构在向人民银行申请并得到批准后，可在核定的额度内在银行间市场从事债券交易。随着跨境人民币业务的发展，境外机构的范围逐步扩展至主权财富基金、国际金融机构、其他地区的人民币清算行以及我国香港和台湾、新加坡的保险机构。

2013年以来，随着人民币跨境和国际使用的领域、范围逐步扩大，人民币的国际地位显著上升，债券市场对外开放的步伐显著加快，管理方式也更加市场化。

发行方面，国际开发机构、境外非金融企业、金融机构以及外国政府等各类发行人均在银行间债券市场发行了人民币债券。2013年，戴姆勒股份公司发行了人民币债务融资工具50亿元，标志着境外非金融企业进行人民币债券融资的渠道已畅通。2015年，香港上海汇丰银行有限公司和中国银行（香港）有限公司，作为国际性商业银行首次获准在银行间债券市场发行人民币债券，成为继国际开发机构和境外非金融企业后的又一大发行主体。2015年，加拿大不列颠哥伦比亚省和韩国完成人民币债券注册，规模为90亿元。2016年，世界银行发行SDR计价的债券为5亿元，对扩大SDR使用、促进人民币国际化和我国金融市场对外开放具有战略意义。Wind数据显示，截至2022年8月2日，熊猫债累计发行金额为5 977.36亿元，存量规模为2 236.46亿元，占同期我国债券市场存量规模138.53万亿元的0.16%。境内机构赴境外发行债券也进展顺利。

同时，境外发行人在审计和会计方面的灵活性明显增大。2018年9月，人民银行、财政部联合发布《全国银行间债券市场境外机构债券发行管理暂行办法》[①]，进一步明确了境外机构（在全国银行间债券市场发行债券的外国政府类机构、国际开发机构、在中华人民共和国境外合法

---

① 原《国际开发机构人民币债券发行管理暂行办法》正式废止。

注册的金融机构法人和非金融企业法人）在银行间债券市场发债所应具备的条件和申请注册程序等，并就监管主体、发行主体、中介机构、信息披露和会计准则等事项进行了规范。其中，在信息披露方面，要求境外发行人声明财务报告所使用会计准则，若未使用中国企业会计准则或等效会计准则编制所披露的财务报告，应同时提供补充信息[①]；明确了境外会计师事务所为境外机构提供熊猫债发行审计服务的规则，填补了监管空白。这是我国 2005 年推出熊猫债以来首部系统性的熊猫债发行管理办法，进一步提升了熊猫债券监管的协调性和统一性，促进相关制度规则与国际接轨。发行规则的明确化提升了熊猫债券发行制度的透明度，进一步增强了银行间债券市场对国际发行人和投资者的吸引力。

投资方面，境外机构投资境内债券市场的主体范围和投资品种不断扩大，管理方式更加市场化。2013 年，QFII 和 RQFII 获准在银行间债券市场开展现券交易。2015 年，对境外央行类机构进入银行间市场投资推出了更为便利的政策，将入市流程简化为备案制，取消投资额度限制，并将其投资范围拓展至债券现券、债券回购、债券借贷、债券远期，利率互换、远期利率协议等其他经人民银行许可的交易。2016 年，人民银行发布第 3 号公告，允许境外依法注册成立的各类金融机构及其发行的投资产品，以及养老基金等中长期机构投资者，通过备案的方式投资银行间债券市场，自主决定投资规模。至此，银行间债券市场二级市场已经完全对合格境外投资者开放。从投资者类型看，境内外机构实行统一的准入标准，只要是持牌金融机构及其发行的产品等符合条件的机构投资者，均可通过备案的形式进入银行间债券市场，无须经过行政部门审批。同时，对于境外机构投资，既不对单家机构设置投资额度，也不设置投资总额度，完全由境外机构自主决定投资规模，人民银行实施宏观审慎管理。同时，对境外机构投资银行间债券市场的人民币资金来源

---

① （一）所使用会计准则与中国企业会计准则的重要差异；（二）按中国企业会计准则调节的差异调节信息，说明会计准则差异对境外机构财务报表所有重要项目的财务影响金额。

也没有限制，既可以是参加人民币跨境业务获得的人民币资金，也可以是通过离岸或在岸外汇市场获得的人民币。只不过境外机构如需通过在岸外汇市场获得人民币，应按照外汇管理的相关规定办理资金汇入、汇出、购汇、结汇等手续。2018年6月，外汇局对QFII和RQFII外汇管理制度进行新一轮改革，取消QFII资金汇出比例限制和QFII、RQFII有关锁定期要求，允许QFII、RQFII开展外汇套期保值，使QFII和RQFII管理原则逐渐趋于统一，境外机构投资者投资便利性进一步增强。2020年，外汇局放宽了银行间债券市场直接投资模式下的外汇风险对冲的限制。随着中国债券市场不断开放，彭博、摩根大通、富时罗素等全球主要债券指数纷纷将中国债券纳入其指数。人民银行数据显示，截至2021年年末，境外机构在中国债券市场的托管余额为4.1万亿元，较2017年年末增长了两倍多[1]。其中，共有1 016家境外机构主体进入银行间债券市场[2]，境外机构在银行间债券市场的托管余额为4万亿元。分券种看，境外机构持有国债2.5万亿元、占比61.3%，政策性金融债1.1万亿元、占比27.3%。

"债券通"，即香港与内地债券市场互联互通，是我国银行间债券市场进一步对外开放的新举措，仍遵从既有的资本项目管理、中长期机构投资者资质要求、投资交易信息全面收集等规范管理安排。"债券通"以国际债券市场通行的模式为境外机构增加了一条可通过境内外基础设施连接便捷入市的新渠道，以提高入市效率。从其他国家债券市场对外开放的经验看，境外投资者既可以采取逐家到境内开户模式入市，也可以通过基础设施连通的模式投资于该国债券市场。其中，前一种模式下，对境外投资者要求较高，需要对该国债券市场相关法规制度和市场环境有全面深入的了解；后一种模式下，境外投资者可以依靠基础设施互联和多级托管来便捷地"一点接入"全球债券市场，成为国际主流的做

---

[1] 资料来源：人民银行，《2021年金融市场运行情况》。
[2] 资料来源：中债研发中心，《中国债券市场概览（2021年版）》。

法。"债券通"属于后一种模式,其通过两地债券市场基础设施连接,使国际投资者能够在不改变业务习惯,同时有效遵从内地市场法规制度的前提下,便捷地参与内地债券市场。"债券通"在我国金融市场对外开放的整体规划与部署下分阶段实施。人民银行与香港金管局于2017年6月联合公布先实施"北向通",2021年9月扩展至"南向通"。从"北向通"交易情况看,国债和政策性金融债交易最为活跃。人民银行数据[①]显示,截至2021年9月中旬,"北向通"的境外投资者持债规模约1.1万亿元人民币,累计成交12.3万亿元人民币。全球前100家大资产管理机构中,已有78家参与"北向通"。

2022年5月,人民银行、证监会、外汇局联合发布《关于进一步便利境外机构投资者投资中国债券市场有关事宜》,支持境外机构投资者直接或通过互联互通投资交易所债券市场,自主选择交易场所。投资银行间债券市场的境外机构投资者可以根据实际需要,自主选择债券登记结算机构或者境内托管银行提供债券托管服务。这进一步便利境外机构投资者投资中国债券市场,统一资金跨境管理。

此外,我国信用评级市场有序开放。2018年3月,交易商协会发布《银行间债券市场信用评级机构注册评价规则》及配套制度,接受境外评级机构以境外法人主体或境内法人主体的方式申请注册,并与境内信用评级机构平等对待。这一制度有利于促进信用评级机构的良性竞争,满足境内外投资者的相关需求。2018年9月,人民银行、证监会联合发布2018年第14号公告,围绕逐步统一银行间和交易所债券市场评级业务资质等事项,加强了债券市场信用评级行业统一监管。2019年7月,国务院金融稳定发展委员会办公室宣布11条金融业对外开放措施,在信用评级方面允许外资机构在华开展信用评级业务时,可以对银行间债券市场和交易所债券市场的所有种类债券评级。在此背景下,国际信用评级机构标普、惠誉先后于2019年1月、2020年5月正式以独资公司的

[①] 详细内容可参见:http://www.pbc.gov.cn/goutongjiaoliu/113456/113469/4341465/index.html。

形式进入中国境内市场。2021年8月，人民银行发布2021年第11号公告，决定试点取消债务融资工具发行信用评级要求，有利于降低评级依赖。2021年8月，人民银行、发改委、财政部、银保监会、证监会联合发布《关于促进债券市场信用评级行业健康发展的通知》，从加强评级方法体系建设、完善公司治理和内部控制机制、强化信息披露等方面对信用评级机构提出了明确要求，同时强调优化评级生态，严格对信用评级机构监督管理，有利于提升信用评级质量和区分度，进一步发挥信用评级在风险揭示和风险定价等方面的作用。总体看，债券市场评级监管趋于统一，有助于推动我国信用评级市场高质量发展。

（二）股票市场

中国股票市场对外开放始于20世纪90年代初。在资本账户尚未开放的背景下，为开拓境内公司境外融资渠道，同时便利外国投资者投资境内股票市场，1991年，经国务院股票市场办公会同意，允许上海、深圳先行试验发行B股。1992年，B股市场正式成立。B股又称"人民币特种股票"，以人民币标明面值，以外币认购和买卖，在上海和深圳证券交易所上市交易。在B股市场上市发行的公司注册地都在境内，2001年2月以前，B股市场仅限外国投资者买卖，此后对国内投资者开放。

为进一步拓宽境外融资渠道，并提升中国企业在境外的知名度，政府鼓励境内企业到境外发行证券融资。1992年12月，国务院发布《关于进一步加强证券市场宏观管理的通知》，明确要求"选择若干企业到海外公开发行股票和上市，必须在证券委统一安排下进行，并经证券委审批"。1993年5月、6月，国家经济体制改革委员会（以下简称"国家体改委"）先后发布《关于到香港上市的公司执行〈股份有限公司规范意见〉补充规定》《到香港上市公司章程必备条款》，为境内企业赴港上市提供了法规依据。1994年8月，国务院发布《关于股份有限公司境外募集股份及上市的特别规定》，要求股份有限公司向境外投资人募集股份并在境外上市的，应当按照国务院证券委员会的要求提出书面申请并附有关材料，报经国务院证券委员会批准。1997年6月，国务院发布《关于进一步加强在境外发行股票和上市管理的通知》，证监会制定了相应规章，形成了境内企业和境外中资控股企业到境外上市的法规制度。2002年8月，外汇局和证监会联合发布《关于进一步完善境外上市外汇管理有关问题的通知》。2012年12月，证监会颁布了《关于股份有限公司境外发行股票和上市申报文件及审核程序的监管指引》，进一步加强了境内公司赴境外发行股票和上市申请的监管。针对中资企业绕道境外间接上市相关监管漏洞，证监会2021年12月公布《国务院关于境内企业境外发行证券和上市的管理规定（草案征求意见稿）》《境内企业境外发行证券和上市备案管理办法（征求意见稿）》，首次统一将各种形式的境内企业赴境外上市安排纳入全面备案监管。此外，近年来，我国监管部门强化了数据安全和反垄断相关的监管。

伴随资本项目的逐步开放，我国又引入了QFII和QDII制度。作为一种过渡性制度安排，QFII和QDII制度是在资本项目尚未完全开放的国家和地区实现有序、稳妥开放证券市场的特殊通道。2002年12月，证监会、人民银行联合颁布《合格境外机构投资者境内证券投资管理暂行办法》。2003年7月，QFII第一单指令正式发出。为进一步开放资本账户，使人民币汇率更加平衡，让国内投资者有机会参与全球市场，2006年7月，QDII正式开闸，外汇局批准了交通银行5亿美元额度。近年来，监管机构在资格准入和外汇管理方面逐步放宽，额度不断提高。2019年9月取消QFII和RQFII投资额度以及RQFII试点国家和地区的限制。此后，具备相应资格的境外机构投资者，只需进行登记即可自主汇入资金，开展符合规定的证券投资，境外投资者参与境内金融市场的便利性大幅提升。截至2020年5月底，外汇局停止更新时，已批准QFII 295家，投资额度1 162.59亿美元。截至2022年4月底，已批准QDII 174家，投资额度1 575.19亿美元。

近年来，在人民币国际化不断推进，资本项目开放程度日益加深的背景下,股票市场对外开放的深度和广度快速提升。2011年12月,证监会、人民银行、外汇局联合发布《基金管理公司、证券公司人民币合格境外机构投资者境内证券投资试点办法》,允许符合条件的基金公司、证券公司香港子公司作为试点机构开展RQFII业务,业务初期试点额度约200亿元人民币。截至2020年5月底,已批准RQFII 230家,投资额度7 229.92亿元人民币。2014年11月,人民银行发布了《关于人民币合格境内机构投资者境外证券投资有关事项的通知》,允许人民币合格境内机构投资者用自有或募集的境内人民币资金,投资境外金融市场的人民币计价产品。与QDII额度的审批制不同,RQDII以实际募集规模为准。2018年6月,人民银行、外汇局发布《合格境外机构投资者境内证券投资外汇管理规定》,取消QFII、RQFII相关汇兑限制。

打通资金双向流通渠道。为进一步促进内地与香港资本市场双向开放和健康发展,同时在与国际市场更深度的融合中,不断提升对外开放的层次和水平,2014年4月,国务院正式批复开展沪港股票交易互联互通机制试点(以下简称"沪港通")。经过半年的筹备,2014年11月,中国证监会与香港证监会发布公告正式启动沪港通。为深化内地与香港金融合作,进一步发挥深港区位优势,推动内地与香港更紧密合作,2016年8月,国务院正式批准了《深港通实施方案》。2016年12月,中国证监会与香港证监会发布公告正式启动深港通。自此,境内符合条件的个人或机构投资者可以直接买卖在香港市场上市的股票,境外投资者则可以直接买卖在上海及深圳市场上市的股票。2019年11月,中国证监会全面推开H股"全流通"改革。目前,沪港通和深港通总体运行平稳有序,各环节运作正常,跨境资金流入流出规模大致相当,实现了有条件的、有管控的跨境证券交易。

随着内地与香港在金融产品及服务方面的合作不断深化,为促进两地基金市场的共同发展,2015年5月,中国证监会与香港证监会发布联合公告,就内地与香港两地基金互认安排正式签署《监管合作备忘录》,中国证监会同时发布了配套规则《香港互认基金管理暂行规定》。2015

年 12 月，首批 7 只内地、香港互认基金在两地证监会注册。2017 年 1 月，推出内地与香港基金互认服务平台。作为资本市场开放的新举措，基金互认与沪港通、深港通等形成互补，资本市场的开放程度更加深广。截至 2022 年 2 月底，中国香港基金境内发行销售资金累计净汇出 773.3 亿元；截至 2022 年 3 月底，内地基金在中国香港发行销售资金累计净汇入 35.4 亿元。

此外，2019 年 6 月，沪伦通正式开通，中日 ETF 互通推出。2020 年 10 月，深港 ETF 互通推出。2022 年 2 月，证监会对《关于上海证券交易所与伦敦证券交易所互联互通存托凭证业务的监管规定（试行）》进行修订，修订后名称定为《境内外证券交易所互联互通存托凭证业务监管规定》，拓展了监管规定的适用范围，境内将深交所符合条件的上市公司纳入，境外拓展到瑞士、德国；对融资型中国存托凭证（CDR）做出安排，允许境外基础证券发行人融资，并采用市场化询价机制定价。

A 股纳入多个国际知名指数。2017 年 6 月，明晟公司（MSCI）宣布将 A 股纳入其新兴市场指数。2018 年 6 月，A 股正式纳入 MSCI 新兴市场指数，纳入因子逐步提升至 20%。2019 年 6 月，富时罗素首次将 A 股纳入其全球股票指数系列，纳入因子逐步提升至 25%。2019 年 9 月，标普道琼斯将 A 股以 25% 因子纳入其全球宽基指数。

总体上，伴随资本项目可兑换程度的扩大，股票市场对外开放程度不断加深，层次更趋丰富，机制更多样化。从一级市场看，B 股的设立以及国内企业赴境外上市，为境内企业募集境外资金提供了通道，同时也便利了境外投资者投资国内公司股权。从二级市场看，建立了促进资金流入的 QFII 和 RQFII 机制，促进资金流出的 QDII 和 RQDII 机制，促进资金双向流动的沪港通、深港通、基金互认等机制，可以在一定程度上满足不同类型投资者的需求。

不过，相比发达经济体的股票市场，我国股票市场的投资者保护、退市制度、集体诉讼等方面的建设仍然存在差距。要进一步落实"建制度、不干预、零容忍"九字方针，坚持从严监管，既把好入口关，也把好出口关，促进优胜劣汰，切实保护投资者权益，提高市场透明度，增强国际投资者对中国股市的信心。

（三）金融衍生品市场

2019年以前，国际投资者参与场内金融衍生品交易程度有限。2011年5月，证监会发布《合格境外机构投资者参与股指期货交易指引》，允许QFII参与股指期货套期保值交易。中国证券业协会公布的场外期权业务交易商名单显示，截至2022年5月，场外期权业务交易商名单中，瑞银证券（2020年11月第七批名单纳入）是唯一一家获准参与国内场外期权业务的外资券商。

近年来，证监会逐步将不同类别的场内金融衍生品纳入合格境外机构投资者的投资范围，衍生品市场的对外开放进程正在加快。2020年9月，证监会、人民银行、外汇局发布《合格境外机构投资者和人民币合格境外机构投资者境内证券期货投资管理办法》，证监会同步发布配套规则《关于实施〈合格境外机构投资者和人民币合格境外机构投资者境内证券期货投资管理办法〉有关问题的规定》（2020年11月1日起施行），将QFII、RQFII资格和制度规则合二为一，降低准入门槛，便利投资运作；扩大投资范围，新增允许QFII、RQFII投资全国中小企业股份转让系统挂牌证券、私募投资基金、金融期货、商品期货、期权等，允许参与债券回购、证券交易所融资融券、转融通证券出借交易。根据上述管理办法，证监会2021年10月发布第24号公告，宣布新增允许QFII交易国务院或中国证监会批准设立的期货交易场所上市交易的商品期货、商品期权、股指期权合约，参与股指期权的交易目的限于套期保值交易，自2021年11月1日起施行。2021年10月，MSCI中国A50互联互通指数期货合约正式上线交易，有助于为境外投资者提供更为丰富的风险管理工具，进一步吸引境外长期资金配置A股。2022年9月2日，郑商所、大商所、上期所及其子公司上期能源、中金所发布公告，明确了 QFII 和 RQFII 可以参与的衍生品包含期货、期权等共计 41 个品种，衍生品扩大开放有利于增强国际影响力和大宗商品定价权。截至 2022 年 8 月 26 日，境外投资者在国内期货市场的客户权益达 530.52 亿元。其中，境外投资者在股指期货市场的客户权益为 317.55 亿元，在原油期货、铁矿石期货、PTA 期货、20 号胶、棕榈油、国际铜、低硫燃料油期货市场的客户权益合计 212.97 亿元。

我国衍生品相关法制建设虽然滞后于市场发展，但近两年有所突破。国务院 1999 年 6 月发布《期货交易管理暂行条例》，2007 年将其修改为《期货交易管理条例》，增加了金融期货、场内期权、设立期货投资者保障基金等规定；2012 年修订版允许外国投资者参与境内特定期货品种交易。《期货交易所管理办法》等配套规则和实施细则陆续发布，有效规范了我国期货市场发展。不过，由于《证券法》对证券的定义较窄，衍生品缺乏上位法，制度规则不够完善，监管标准有待统一。鉴于此，2021 年 12 月，人民银行、银保监会、证监会和外汇局就《关于促进衍生品业务规范发展的指导意见（征求意见稿）》公开征求意见，首次统一衍生品定义和分类，按照金融管理部门职责，做出监管分工协作安排。2022 年 4 月，十三届全国人大常委会第三十四次会议表决通过《期货和衍生品法》，在重点规范期货市场的同时，对场外衍生品市场做了原则性的制度安排，补齐了我国金融法律制度体系短板，解决了我国衍生品市场规则分散不统一、监管标准各异的局面，有利于提升行业法治化、市场化和国际化水平，充分发挥衍生品拓宽金融市场深度、提高市场流动性、服务国民经济的功能。

（四）外汇市场

银行间外汇市场的对外开放始于 2004 年，中国银行香港分行和中国银行澳门分行相继进入银行间外汇市场。2009 年，随着跨境贸易人民币结算业务的推出，银行间外汇市场对境外人民币清算行开放。2015 年，人民银行允许境外央行（货币当局）和其他官方储备管理机构、国际金融组织、主权财富基金以代理、直连等多种途径进入我国银行间外汇市场，开展包括即期、远期、掉期和期权在内的各品种外汇交易，并且无额度限制。2016年1月，允许人民币购售业务规模较大、有国际影响力和地域代表性的境外参加行在银行间外汇市场参与即期、远期、掉期、货币掉期及期权交易。2017年2月，为便利参与银行间债券市场的境外投资者管理外汇风险，外汇局允许具备代客人民币对外汇衍生品业务资格的银行间市场结算代理人，基于实需交易原则对境外投资者办理外汇衍生品业务，限于对冲以境外汇入资金投资银行间债券市场产生的外汇风险敞口。2017年7月，为了配合"债券通"的开通，银行间外汇市场扩大了香港地区人民币购售业务境外参加行的入市，允许其成为银行间外汇市场会员后即可自动获得"债券通"中的"北向通"业务香港结算行资格，可为境外投资者办理外汇资金兑换。2018年1月，中国外汇交易中心发布《关于境外银行参与银行间外汇市场区域交易有关事项的公告》，同意符合条件的境外银行参与银行间外汇市场区域交易。2018年9月，引入首批上海自贸区分账核算单元自由贸易账户（FT账户）参与银行间外币拆借市场交易。至此，银行间外汇市场已向不同类型机构实现不同程度的开放，各交易产品全面覆盖，市场国际化水平明显提升。人民银行《2022年人民币国际化报告》显示，我国境内银行间外汇市场交易主体逐步丰富，截至2020年年末，共有人民币外汇即期会员764家，远期、外汇掉期、货币掉期和期权会员各为282家、275家、227家和167家，人民币外汇市场做市商25家。境外投资者的入市既丰富了银行间外汇市场交易主体类型，也成为增进市场流动性和市场融合的重要力量。中国外汇交易中心数据[①]显示，截至2021年12月末，参与境内银行间外汇市场的境外机构共计176家。

在引入不同类型投资者的同时，通过发展直接交易和区域交易，不

---

① 中国外汇交易中心暨全国银行间同业拆借中心研究部. 2021年境外人民币市场综述［EB/OL］.（2022-01-25）https://www.sohu.com/a/518912721_522914.

断提升银行间外汇市场的开放程度。2010年，为配合人民币跨境贸易结算业务的开展，银行间外汇市场推出了人民币对马来西亚林吉特、俄罗斯卢布的直接交易，即不通过美元套算，人民币和外币直接报价交易。2014年，开展人民币对哈萨克斯坦坚戈银行间市场区域交易，建立不经套算的双边直接汇率形成机制，降低交易成本，提高市场透明度。2016年，为配合人民币国际化以及"一带一路"倡议的实施，银行间外汇市场密集推出了人民币对阿联酋迪拉姆、南非兰特、伊朗里亚尔等11个货币对直接交易。此后，继续按照"成熟一个、推出一个"的原则，推进人民币对相关国家货币的直接交易。为配合国家"一带一路"倡议，中国外汇交易中心自2017年8月1日起，暂免了人民币对新加坡元、俄罗斯卢布、马来西亚林吉特、新西兰元、南非兰特、伊朗里亚尔、阿联酋迪拉姆、波兰兹罗提、匈牙利福林和土耳其里拉等十个直接交易货币对的交易手续费。2017年，开展人民币对蒙古图格里克、柬埔寨瑞尔银行间市场区域交易。2020年，人民币对新加坡元、泰铢、马来西亚林吉特、柬埔寨瑞尔实现了直接交易，老挝央行在当地推出了人民币/基普直接交易。目前，银行间人民币外汇市场的交易货币既涵盖美元、欧元、英镑、日元等主要国际储备货币，也包括俄罗斯卢布等新兴市场货币，还支持阿联酋迪拉姆等"一带一路"沿线国家货币。

银行间外汇市场稳步推进走出去战略，与国际主流机构开展合作，构建利益共同体，有序布局全球金融市场。2015年，中国外汇交易中心落实中美经济与战略对话和中德两国领导人会谈成果，分别与美国芝加哥商业交易所集团、德国德意志交易所集团签署合作协议，明确了实现中美、中欧金融市场基础设施及汇率等产品的互联互通，发展以人民币计价的离岸汇率现货及衍生产品等合作目标。

同时，银行间外汇市场积极推进业务国际化战略，建设全球服务网络，完善国际金融服务基础设施，建设更高层次的开放型市场。自2016年1月起，银行间市场外汇交易时间延长至北京时间23:30，覆盖欧洲交易时段和部分美洲交易时段，便利了境外投资者。各类市场服务支持时间也相应延长，提升了银行间外汇市场对全球的服务能力。2015 年以来，中国外汇交易中心发布国际货币基金组织（IMF）"数据公布特殊标准"（Special Data Dissemination Standard，SDDS）的人民币汇率数据，同时还发布了实时人民币参考汇率，为包括 IMF 在内的国际金融组织提供定价参考。尤其是 2015 年 12 月以来，中国外汇交易中心编制和发布 CFETS 人民币汇率指数，具有广泛的国内外市场影响力。2018 年 7 月，中国外汇交易中心与上海国际货币经纪公司联合发布银行间美元拆借资金面情绪指数。同月，推出以境外外币债为抵押品的外币拆借业务。2020 年 5 月，推出以境外外币债为抵押品的外币回购代收发报文业务。2021 年 7 月，交易中心与上海国际货币经纪公司合作推出银行间美元拆借资金面情绪指数、日经指数。2022 年 1 月，交易中心推出外币拆借撮合交易。2022 年 4 月，交易中心与中央结算公司合作推出外币回购指定券模式，包括外币质押式回购和外币买断式回购。

银行间外汇市场为境外投资者在中国管理投资风险提供了工具。目前，境外机构投资者可以通过托管机构、结算代理机构、开户银行或其他符合结汇和售汇条件的境内金融机构进行即期结汇和售汇，也可以使用国内外外汇衍生品来对冲风险。以外国央行为例，外国央行进入银行间外汇市场有三种方式：一是委托人民银行代理；二是作为成员直接参与银行间外汇市场；三是委托银行间外汇市场成员代理。中央银行的投资范围涵盖所有上市产品，包括现货、远期、掉期、跨货币掉期和期权等。截至 2022 年 3 月底，55 家外国央行、58 家海外人民币参与银行和 22 家海外人民币清算银行参与银行间外汇市场。2022 年 8 月，银行间外汇市场成交额为 4.35 万亿美元，日均成交额为 1 893 亿美元。

（五）黄金市场

在黄金需求崛起与黄金市场发展的共同驱使下，我国黄金市场的国际化步伐日益加快，在上海建成了与纽约、伦敦并驾齐驱的全球第三大黄金交易中心（焦瑾璞，2021年，2022年）。一是引入境外投资者。2014年9月，上金所在上海自贸区启动"黄金国际板"，通过自贸区的自由贸易账户体系，使境外投资者可以参与人民币计价的黄金等贵金属交易（国际板和主板）。随着主板与国际板协同发展，国际会员从2014年的40家增加到2021年的95家，覆盖全球12个国家和地区。二是创建以人民币计价的黄金白银定价基准，把握定价主动权。2016年4月，上金所发布了全球第一个以人民币计价的黄金基准价格——"上海金"，广泛应用于交易结算、套期保值等领域，有效提升人民币黄金定价的全球影响力。2019年10月，上金所推出"上海银"定价合约，为人民币白银中远期价格的形成提供了参考。三是推动人民币计价贵金属产品在境外交易平台挂牌交易。2016年3月，上金所与港交所签署合作备忘录，推动本交易所产品在对方交易平台上挂牌，实现两个市场的互联互通。截至2021年，黄金市场国际板交易金额为3.07万亿元，比2014年增长了67倍，占总交易量的15%左右；上金所黄金现货交易量、交割量分别为3 912.45吨和8 127.86吨，场内黄金现货交易和交割规模均居全球第一。

（六）对金融市场开放情况的评估

1. 总体评估

从金融市场开放的总量上看，我国股票市场、债券市场、金融衍生品市场、外汇市场、黄金市场等领域都实行了对外开放，但不同子市场的开放程度有所差异，其中，债券市场开放程度较高，股票市场次之，其他市场相对较低。一级市场方面，尽管非居民在境内股票市场尚无法发行股票，但不同类型的非居民，包括国际开发机构、境外非金融企业、金融机构以及外国政府等，均可以在银行间市场发债融资。二级市场方面，股票市场在2002年就先于债券市场引入QFII，且逐步扩大至RQFII、沪港通、深港通等方式。银行间债券市场已完全对合格境外投资者开放，境外机构入市与境内机构实行统一的准入标准，没有额度限制，仅由人民银行实施宏观审慎管理。参与银行间债券市场的境外投资者也可以基于实需原则参与外汇衍生品交易。

从金融市场开放的深度看，人民币在离岸市场可自由使用的程度不断提高。自2010年以来，境外离岸人民币市场平稳发展，已形成以香港为主、多点并行的格局，信贷、外汇交易、债券、基金、远期等人民币产品日益丰富、交投活跃。据不完全统计，截至2016年6月末，境外主要离岸市场人民币存款余额合计约1.3万亿元。在纽约、伦敦、法兰克福、首尔、巴黎、卢森堡、多哈、多伦多、悉尼等14个城市建立了人民币清算行。但是，在岸、离岸人民币产品价格以及人民币汇率均还存在一定价差，表明资本流动仍存在一定管制，金融市场开放深度有限。人民银行《2022年人民币国际化报告》显示，截至2020年年末，境外主要离岸市场人民币存款余额合计超过1.54万亿元；人民银行已在25个国家和地区授权了27家境外人民币清算行；2021年全年，境外人民币清算行人民币清算量合计468.03万亿元，同比增长26.7%。

我国资本项目不可兑换的项目数量逐步减少，证券投资可兑换程度稳步提高，限制主要集中在一级市场。根据IMF《汇兑安排与汇兑限制年报》对资本项目交易的分类标准（共7大类40项），在7大类共40项的资本项目交易中，已实现可兑换、基本可兑换、部分可兑换的项目共计39项，占全部交易项目的97.5%。不可兑换项目主要是个人跨境投融资。

与国际发达市场相比，我国金融市场开放程度还仍处于较低水平，金融开放度差距较大，市场封闭性特征尚未实现根本性变化。境外投资者准入和资本流入流出限制多；我国市场的制度、规则和监管等与国际接轨程度较低，直接影响了我国境外投资者对国内各市场的参与程度。

我国债券市场的海外持有占比低于发达债券市场。截至2021年年末，美国国债的海外持有者占比约为30%（见图1.22），日本国债的海外持有者占比约为14%（见图1.23）。但目前，我国国债的海外持有者占比不到12%（见图1.21），境外机构投资境内债券的品种结构也较为单一，主要集中在国债和政策性金融债上。

外汇市场开放程度与发达国家比相差更大。以全球最大的外汇市场伦敦为例（见图 1.28），伦敦市场约有 70% 的交易量来自境外机构，且参与者类型众多，包括跨国企业、投资银行、共同基金、对冲基金、外汇基金和保险公司等。目前，参与我国银行间外汇市场的境外投资者数量占比只有 10% 左右，交易占比不足 1%，且参与者类型单一，商业机构只有银行。

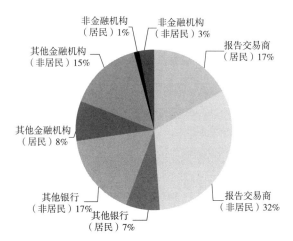

图 1.28　伦敦外汇市场交易者结构

注：数据截至 2021 年 10 月。

资料来源：Foreign Exchange Joint Standing Committee。

以股票市场为例，2020 年年底，在伦敦上市的公司总市值为 2.2 万亿英镑，其中 56% 由境外投资者控制（见图 1.29），较 1998 年的 30.7% 大幅增加。全球规模最大的美国股市，境外投资者持股份额也达到了 16%（见图 1.30）。韩国股市境外投资者的持股份额也常年维持在 30% 以上。而目前 A 股市场上，虽然国外资金投资 A 股的渠道逐一打通，但 QFII、RQFII、沪股通、深股通、沪伦通合计持股占比不到 5%[①]，远低于国际水平。

[①] Wind 数据显示，截至 2022 年一季度末，外资持有 A 股总市值约为 2.45 万亿元，占流通 A 股市值的比例为 3.67%。

中国金融市场开放：政策与实证分析

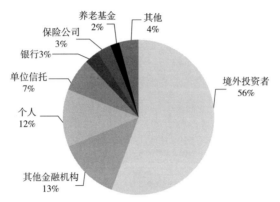

图1.29　英国股票市场持有者结构

注：为展示方便，把占比较小的四类持有者合计为"其他"，即私营非金融公司、投资信托基金、慈善机构、公共部门。

资料来源：*Ownership of UK Quoted Shares:2020*。

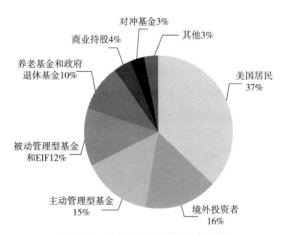

图1.30　美国股票市场持有者结构

注：数据截至2015年年底。

资料来源：高盛[①]。

---

① 详细内容可参见：https://www.100forexbrokers.com/news/record-highs-for-us-equities-a-breakdown-of-corporate-ownership/。

2. 各主要金融对外开放市场存在的问题

（1）债券市场

债券市场虽然是我国金融市场体系中开放程度最高的市场，但开放的广度和深度还远远不够。特别是金融市场的规则制度与国际市场存在较大的差异，境外发行人和投资者参与市场的便利性还不够。这些现象背后暴露出一些深层次的问题，影响境内外发行人和投资人的积极性。实践表明，我国经济体量虽然位于世界第二，但还不具备全面改写全球金融市场体系规则的实力，债券市场过去十几年来，以我国为主的开放思路已经暴露出其中的不足，必须顺应大势，主动作为，以包容合作的心态积极适应国际规则。

一是境外机构境内发债在会计、审计政策适用方面仍有诸多不便，增加了发行人在境内债券发行成本。根据现行规定，国际开发机构和境外非金融企业在境内发行债券所披露的财务报告，应按照中国会计准则或者财政部认可等效的准则编制，在审计方面也应由具有中国证券期货资格的会计师事务所进行审计，除非所在国或地区与财政部签署了注册会计师审计公共监管等效协议。由于同时符合上述会计、审计要求的国家或地区仅有我国香港，其他国家或地区的发行主体在境内发债需要重新编制符合要求的财务报告，这制约了市场的发展。

二是我国评级业公信力不足，无法满足国际投资者需求。由于时间短、起步晚，缺乏违约率检验，我国评级行业信用评级等级虚高、等级区分度不足以及评级机构"以价定级、以级定价"的情况比较突出，我国债券评级结果中高评级企业占比明显偏高，AA级以上等级的企业占比超过90%，远高于美国、日本等国家，同时低等级企业比例很低，呈现出"一头大一头小"的分布特征。由于获得高评级的企业增多，导致同一级别里的企业具有不同的风险水平差异，评级区分度低。而在债券开放过程中，国际投资人在全球范围内配置资产，其基于全球标准建立的风控体系与国内评级机构使用的中国评级体系存在"错位"，加之国际投资人对国内评级机构的评级质量还存在疑虑,可能对投资我国债券市场形成一定阻碍。

三是与债券投资相关的外汇和衍生产品不丰富,制约了市场开放的进程。境外机构投资人民币债券缺乏汇率、利率风险的对冲工具,同时我国衍生品市场发展仍处于初步阶段,不仅市场规模较小,而且参与主体比较单一,境外机构实际开展债券投资仍存在不少技术障碍。如境外机构投资固定收益产品时,常常将固定收益、商品、货币产品作为一个整体制定交易策略(国外通常叫作FICC),但国内却对不同的产品有不同的开放程度安排,如债券市场的开放领先于衍生品市场和外汇市场的开放,导致境外投资者无法有效地利用衍生品和外汇市场的工具制定投资策略。

四是金融市场基础设施的国际合作还有较大提升空间。由于境外机构参与境内市场涉及技术层面的操作要求较复杂,尚未实行统一、透明、普适性的规则制度,一些情况采取"一事一议"的方式,不利于为境外主体提供稳定的预期。虽然近年来,基础设施跨境互联互通[①]不断加强,但我国金融市场基础设施还不能完全满足境外机构的需求。相比之下,国际电子交易平台经过多年市场竞争,功能强大,境外投资者往往使用其统一终端查看行情、下单交易,而国内终端则在语言、便利性等方面存在较大差距。国际主要债券市场均采用多级托管制度安排,通过多个层级的托管人形成立体覆盖网络,最终使投资者能够"一点接入"全球市场,并享受融资融券、信息、研报等全方位服务。在债券市场开放过程中,我国需要进一步做好与国际基础设施的衔接。

---

① 2015年,中央结算公司与韩国中央托管机构联合提出"中韩债市通"方案。2017年推出的"债券通"是我国金融基础设施跨境互联的重要举措,为境外中小投资者提供了间接进入境内债券市场的渠道。2018年11月,外汇交易中心与彭博公司通过交易平台连接,支持境外机构投资者通过直接或间接入市模式进入银行间债券市场。2019年,中央结算公司与澳门基础设施机构互联。

（2）股票市场

现行证券投资的开放模式以"管道式"开放为主，并未形成全面开放的模式和体系。投资方面，尽管股票市场早在2002年就引入QFII，且逐步扩大至RQFII、沪港通、深港通、沪伦通等方式，但是迄今为止境外投资人投资股票市场仍存在较多限制，包括资本流动存在限制等。通过QFII和RQFII等渠道进入市场的境外长期资金，在流动性管理等方面受限，影响了长期投资者的积极性，不能充分发挥其在改善投资者结构、倡导长期投资价值理念、提高上市公司治理能力方面的积极作用。而境外个人投资者除可通过沪港通、深港通、沪伦通投资沪深两市的标的股票外，其他直投通道尚未打通。

融资方面，双向跨境融资发展不平衡。一方面，境外企业境内融资少。在境外企业境内融资方面，证监会2018年3月公布《关于开展创新企业境内发行股票或存托凭证试点的若干意见》，允许互联网、大数据、云计算、人工智能、软件和集成电路、高端装备制造、生物医药等高新技术产业和战略性新兴产业以及达到相当规模的创新企业，在境内交易所发行股票或存托凭证，2021年9月进一步将范围扩大至新一代信息技术、新能源、新材料、新能源汽车、绿色环保、航空航天、海洋装备等高新技术产业和战略性新兴产业的红筹企业以及具有国家重大战略意义的红筹企业。2022年2月，证监会《境内外证券交易所互联互通存托凭证业务监管规定》允许境外企业通过发行中国存托凭证在境内融资，打通了境外发行人在交易所进行股权融资的渠道。随着红筹股回归的门槛降低，中国移动、中芯国际等公司已陆续回归A股。不过，境外交易所上市公司通过CDR方式回A股上市，需满足三个条件：一是发行日前120个交易日，平均市值不低于200亿元；二是境外上市满3年；三是CDR初始发行规模超5 000万份，市值达到5亿元。目前，CDR尚未真正发展起来。

另一方面，中资企业境外融资形势较为严峻。一是企业可以通过H股、发行美国存托凭证（ADR）或全球存托凭证（GDR）等方式融资，目前审批机制趋严。证监会2021年12月公布《国务院关于境内企业境外发行证券和上市的管理规定（草案征求意见稿）》，以及配套规则《境内企业境外发行证券和上市备案管理办法（征求意见稿）》，首次统一将各种形式的境内企业赴境外上市安排纳入全面备案监管。二是中美监管合作的争议仍在。2022年8月，中国证监会、财政部与美国公众公司会计监督委员会（PCAOB）签署审计监管合作协议，在中美解决审计问题上迈出重要一步。不过，中美跨境审计协议的达成，并没能完全化解双方的争议，主要是中方强调审计主权下的共同监管，而美方强调审查不受限制和约束。同时，通过发行GDR在欧洲上市融资的企业有所增加，但规模仍较小。

（3）金融衍生品市场

严控市场风险是我国金融衍生品市场开放进程中的重要特征。鉴于金融衍生品的"双刃剑"特性，监管部门始终把防范风险放在首要位置，金融衍生品市场开放步伐较为缓慢。近年来，为落实深化资本对开放的相关要求，金融衍生品市场对外开放提速，产品的创新步伐加快，市场运行效率逐步提升。监管部门持续提升市场风险监测监控能力，进一步增加开放品种，有助于促进国内金融衍生品市场价格探索，倒逼交易体制创新，形成境内资本市场的国际影响力，吸引更多境外资金。

（4）外汇市场

实需原则一定程度上限制了外汇市场对外开放的深化。目前，境内外汇市场是以实需为基础的有管理的市场，而国际市场上无实需要求，参与者类型众多，交易量中只有不到10%是由真实贸易驱动。实需原则的要求，使银行间外汇市场引入境外投资者时较为谨慎，虽然境外央行、境外清算行等机构已可入市交易，但投资银行、商业银行、保险机构、养老基金、对冲基金、大型企业等还未能入市。这一问题同样体现在境内投资者类型上，以商业银行为主，非银行金融机构和非金融企业占比相对较小。参与者类型单一、数量较少等导致外汇交易方向趋同，自营交易较少，市场需求同质性较强，降低了外汇衍生品资产配置需求，交易规模与国际市场相比还存在较大差距。

虽然近年来配合"一带一路"等战略的实施，密集推出了数十个货币对，但会员参与积极性不高，交易量低，流动性不足，非美币种在人民币交易中占比低，且成交活跃的小币种集中在与中国经贸往来密切的周边地区或发达经济体的货币上，其他小币种成交稀疏。

（5）黄金市场

我国黄金市场近年来快速发展，已形成多层次、全功能和国际化的重要金融基础设施，具备一定的核心优势，包括多元化交易产品、形成黄金白银定价基准、创立黄金市场金融标准等。在肯定我国黄金市场发展成绩的同时，也要客观看待与国际成熟黄金市场的差距，主要表现为市场开放度仍然有限和交易规模仍然不够大。开放方面，以上金所为例，目前国外会员不多、不够活跃，与国际黄金市场融合度不高；交易规模方面，与世界第一大黄金现货市场伦敦黄金市场相比，上金所的交易量仍较小。

四、尊重国际市场规则和惯例，推进金融市场更高层次的开放

金融是现代经济的核心。一个具有活力、国际竞争力和有效服务实体经济的金融市场和机构体系，是实现资源高效配置的关键。改革开放以来，与社会主义市场经济相适应的金融市场和机构体系基本建立，为我国经济持续健康发展做出了重要贡献，但其在促进资本形成、优化资源配置、推动经济转型和结构调整中发挥的作用还不够大。与成熟的市场经济国家相比，我国还有相当大的差距，主要体现在：直接融资比重低，尤其是股权融资不足，衍生品发展不够。

当前及未来一段时期，中国作为仅次于美国的世界第二大经济体，地位进一步巩固，经济发展进入新常态，利率、汇率市场化改革接近完成，资本项目对外开放基本实现，人民币的国际地位进一步提高，IMF特别提款权货币篮子中占比由2015年的10.92%提高到2022年的12.28%。金融市场的进一步开放是我国提高国际竞争力的必然要求。在此背景下，应坚持以开放促改革、促发展，注重顶层设计与统筹安排，加强宏观审慎管理，建设形成与大国开放经济地位相适应、种类齐全、结构合理、服务高效、安全稳健、更具包容性和竞争性、支持实体经济可持续发展的现代金融市场体系。

（一）金融市场开放要健全宏观审慎管理框架，整体协调推进，避免单兵突进

坚持循序渐进原则，制定好金融市场开放的路线图、时间表。金融市场开放过程中，要注意平衡好开放、发展与稳定的关系。在金融开放的不同阶段，应主动调整开放策略，注意规避开放所带来的潜在风险。健全宏观审慎管理框架，防范跨境资本流动风险。健全针对外债和跨境资本流动的宏观审慎政策框架，提高可兑换条件下的风险管理水平。综合考虑资产负债币种、期限等匹配情况，合理调控外债规模，优化外债结构，做好外债监测，防范外债风险。研究通过市场化手段抑制短期投机性资本冲击，加强对境外投资者投资行为和跨境资金大额异常流动的日常监测和风险预警，督促参与机构认真履行一线监测和信息报送义务，防范违规交易和异常跨境资本流动风险。

我国金融市场的深度和广度与国际金融市场存在差异，金融机构的组织制度、管理制度、约束机制和激励机制也与发达经济体不同，应适时比较和分析，及时调整金融市场、金融机构和金融业务开放顺序，促进国内金融发展与对外开放政策顺序的协调性和一致性。一方面，要继续以开放促发展，坚持市场化改革方向，提高直接融资比重，实现直接

融资与间接融资、股权融资与债务融资、基础产品与衍生品协调发展。另一方面，要进一步完善市场化约束机制，提升金融机构的稳健性和韧性，健全结构合理、有效竞争、治理良好的金融机构体系。

结合国内外经济金融发展状况，以及我国整体外债偿还能力和国际收支状况，充分考虑国内实体经济对金融服务的诉求和金融业双向开放的影响，以跨境监管能力建设为保障，制定金融市场双向开放路线图、时间表，稳步推进金融市场双向开放，"成熟一项，推出一项"。通过有序的金融开放战略，来保证在获得金融市场开放长期利益的同时，减少和缓解短期调整的成本和风险，实现效率与稳定的动态平衡和协调。在目前阶段，应在尊重国际市场规则和惯例的基础上，推进债券市场、股票市场在更高层次上的开放；协调开放金融衍生品市场、外汇市场和黄金市场。同时，在开放过程中，应当更加注重相关规则与国际接轨，避免过分强调中国特色。

（二）尽快明确境外投资者进入我国债券市场所涉税收问题

2018年11月，财政部、税务总局《关于境外机构投资境内债券市场企业所得税、增值税政策的通知》规定，自2018年11月7日起至2021年11月6日止，对境外机构投资境内债券市场取得的债券利息收入暂免征收企业所得税和增值税。2021年12月，财政部、税务总局《关于延续境外机构投资境内债券市场企业所得税、增值税政策的公告》规定，延长境外机构投资者投资境内债券市场免征企业所得税和增值税政策至2025年年末，更好地便利和鼓励境外投资者参与银行间债券市场。免税政策一定程度上增强了入市的积极性。但政策到期后的税收政策安排有待进一步明确。

第一，财税部门应在免税政策到期前，及时明确境外机构债券投资所涉的税收细节问题，吸引更多的境外机构投资我国债券市场。如是否征收、如何征收企业所得税和增值税的问题，借鉴国际通行做法，制定一个规则明确、操作性强的统一文件，并细化对银行间债券市场登记托管机构的代扣代缴要求。

第二，明确国际条约或税收协定中有关税收优惠规定的问题，推动税收优惠政策落地。如明确税收优惠的适用对象以及申请方式和流程等。

第三，对境外投资者投资在我国银行间债券市场发行熊猫债的利息所得和价差所得，推动实现免征企业所得税和增值税，以避免双重征税，提高熊猫债税收政策透明度。

第四，建议财税部门加强税收政策宣传，为境外机构投资银行间市场创造更加公平透明的政策环境。

（三）基础设施建设要兼顾中国国情与国际惯例

我国金融市场的基础设施安排方面与国际市场有较大的不同。国际市场通常采用多级托管制度以及较为发达的做市商制度，但我国基础设施相关制度安排具有中国特色，是针对中国仍处于市场化转轨、市场参与主体公司治理尚不完善的基本国情，同时利用后发优势建立起来的相对较为集中的基础设施。鉴于金融机构等参与者公司治理结构不完善，出现了挪用客户债券的风险事件，银行间债券市场建立了与现实需求相适应的统一的债券托管结算平台，实行实名制中央一级托管，建设了一对一询价的电子交易系统，以加强信息集中监测、杜绝挪用债券等违规行为，并为参与者提供透明、规范的交易平台。可以说，中国较为集中的基础设施是与中国经济金融发展的环境相适应的，在2008年爆发的国际金融危机中也显示了较强的优越性，甚至危机后相关监管改革也趋向于基础设施的集中化。

不过，在对外开放的过程中，中国特色的基础设施安排由于开户、托管、交易、结算等方面的技术细节与境外市场的惯例不太相符，而影响了境外机构实质性开展对境内市场的投资。如我国债券市场自2005年对外开放至2021年年底,境外投资者持债总额4.1万亿元,占比3.1%,不仅远低于欧美发达国家30%—40%的比例,也低于马来西亚等新兴国家的比例。实践表明,我国经济体量虽然位于世界第二,但还不具备全面改写全球金融市场体系规则的实力,需要顺应大势,主动作为,以包容合作的心态,调整完全"以我为主"的开放思路,积极适应国际规则。未来,对境内投资人采用符合我国国情的一级托管制度,对境外投资人采用符合国际市场惯例的多级托管制度,以适应不同投资人的习惯和特点,这将是进一步推进开放的务实做法。

2017年7月启动的"债券通",通过"多级托管、名义持有、集中交易、穿透式监管"的制度安排,是在现有的开放基础上,进一步推动债券市场安全稳健开放、便捷联通国际投资者的合理有效路径。从宏观上看,以多级托管方式实施"债券通"实质是通过国际投资者能够理解和接受的国际通行安排,有利于其更加便捷高效地配置到人民币债券资产,这意味着更加顺畅的资本流入和债务输出分散有利于促进我国国际收支平衡、支持经济金融平稳去杠杆、降低融资成本,从而最大限度地强化金融安全的基础。从微观上看,在"债券通"中引入中资银行实行多级托管,为中资金融机构提供了参与国际托管业务竞争的历史性机遇,有利于提高全球竞争力和维护国家金融安全。

第二篇 股票市场

第二章

股票市场开放历程

我国股票市场在探索中不断发展壮大。以 1990 年上海和深圳证券交易所设立为标志，改革开放后集中交易的证券市场正式建立。随着股票公开发行试点由上海、深圳扩大至全国，各地陆续设立了一些股票交易场所，但存在交易规则不统一等问题，市场无序发展。鉴于此，国务院 1992 年 4 月决定仅保留上海、深圳股票交易所，同时开始整顿各种股权交易中心。随着沪深交易所逐步统一交易制度和运作规则，全国集中统一的股票市场逐步建立。

市场制度改革持续推进。上市制度方面，为防止股市过热，1993 年 4 月，国务院公布《股票发行与交易管理暂行条例》，对股票发行实行额度管理的审批制度。1996 年，国务院证券委将"额度管理"改为"指标管理"。1999 年《证券法》明确股票发行实行核准制，将地方政府和行业主管部门向证监会推荐企业改为由证券公司推荐企业。2001 年 3 月，证监会取消原有对企业发行审核中的额度和指标限制。2003 年 12 月，证监会发布《证券发行上市保荐制度暂行办法》，决定从 2004 年 2 月起在股票发行中正式实行保荐制。近年来，注册制改革全面稳步推进。2019 年，上交所设立科创板并试点注册制；2020 年，创业板改革并试点注册制。退市制度方面，1999 年《证券法》建立了退市制度框架，2006 年新修订施行的《证券法》和《公司法》赋予证券交易所暂停、恢复、终止上市的权限。2020 年 11 月，中央全面深化改革委员会（以下简称

"中央深改委")第十六次会议审议通过《健全上市公司退市机制实施方案》,强调完善退市标准,简化退市程序,拓宽多元退出渠道,严格退市监管,完善常态化退出机制。此外,股权分置改革为市场定价机制和资源配置功能发挥奠定了基础。2005年4月,证监会发布《关于上市公司股权分置改革试点有关问题的通知》,启动股权分置改革试点。截至2007年年底,沪深两市上市公司股权分置改革基本完成,结束了上市公司两类股份、两个市场、两种价格并存的历史。

监管体系和法律制度日益健全。监管方面,1991年,行业自律性组织中国证券业协会成立。1992年10月,国务院证券委和中国证监会正式成立,1998年国务院证券委撤销,其职能并入证监会,确立了统一的监管体系。2007年,证监会成立稽查总队,证券行政执法的工作机制和执法体制更加完善。法律体系方面,1994年7月1日,《公司法》正式施行;1999年7月1日,《证券法》正式实施;2006年1月,修订后的《证券法》和《公司法》同时实施;2020年3月1日,新修订的《证券法》正式实施,在全面推行证券发行注册制、大幅提高证券违法违规成本、加大投资者保护力度等方面取得突破。经过30多年的发展,我国股票市场规模不断扩大,运行效率、资源配置能力明显增强,市场化、法治化水平和开放度大幅提升,为服务实体经济发展做出重要贡献。多层次市场体系基本形成,包括主板[1]、创业板[2](2009年10月23日开板)、科创板[3]

---

[1] 中小企业板于2004年6月25日开板,2021年4月6日与深交所主板合并。

[2] 创业板主要服务于成长型创新创业企业,支持传统产业与新技术、新产业、新业态、新模式深度融合,与科创板等其他板块形成各有侧重、相互补充、适度竞争的格局。2020年4月27日,中央深改委第十三次会议审议通过《创业板改革并试点注册制总体实施方案》。2020年6月12日,证监会发布创业板改革并试点注册制相关制度规则。2020年8月24日,创业板改革并试点注册制正式落地。

[3] 科创板主要服务于符合国家战略、突破关键核心技术、市场认可度高的科技创新企业。2019年1月23日,中央深改委第六次会议审议通过《在上海证券交易所设立科创板并试点注册制总体实施方案》《关于在上海证券交易所设立科创板并试点注册制的实施意见》。2019年1月28日,证监会发布《关于在上海证券交易所设立科创板并试点注册制的实施意见》。

（2019年7月22日开板）、全国中小企业股份转让系统[①]（2013年1月16日揭牌，2021年9月精选层变更设立为北京证券交易所[②]）、区域性股权市场[③]等，允许红筹企业、未盈利企业、同股不同权企业上市，制度包容性明显提升。Wind数据显示，截至2021年年末，沪深两市上市公司总数为4 615家，总市值为91.61万亿元。据世界交易所联合会（WFE）统计，2021年我国股票市场总市值仅次于美国，位居世界第二位。

过去30多年来，我国金融市场对外开放步伐加快，资本市场双向开放稳步推进。1991年B股试点，引入境外投资者。1993年以来，境内企业在境外证券市场挂牌上市，拓宽了融资渠道，提升了国际知名度。2002年和2011年分别建立QFII、RQFII制度，允许合格境外机构投资者投资境内资本市场。2006年和2014年分别推出QDII、RQDII制度，允许合格境内机构投资者投资境外金融市场。2014年以来，沪港通、

[①] 2012年7月，国务院批准设立全国中小企业股份转让系统。2012年9月，证监会发布《非上市公众公司监督管理办法》，规范非上市公众公司股票转让和发行行为。2013年1月16日，全国中小企业股份转让系统（新三板）正式揭牌。2013年6月，国务院常务会议决定加快发展多层次资本市场，将全国股转系统试点扩大至全国。2013年12月，国务院发布《关于全国中小企业股份转让系统有关问题的决定》，明确新三板是依据《证券法》设立的全国性证券交易场所。2016年6月，新三板市场实施分层管理，首批953家挂牌公司进入创新层。2019年10月25日，证监会启动全面深化新三板改革。2019年12月，证监会对《非上市公众公司监督管理办法》进行修订并发布。全国股转公司修订发布新三板分层管理办法，新设精选层。2020年6月，证监会发布转板上市指导意见，允许符合条件的精选层公司转板上市。新三板市场形成"基础层—创新层—精选层"梯次递进的结构。

[②] 北京证券交易所（以下简称"北交所"）于2021年9月3日注册成立，是经国务院批准设立的我国第一家公司制证券交易所。北交所的市场定位是服务创新型中小企业，与沪深交易所、区域性股权市场错位发展、互联互通，有转板上市功能。

[③] 2013年8月，国务院办公厅出台《关于金融支持小微企业发展的实施意见》，将区域性股权市场纳入多层次资本市场体系。2017年1月，国务院办公厅印发《关于规范发展区域性股权市场的通知》，明确了区域性股权市场的法律地位。2017年5月，证监会发布《区域性股权市场监督管理试行办法》，统一区域性股权市场的业务和监管规则。2019年6月，证监会发布《关于规范发展区域性股权市场的指导意见》，进一步规范区域性股权市场发展。

深港通、沪伦通等互联互通机制建立，进一步拓宽了跨境投融资渠道。2015年以来，中概股、A股陆续被纳入国际股票指数。2018年以来，我国金融开放提速，一系列重要举措显著提升了证券市场效率。

一、B股概况

B股是指人民币特种股票，以人民币标明面值，以美元或港元认购和交易。1991年年底，沪深交易所开展B股试点。相关规定主要包括：人民银行、上海市政府1991年11月发布的《上海市人民币特种股票管理办法》，以及人民银行、深圳市政府1991年12月发布的《深圳市人民币特种股票管理暂行办法》。1995年5月，证监会发布《关于企业发行B股有关问题的通知》，取消了发行B股企业的所有制限制和预选制。国务院于1995年12月发布《关于股份有限公司境内上市外资股的规定》，同时废止1991年的管理办法和暂行办法。相应地，国务院证券委于1996年5月发布《股份有限公司境内上市外资股规定的实施细则》。B股发行一定程度上缓解了企业的外汇资金短缺问题。随着中国加入世界贸易组织（WTO）后外汇资金增加，中资企业境外上市增多，B股筹资功能弱化，市场交易低迷。鉴于此，证监会通过改革，放宽了企业B股增发融资的约束，于2000年4月发布《上市公司向社会公开募集股份暂行办法》，允许发行境内上市外资股的公司在具备一定条件的情况下公开增发，解决了部分B股公司的再融资问题；于2000年9月发布《关于境内上市外资股（B股）公司非上市外资股上市流通问题的通知》，规定外资非发起人股可以直接在B股市场上流通，外资发起人股自公司成立之日起3年后，经核准可以在B股市场上流通，这一规定有利于增强境外投资者信心，促进B股扩容。此外，证监会2001年2月发布《关于境内居民个人投资境内上市外资股若干问题的通知》，允许境内居民投资B股，有利于增强B股的流动性。

随着大量境外机构得以直接投资A股，以及境内企业赴境外上市增多（见表2.1），B股市场筹集外资、资源配置的功能逐步弱化。2012年年底，证监会启动了B股公司将其境内上市外资股（B股）转至港交所介绍上市（以下简称"B转H"）的试点工作。2012年12月19日，经证监会核准、港交所聆讯通过，中国国际海运集装箱（集团）股份有限公司（即中集集团）作为首家B转H试点企业，成功实现B股在港交所挂牌上市。2014年5月，国务院《关于进一步促进资本市场健康发展的若干意见》提出"稳步探索B股市场改革"。2021年12月，中国结算与上交所发布《B转H业务实施细则》，对资产安全、转换实施、决策及审批等内容进行了明确。

截至2021年年末，深交所已有3家B股公司完成B转H，上交所有2家公司提出B转H意向。截至2022年5月底，沪深两市B股上市公司88家，其中上交所45家，深交所43家，总市值为1.27万亿元。

表2.1 中概股的主要上市交易所

国家和地区	交易所	数量（家）	总市值（亿元）
中国香港	香港联合交易所	1 209*	372 465.10
美国	纳斯达克证券交易所	193	28 858.54
	纽约证券交易所	78	54 461.39
	美国证券交易所	7	41.74
	美国合计	278	83 361.67
新加坡	新加坡证券交易所	63	3 609.31
加拿大	多伦多证券交易所	12	174.83
英国	伦敦证券交易所	9	16 172.73
德国	法兰克福证券交易所	3	2 282.66
澳大利亚	澳大利亚证券交易所	3	27.26
法国	巴黎证券交易所	2	0.22
韩国	韩国证券交易所	2	8.66
日本	东京证券交易所	1	0.95

注：市值按汇率换算成人民币，截至2022年5月31日；*包括H股、红筹股和中资民营股。

资料来源：根据Wind数据整理。

二、中资企业境外上市

20世纪90年代初,我国开始进行国际资本市场直接融资的探索。境内企业到境外发行证券融资是我国引进外资的重要方式之一。为加强对境内企业到境外发行股票和上市的统一管理,进一步完善证券管理体制,国务院于1992年12月发布《关于进一步加强证券市场宏观管理的通知》,明确要求"选择若干企业到海外公开发行股票和上市,必须在证券委统一安排下进行,并经证券委审批"。1993年4月,国务院证券委印发《关于批转证监会〈关于境内企业到境外公开发行股票和上市存在的问题的报告〉的通知》,明确指出境内企业直接或者间接到境外发行股票和上市主要包括四种方式:一是境内企业直接到境外发行股票和上市(包括到境外公开发行B股的形式);二是境内企业利用境外设立的公司的名义在境外发行股票和上市;三是境内上市的公司到境外的交易所上市交易;四是境内上市的公司在境外发行存券证(DR)或者股票的其他派生形式。该通知进一步重申:"今后凡是企业采取上述方式到境外公开发行股票和上市,均应事先报证券委审批。证监会对获得批准到境外发行股票和上市的企业及其业务活动进行监管。"1994年8月,国务院发布《关于股份有限公司境外募集股份及上市的特别规定》,要求股份有限公司向境外投资人募集股份并在境外上市的,应当按照国务院证券委员会的要求提出书面申请并附有关材料,报经国务院证券委员会批准。1997年6月,国务院发布《关于进一步加强在境外发行股票和上市管理的通知》,证监会制定了相应规章,形成了境内企业和境外中资控股企业到境外上市的法规制度。1999年7月,证监会发布《关于企业申请境外上市有关问题的通知》,取消了原来的预选制,强调符合境外上市条件的股份有限公司均可自愿向证监会提出境外上市申请,证监会依法按程序审批。同时,也设置了企业境外上市的门槛,即净资产不少于4亿元人民币;过去一年税后利润不少于6 000万元人民币;按合理预期市盈率计算,筹资额不少于5 000万美元。2002年8月,外汇局和证监会联合发布《关于进一步完善境外上市外汇管理有关问题的通知》。2012 年 12 月，证监会颁布了《关于股份有限公司境外发行股票和上市申报文件及审核程序的监管指引》，进一步加强了境内公司赴境外发行股票和上市申请的监管。

针对中资企业绕道境外间接上市相关监管漏洞，证监会 2021 年 12 月公布《国务院关于境内企业境外发行证券和上市的管理规定（草案征求意见稿）》《境内企业境外发行证券和上市备案管理办法（征求意见稿）》，首次统一将各种形式的境内企业赴境外上市安排纳入全面备案监管；在股权激励等情形下，境外直接发行上市可向境内特定主体发行；放宽了境外募集资金、派发股利的币种限制，以满足企业在境外募集人民币的需求。对于企业通过境外主体间接上市相关外资参股问题，2021 年 12 月，发改委、商务部发布《外商投资准入特别管理措施（负面清单）（2021 年版）》和《自由贸易试验区外商投资准入特别管理措施（负面清单）（2021 年版）》，自 2022 年 1 月 1 日起施行，两份清单首次就境内企业到境外发行股份并上市交易做出相关规定。

对于上市公司分拆上市，证监会也发布和修订了相关规定。2004 年 7 月，证监会发布《关于规范境内上市公司所属企业到境外上市有关问题的通知》，允许满足一定条件的 A 股上市公司分拆所属子公司到境外上市，并做出具体规定，有利于上市公司拓宽融资渠道。2007 年 3 月，证监会发布《关于境外上市公司非境外上市股份集中登记存管有关事宜的通知》，完善了境外上市公司非境外上市股份的管理工作，为企业分拆上市的相关股份流通创造了条件。2019 年 12 月，证监会发布《上市公司分拆所属子公司境内上市试点若干规定（征求意见稿）》，开展上市公司分拆到境内上市试点，并对分拆上市的实质条件、审议程序、核查督导、监管要求等做出明确要求。2022 年 1 月，证监会公布《上市公司分拆规则（试行）》，对前两份规则文件相关内容进行了修改、整合，统一境内外监管要求，明确和完善分拆条件，调整监管职责的规定形式；增加了分拆上市的禁止情形，包括子公司主要业务或资产属于上市公司

IPO 时的主要业务或资产等。

此外,近年来,我国监管部门强化了数据安全和反垄断相关的监管,中资企业境外上市面临相关约束。数据安全方面,《中华人民共和国数据安全法》于 2021 年 6 月 10 日通过,自 2021 年 9 月 1 日起施行。2021 年 7 月,国家互联网信息办公室发布《网络安全审查办法(修订草案征求意见稿)》。反垄断方面,2021 年 2 月 7 日,国务院反垄断委员会发布《关于平台经济领域的反垄断指南》,明确适用于所有行业,包括协议控制架构的经营者。2021 年 4 月,市场监管总局依法对阿里巴巴"二选一"行为处以 182.28 亿元罚款。2021 年 7 月,为全面落实公平竞争审查制度,市场监管总局、发改委、财政部、商务部、司法部发布《公平竞争审查制度实施细则》。2021 年 11 月 18 日国家反垄断局挂牌。

(一)H 股

政府支持企业赴中国香港上市,这既有利于企业拓宽融资渠道,又可以促进香港资本市场发展。我国国有企业在香港以发行 H 股的形式上市,主要是得益于 20 世纪 90 年代初的体制改革契机,企业急需筹集资金发展壮大。当时国内股票市场刚起步,市场容量有限,难以满足企业资金需求。而香港地区的地理位置、社会经济、文化传统等与内地相似,且香港证券市场是高度开放的成熟资本市场,能够满足企业融资需求,同时提高企业的国际声誉。在此背景下,1992 年 7 月,经国务院批准,成立了"内地香港证券事务联合工作小组",专门就国企赴香港上市问题开展磋商谈判。在完成谈判和相应的制度安排后,1993 年 7 月,作为中国内地第一家赴海外上市的国有企业,青岛啤酒成功发行 H 股股票。1993 年 5 月、6 月,国家体改委先后发布《关于到香港上市的公司执行〈股份有限公司规范意见〉补充规定》《到香港上市公司章程必备条款》为境内企业赴港上市提供了法规依据。1999 年 9 月,证监会发布《境内企业申请到香港创业板上市审批与监管指引》,允许符合条件的国有企业、集体企业及其他所有制形式的企业，在获得证监会批准后，在香港创业板上市。此后，证监会通过改革优化了境外上市审核制度，持续提升企业开展跨境融资的便利性，包括取消财务审核、取消发行定价限制、精简申报文件和审核内容、公示审核关注要点和审核进度等。2017年7月7日，证监会召开新闻发布会，宣布H股公司境外再融资可以采取"一次核准、分次发行"的方式，有利于提高融资效率。2017年12月，H股"全流通"①试点启动。2019年11月，证监会宣布全面推开H股"全流通"改革，发布《H股公司境内未上市股份申请"全流通"业务指引》，明确符合条件的H股公司和拟申请H股首发上市的公司，可依法依规申请"全流通"，有利于促进H股公司各类股东利益一致和公司治理完善。

境内企业赴港上市历程与监管政策调整、国内外经济形势变换密切相关。1993年7月，青岛啤酒成为首家在香港联交所挂牌上市的国有企业。1994—1996年，受国内外经济金融环境变化影响，港股市场不景气，H股上市缓慢推进。1997年，在香港回归背景下，大批境内企业赴港上市。全年有16家大型国企发行H股上市，共筹集资金302亿港元。1998—2000年，受东南亚金融危机影响，香港股市大幅下滑，H股持续低迷。2001年以来，得益于内地经济平稳持续快速增长、对外开放程度日益加深、与香港地区的经贸合作日益紧密等有利因素，H股企业的经营业绩普遍改善，推动H股股价抬升。加之股权分置改革、人民币升值，带动投资者对境内企业股票的估值上升，使H股上市融资的可能性增强。H股的发展和A股市场发展壮大，为境内和境外同步发行、同步定价、同步上市的方式（即"A+H"）奠定了坚实的基础。2014年沪港通、2016年深港通开通后，相关股票的流动性明显增强，股市的价格发现功能进一步发挥。

---

① "全流通"是指H股公司的境内未上市股份（包括境外上市前境内股东持有的未上市内资股、境外上市后在境内增发的未上市内资股以及外资股东持有的未上市股份）到香港联交所上市流通。

根据 Wind 数据，截至 2022 年 5 月 31 日，H 股上市公司 299 家。从公司属性看，国有企业 162 家，占比 54.2%；民营企业 70 家，占比 23.4%；公众企业 58 家，占比 19.4%。从所属行业看，制造业企业 103 家，占比 34.4%；金融业企业 69 家，占比 23.1%；交通运输、仓储和邮政业占比 8.4%；电力、热力、燃气及水生产和供应业占比 5.7%；采矿业占比 5.0%；信息传输、软件和信息技术服务业占比 3.7%；建筑业占比 3.3%；房地产业占比 2.7%。

（二）新加坡中概股

1994 年，中远投资成为第一家在新加坡证券交易所挂牌上市的中国企业。2003—2007 年，赴新加坡上市的中国企业数量明显增加，2004 年达到峰值，共 34 家。新加坡证券交易所受中国企业欢迎，主要得益于其国际化程度高、上市门槛低、综合手续费用低、上市程序简单、转板灵活等优势。自 2008 年以来，赴新加坡上市的中国企业数量明显减少，退市数量增加，主要原因有：一是来自纽约、纳斯达克和中国香港等证券交易所的竞争加剧；二是以中国印染、中国金属为代表的赴新加坡上市的中国企业相关财务诈骗、虚假信息披露等问题暴露，被勒令停牌进行特别审计，引发信任危机，赴新加坡上市的中国企业的融资条件恶化。截至 2022 年 5 月 31 日，累计有 184 家中资企业赴新加坡上市，其中 63 家仍挂牌交易，121 家已退市。在新加坡上市的中国企业主要来自传统制造业部门。

三、合格境内外机构投资者制度

合格境内外机构投资者制度是我国在资本项目尚未完全开放情况下的过渡性制度安排。

（一）"引进来"：QFII、RQFII 投资境内

2002 年 11 月，人民银行和证监会开始试点实施 QFII 制度。2003 年 5 月，瑞士银行和野村证券株式会社成为首批 QFII。2006 年 8 月，证监会、人民银行、外汇局发布《合格境外机构投资者境内证券投资管理办法》，证监会同时发布配套规则，允许合格投资者在批准的投资额度内，投资于证监会批准的人民币金融工具。2012 年 7 月证监会发布《关于实施〈合格境外机构投资者境内证券投资管理办法〉有关问题的规定》，进一步放松管制，加强监管，优化 QFII 制度。2013 年 3 月，人民银行发布《关于合格境外机构投资者投资银行间债券市场有关事项的通知》，允许符合要求的 QFII 投资于境内银行间债券市场。

2011 年 12 月，证监会、人民银行、外汇局发布《基金管理公司、证券公司人民币合格境外机构投资者境内证券投资试点办法》，启动 RQFII 试点，对试点机构的账户管理、资金汇出入、资产配置、银行间债券市场投资和信息报送等行为进行了规范。2013 年 3 月，人民银行、证监会和外汇局发布《人民币合格境外机构投资者境内证券投资试点办法》，进一步扩大试点范围。2016 年，人民银行、外汇局发布《关于人民币合格境外机构投资者境内证券投资管理有关问题的通知》，规范 RQFII 境内证券投资管理，明确投资额度实行备案或审批管理，实行余额管理。未经批准，RQFII 专用存款账户与其境内其他账户之间不得划转资金；自有资金、客户资金和每只开放式基金账户之间不得划转资金。

近年来，QFII、RQFII 制度改革加快推进。2018 年 6 月，人民银行、外汇局发布《关于人民币合格境外机构投资者境内证券投资管理有关问题的通知》，外汇局发布《合格境外机构投资者境内证券投资外汇管理规定》，取消 QFII 资金汇出比例限制和 QFII、RQFII 有关锁定期要求，允许 QFII、RQFII 开展外汇套期保值，进一步便利跨境证券投资。2019 年 9 月，外汇局取消 QFII 和 RQFII 投资额度以及 RQFII 试点国家

和地区的限制,于 2020 年 5 月正式实施。2020 年 9 月,证监会、人民银行、外汇局发布《合格境外机构投资者和人民币合格境外机构投资者境内证券期货投资管理办法》,证监会同步发布配套规则《关于实施〈合格境外机构投资者和人民币合格境外机构投资者境内证券期货投资管理办法〉有关问题的规定》(2020 年 11 月 1 日起施行),统一了 QFII、RQFII 资格和规则,降低准入门槛,扩大可投资范围。具体而言,新增允许 QFII、RQFII 投资全国中小企业股份转让系统挂牌证券、私募投资基金、金融期货、商品期货、期权等,允许参与债券回购、证券交易所融资融券、转融通证券出借交易。截至 2020 年 5 月底,外汇局停止更新时,已批准 QFII 295 家,投资额度为 1 162.59 亿美元。

(二)"走出去":QDII、RQDII 投资境外

2006 年 4 月,人民银行决定允许符合条件的银行、基金公司和保险机构集合境内资金或购汇进行境外理财投资,旨在深化外汇体制改革,支持贸易投资便利化,促进国际收支基本平衡。此举为 QDII 制度的建立创造了条件。2006 年 8 月,华安国际配置基金以非公开募集形式先行试点,是我国第一只 QDII 基金。2007 年 6 月,证监会发布《合格境内机构投资者境外证券投资管理试行办法》,试行 QDII 制度,对境内机构投资者的资格条件和审批程序、境外投资顾问、资产托管、资金募集、投资运作、信息披露等方面进行规范。按照规定,境内机构投资者 QDII 资格由证监会审批,投资额度向外汇局备案,资金由境内银行托管,并委托境外投资顾问、证券服务机构代理买卖证券。2007 年和 2008 年,国内机构分别发行了 4 只和 5 只 QDII 基金。但是,受 2008 年金融危机影响,QDII 发展缓慢。截至 2022 年 4 月底,174 家 QDII 机构获得 1 575.19 亿美元投资额度,投资主体涵盖银行、银行理财子公司、基金公司、证券公司、信托公司、保险公司等。

2014 年 11 月,人民银行发布《关于人民币合格境内机构投资者境

外证券投资有关事项的通知》，建立 RQDII 制度，规定人民币合格投资者可以用自有人民币资金或募集境内机构和个人人民币资金，投资于境外金融市场的人民币计价产品（银行自有资金境外运用除外）。2015 年年末，鉴于人民币汇率大幅波动，RQDII 相关业务暂停。2018 年 5 月，人民银行办公厅发布《关于进一步明确人民币合格境内机构投资者境外证券投资管理有关事项的通知》，明确 RQDII 境外证券投资宏观审慎管理和信息报送等事项。与 QDII 额度的审批制不同，RQDII 以实际募集规模为准。

除 QDII 和 RQDII 外，境内投资者还可以通过合格境内有限合伙人（QDLP）和合格境内投资企业（QDIE）投资于境外市场。

四、股票市场互联互通

互联互通机制是我国资本市场双向开放的重要举措，目前主要包括沪港通、深港通、沪伦通等。

沪港通和深港通是指上交所、深交所分别与香港联交所建立的股票市场交易互联互通机制，允许两地投资者买卖对方交易所上市的规定范围内的股票。2014 年 4 月，中国证监会与香港证券及期货事务监察委员会发布联合公告，批准上交所、香港联交所、中国结算、香港结算开展沪港股票市场交易互联互通机制试点（即沪港通）。2014 年 6 月，证监会发布《沪港股票市场交易互联互通机制试点若干规定》。2014 年 11 月，沪港通正式开通。2016 年 8 月，中国证监会与香港证监会发布联合公告，批准深交所、香港联交所、中国结算、香港结算建立深港通。2016 年 9 月，证监会发布《内地与香港股票市场交易互联互通机制若干规定》，以规范内地与香港股票市场交易互联互通机制相关活动。2016 年 12 月，深港通正式启动。沪深港通北向和南向"看穿式"监管机制分别于 2018 年 9 月和 2020 年 1 月实施。

沪港通和深港通对投资标的、额度、投资者等事项进行了规范。投资标的包括"A+H"股公司股票以及特定股票指数的成分股,如沪股通涉及的上证 180 指数、上证 380 指数,深股通涉及的深证成分指数、深证中小创新指数,港股通涉及的恒生综合大型股指数、恒生综合中型股指数等。沪港通启动时的总额度为 5 500 亿元人民币(其中沪股通总额度 3 000 亿元,港股通总额度 2 500 亿元),每日额度为沪股通 130 亿元、港股通 10 亿元;总额度在 2016 年 8 月取消,同时,港股通每日额度提升至 105 亿元。深港通不设总额度限制,启动时每日额度与沪港通一致。机构投资者可以参与沪港通和深港通;参与港股通的个人投资者需满足证券和资金账户余额不低于 50 万元的要求[①]。随着互联互通机制日益完善,沪港通和深港通的投资额度、投资标的范围都逐步拓展。2019 年 10 月,不同投票权架构公司股票首次纳入港股通标的;2021 年 2 月,科创板股票、在港上市生物科技公司纳入沪深港通标的;2022 年 5 月,符合条件的交易型开放式基金(交易所买卖基金,ETF)纳入互联互通。根据 Wind 数据,截至 2022 年 6 月,"北向通"成交金额累计达 1.68 万亿元,"南向通"成交金额累计达 2.03 万亿元。

2018 年 10 月,证监会发布《关于上海证券交易所与伦敦证券交易所互联互通存托凭证业务的监管规定(试行)》,以规范沪伦通的发行、交易、跨境转换和信息披露等行为。2019 年 6 月,中国证监会和英国金融行为监管局发布联合公告,批准上交所和伦敦证券交易所(以下简称"伦交所")开展互联互通存托凭证业务(即"沪伦通")。沪伦通是上交所和伦交所之间的双向安排,包括东向业务和西向业务两部分。前者是指伦交所上市公司在上交所发行中国存托凭证(CDR),后者是指上交

[①] 不过,参与沪股通、深股通的投资者没有相关限制,加之中国香港的融资成本较低、杠杆较高,形成了投资者的政策套利空间,部分内地投资者在香港开立证券账户并通过沪股通、深股通交易 A 股,即"假外资"。这种情况容易加剧股市波动,还存在规避金融监管的跨境违法违规活动的相关风险。2022 年 6 月,证监会发布《关于修改〈内地与香港股票市场交易互联互通机制若干规定〉的决定》,自 2022 年 7 月 25 日起施行,明确了"沪深股通投资者不包括内地投资者",填补了监管漏洞。

所上市公司在伦交所发行全球存托凭证（GDR）。上交所上市公司可以其新增股票为基础证券发行全球存托凭证，意味着可以在伦敦市场融资。存托凭证和基础股票之间可以相互转换。2019年6月，华泰证券发行沪伦通下首只GDR在伦交所挂牌交易。2022年2月，证监会修订了上述监管规定，并改名为《境内外证券交易所互联互通存托凭证业务监管规定》，拓展了适用范围，境内涵盖深交所符合条件的上市公司，境外覆盖瑞士、德国等欧洲主要证券市场；对融资型中国存托凭证做出安排，允许境外基础证券发行人融资。随后，三一重工、国轩高科、杉杉股份、乐普医疗、科达制造、明阳智能、格林美、方大炭素等8家A股上市公司发布公告，拟在境外发行GDR。其中，明阳智能拟在伦交所挂牌，其余7家计划在瑞士证券交易所上市。

其他互联互通机制还包括ETF互通等。2019年6月，中日ETF互通开通；2020年10月，深港ETF互通开通等。2022年6月。符合条件的交易型开放式基金（EFF）纳入互联互通。

五、纳入国际指数

中概股先于A股纳入国际股票指数。2015年11月13日，MSCI宣布正式将在美国上市的14只中概股纳入其全球基准指数体系，包括58同城、阿里巴巴、百度、携程、京东、网易、新东方教育科技、奇虎360科技、去哪儿、搜房、学而思教育、唯品会、优酷土豆和欢聚时代，总权重约占MSCI中国指数的13.5%，自2015年12月第一个交易日起施行。此后，越来越多股票指数将中概股纳入。

近年来，金融开放持续推进，为A股纳入国际指数创造了条件。2018年6月1日，MSCI基于5%的纳入因子，把中国A股纳入MSCI新兴市场指数，且纳入因子逐步提升至2019年11月的20%。2019年6月，富时罗素首次将A股纳入其全球股票指数系列，且纳入因子逐步提升至2020年6月的25%。2019年9月，标普道琼斯一次性将A股以25%因子纳入其全球宽基指数。截至2020年年末,国际指数纳入的A股公司数量已占上市公司总数的近1/3。

中概股和A股被纳入国际指数,表明中资企业股票对境外投资者的吸引力增强,可以带来增量投资资金,被动型投资者会按比例配置新增的成分股,主动型投资也会有所增加。纳入国际指数还可以活跃二级市场交易,增强股票流动性,有利于我国企业获得境外融资。

六、股票市场对外开放成效评估

伴随资本项目可兑换程度的扩大,股票市场对外开放程度不断加深,层次更趋丰富,机制更多样化。从一级市场看,B股的设立以及企业赴境外上市,为境内企业募集境外资金提供了通道,同时也便利了境外投资者投资国内公司股权。从二级市场看,建立了促进资金流入的QFII和RQFII机制,促进资金流出的QDII和RQDII机制,促进资金双向流动的沪港通、深港通、沪伦通、基金互认等机制,可以在一定程度上满足不同类型投资者的需求。

对外开放促进了股票市场改革,强化外部治理,提升了市场的有效性。比如,为使A股纳入MSCI指数,证监会出台相关规则,规范上市公司停复牌操作,强化上市公司信息披露,改善了市场效率,有助于保护投资者权益。相关举措也为MSCI扩大A股纳入因子以及A股纳入其他国际股票指数,夯实了基础。

同时,我们也要看到,我国股票市场仍存在不足。一是虽然双向一级市场发行相关制度已经建立,但是规模仍然较小,尤其是B股影响力越来越弱,海外发行人到A股上市的相关制度也不够完善。二是近年来沪港通推出后,外资持有A股的规模有所上升,但仍远低于英美等发达国家的外资挂股比例。我国股市散户众多,机构投资者换手率高,羊群效应显著。在2022年上半年市场大幅波动的状况下,外资通过沪港通净流入718亿元,但流入流出资金与每日约万亿元的成交金额相比,不足以扰动市场。鉴于此，当前应更多强调进一步健全相关制度安排，扩大沪港通投资标的。

此外，双向开放下，国际资本流动更加频繁，可能放大金融市场波动风险。短期内大规模资本流入可能导致催生股票价格泡沫，而短期内资本大规模流出可能使股票价格大幅下跌、汇率大幅贬值，也可能通过流动性、投资者情绪等渠道传染至其他金融市场，甚至引发系统性风险。对此，宜加强对外资账户的一体化监管，包括 QFII 和 RQFII 账户、沪深港通账户、自贸区账户、银行间债券市场账户等，进一步健全跨境资本流动宏观审慎监管框架。

第三章

中概股的发展历程

一、背景

我们需要在中美金融关系的大背景下认识中概股。中美金融关系与中美政治、经济关系[①]相互交织演变。近年来,美国对华经济战略从以

[①] 一是政治方面。2002 年《国家安全战略报告》(National Security Strategy of the United States of America)中,美国将中国定位为"军事和意识形态潜在对手",但希望"寻求与变化中的中国发展建设性关系"。在 2010 年《国家安全战略报告》中,对中国军力发展保持警惕,但认为"分歧不影响在具有共同利益议题上的合作,因为务实和卓有成效的中美关系是应对 21 世纪主要挑战的关键"。2011 年 11 月,奥巴马总统在亚太经济合作组织(APEC)非正式首脑会议上正式提出"亚太再平衡"战略。在 2015 年《国家安全战略报告》中,美国仍表示"欢迎一个稳定、和平、繁荣的中国崛起",在应对"共同的地区和全球挑战"中"寻求与中国发展建设性的关系",否定"对抗的必然性"。但此后,美国强调了与中国的竞争关系。2017 年的《国家安全战略报告》把中国列为头号竞争对手,顺序在俄罗斯之前。二是经贸方面,中美关系体现在双方互为市场,在结构上具有互补性。近年来,美国在经贸方面对华采取遏制和孤立的政策。2015 年 10 月,美国与亚太 12 个国家签署"跨太平洋伙伴关系协定"(Trans-Pacific Partnership Agreement, TPP),旨在通过升级国际贸易规则,构建将中国排除在外的多国自贸区,主导国际贸易规则的制定。2018 年,中美贸易摩擦升级,美国对进口自中国的 2 500 亿美元的产品征收 25% 的关税,中国国务院关税税则委员会对进口自美国的商品相应加征 25% 的关税。2022 年 5 月,美国总统拜登在东京宣布启动"印太经济框架"(Indo-Pacific Economic Framework, IPEF)谈判,将其定位为"超越 TPP/CPTPP 和 RCEP 的非传统贸易协定",以抵消中国在《区域全面经济伙伴关系协定》(Regional Comprehensive Economic Partnership, RCEP, 2022 年 1 月 1 日生效)与当前亚太地区现有贸易体系中的影响力。

贸易议题为主，有向金融议题转移的趋势。相互依赖中的严重不对称是中美经济金融关系的一个基本特征。近年来，中国资本项目可兑换有序推进，金融市场开放成效显著，但仍处于相对被动地位。

（一）货币

美国在金融方面最核心的优势是美元。美元及其带来的美国金融实力是美国霸权的核心力量所在。在国际货币金融体系中，美元处于核心地位。人民币国际化近年来取得积极进展，国际货币地位初步奠定，但仍难以挑战美元的国际地位。

1. 支付功能

从全球外汇交易看，美元是最重要的贸易和外汇交易结算货币。根据环球银行金融电信协会（SWIFT）发布的2022年4月外汇即期交易使用排名，美元居于首位，交易占比41.8%，人民币排在第5位，交易占比2.14%。

从中国情况看，人民币跨境收付在本外币跨境收付中的占比逐年上升。中国从2009年开始与周边国家及地区开展货物贸易跨境人民币结算，2011年推广到全国范围。人民银行数据显示，2021年，人民币跨境收付金额合计为36.6万亿元，同比增长29.0%，收付金额创历史新高；人民币跨境收付占到同期本外币跨境收付总额的47.4%，较2020年全年提高1.2个百分点。其中，货物贸易跨境人民币结算金额为5.77万亿元，占同期本外币跨境收付的14.7%，服务贸易人民币跨境结算金额约1.09万亿元，占同期本外币跨境收付的24.3%。

2. 计价功能

美元是全球贸易中最重要的计价货币。近年来，人民币国际贸易计价结算功能有所增强。

中国是多种大宗商品的最大购买者和消费者，近年来推动大宗商品采用人民币计价。2016年4月19日，全球首个以人民币计价的黄金基准价格"上海金"集中定价合约正式挂牌交易。2018年3月26日，以人民币计价结算的原油期货在上海国际能源交易中心挂牌交易，同时引入境外交易者。境外交易者投资境内特定品种期货，可以使用人民币或美元等币种作为保证金。截至2020年年底，中国已上市原油、铁矿石、精对苯二甲酸（PTA）和20号胶、低硫燃料油、国际铜和棕榈油7个特定品种交易期货。截至2020年年末，折合成人民币计算，境外参与者累计汇入保证金711.44亿元，累计汇出779.96亿元，其中人民币占比分别为73.3%和84.3%，体现了境外交易者对人民币的偏好。不过，目前，大宗商品领域内人民币跨境收付总体仍处于较低水平。

3. 储备功能

从全球情况看，美元是最重要的储备货币，人民币国际储备功能显现。IMF发布的官方外汇储备货币构成（COFER）数据显示，2021年第四季度，美元在全球外汇储备中占比58.81%，居于首位；人民币占比2.79%，居全球第五位。2022年5月，IMF执行董事会完成了五年一次的特别提款权（SDR）定值审查，维持现有SDR篮子货币构成不变，即仍由美元、欧元、人民币[①]、日元和英镑构成，并将人民币权重由10.92%上调至12.28%；将美元权重由41.73%上调至43.38%；人民币权重仍保持第三位。人民银行《2022年人民币国际化报告》显示，据不完全统计，全球有80多个央行或货币局将人民币纳入外汇储备。

从中国情况看，中国外汇储备的货币结构和资产结构以美元和美元资产为主。在中国外汇储备中，美元计价资产占比在1995年达到79%，随后趋于下降，2015年仍维持在58%，远超欧元、日元和其他新兴市场国家的货币。中国外汇储备的资产结构中，美国国债等美元资产占多数。美

---

① 2016年，人民币成为SDR篮子货币。

国财政部数据显示，中国持有的美国国债从2000年3月的714亿美元，大幅攀升至2011年7月的1.314万亿美元；2013年11月达到峰值1.316万亿美元，随后趋于减少；到2022年4月约为1万亿美元，仍处于较高水平。此外，中国对外负债的货币结构也以美元为主。2019年年末，在外币登记外债余额中，美元债务占比83%，欧元债务占比8%，港元债务占比5%，日元债务占比2%，SDR和其他外币外债余额合计占2%。

（二）汇率和货币政策

在人民币汇率形成上，美元长期处于基准货币地位。从1994年1月1日到2005年7月20日，中国政府实行的是以市场供求为基础的、单一的、有管理的浮动汇率制度。2005年7月21日起，人民币汇率形成机制，实行"以市场供求为基础，参考一篮子货币进行调节、有管理的浮动汇率制度"，美元仍然是一篮子货币中最重要的参考货币。这种汇率制度安排有利于扩大出口，但事实上成了美元基准货币地位的有力支撑。2015年"8·11"汇改调整人民币对美元汇率中间价报价机制，做市商参考上日银行间外汇市场收盘汇率，向中国外汇交易中心提供中间价报价，这一调整标志着人民币兑美元汇率更加真实地反映外汇市场的供求关系。

美国自2003年开始要求中国政府"放宽人民币波动范围"，并"采取更具弹性的人民币汇率机制"；2010年以来，指责中国通过"操纵"人民币汇率，获取对美巨额贸易顺差，造成美国就业和经济方面的重大损失。2019年8月6日，美国财政部违背其制订的所谓"汇率操纵国"量化标准，将中国列为"汇率操纵国"。不过，IMF于2019年8月9日发布中国年度第四条款磋商报告，重申2018年中国经常账户顺差下降，人民币汇率水平与经济基本面基本相符。2020年1月，美国财政部发表半年度汇率政策报告，取消对中国"汇率操纵国"的认定。

在货币政策上，美国货币政策一直保持内向型特点。中国等经济体货币政策对美国经济金融的影响较小。美国基于国内经济金融形势制定货币政策，可以完全追求本国经济金融目标。美国货币政策（尤其是量化宽松政策）会通过资本流动、汇率、金融市场等渠道对中国产生溢出效应。一是全球范围内的流动性过剩，推升国际大宗商品价格，对中国形成输入性通货膨胀压力。二是热钱流动加剧中国汇率、资产价格波动，加大中国维护金融体系稳定的难度。三是美元贬值，中国持有的美国资产缩水。四是美国货币政策转向时，中国货币政策可能面临中美利差、资本流出、汇率贬值等多重制约，陷入被动。

（三）金融市场

从投资情况看，中国持有的境外金融资产大部分投资于美国金融市场，主要是其安全性、流动性和盈利性较好。在2004—2015年，中国对外金融资产50%以上投资于美国金融市场。2004年为3 409.72亿美元，到2008年增长至12 050.8亿美元，2015年最多达到18 440.2亿美元。2016年以来，中国对美国证券投资规模稳定在1.6万亿元左右，占中国对外金融资产规模的比例有所降低，但仍维持在40%以上。此外，2000年以来，中国对美国债券的购买量大幅增加。截至2022年4月，中国是美国国债的第二大外国持有者，持债达1万亿美元，仅次于日本（持有美国国债约1.22万亿美元），占外国持有美国国债总额的13.5%。相比之下，美国对中国的证券投资近年来有所增加，但占其持有的境外证券比重仍不足2%（见图3.1）。

从融资情况看，除中国香港外，美国金融市场是中国企业境外上市融资的最重要金融市场。截至2022年5月底，在美国证券市场上市的中概股合计278只，其中纳斯达克交易所193只，纽约证券交易所78只，美国证券交易所7只；合计总市值8.34万亿元。相比之下，美国对中国金融市场融资的依赖度极低，没有一家美国上市企业在中国沪深股市上市融资。

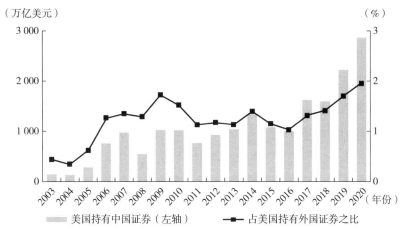

图 3.1　美国持有的中国证券及占美国持有的外国证券之比变化情况

资料来源：Wind，CEIC。

（四）金融基础设施

在跨境支付等金融基础设施方面，中国基本上受制于美国。第二次世界大战（以下简称"二战"）后的全球货币金融体系是由作为主导者之一的美国建立的，其在国际支付系统、中央证券存管、中央对手方、证券结算系统、交易数据库等金融市场基础设施领域，拥有不可比拟的优势。国际支付体系支撑了国际贸易和投融资的正常运转，重要性尤其突出，也可能成为美国制裁其他国家的重要工具。

当前国际支付体系的核心是环球同业银行金融电信协会（SWIFT）、纽约清算所银行同业支付系统（CHIPS），均由美国等发达国家主导建立。SWIFT 是支付指令的信息系统，SWIFT 不仅提供美元信息报文服务，也提供欧元、日元和人民币的服务。SWIFT 不是美资控股实体，也不受美国政府管辖，注册地和总部在比利时的布鲁塞尔。SWIFT 的最高权力机构为董事会，共 25 个董事席位，其中，欧洲 17 席，美国 2 席，中国 1 席，重要事项以投票方式进行，获多数票即可通过。尽管美国仅为 2 个席位，但美元在 SWIFT 中使用量超过 40%，SWIFT 董事长长期由美国人担任。CHIPS 是最大的跨境美元资金传输系统，由纽约清算所建立和经营，可以被美国政府完全控制。一旦 CHIPS 因行政令关闭某家银行清算通道，该银行就失去了为客户提供跨境美元的支付结算功能，该银行所代理服务的下一层级银行也失去了跨境美元的支付结算功能。由此，美国控制了全球美元资金清算的总闸门 CHIPS，可以在很大程度上制约 SWIFT 的运行。

近年来，美国将支付系统武器化、以美元为外交政策工具惩罚美国对手的做法，引发了其他国家的担忧。2008 年，美国切断伊朗国际石油交易的美元支付渠道，导致伊朗石油交易只能用当地货币。2012 年 3 月，SWIFT 中断所有伊朗金融机构的跨境资金信息传递服务，几乎切断了所有伊朗与国际金融市场的资金往来，伊朗因此出现了燃料短缺、物资匮乏、通胀飞升、大规模游行罢工等局面。直到 2014 年 1 月，伊朗被迫接受全面终止铀浓缩项目，美国才放松了对其的金融制裁。2014 年 3 月克里米亚危机后，美国 VISA 和 MasterCard 两家公司停止向俄罗斯银行提供支付结算服务。2022 年 2 月俄乌冲突发生，西方国家全面制裁俄罗斯，包括冻结俄罗斯央行 3 000 亿美元的外汇储备，禁止俄罗斯机构通过美国和欧盟系统进行交易，禁止被制裁的俄罗斯主要银行参与 SWIFT，冻结俄罗斯最大银行在欧美等国的资产等，俄罗斯对外经济金融联系几近瘫痪。

中国建设人民币跨境支付系统（CIPS）。为满足人民币跨境使用的需求，提高人民币跨境及离岸支付清算效率，2015 年 10 月 8 日，人民银行组织建设的 CIPS 一期成功投产上线。2018 年 3 月，CIPS 二期投产试运行，运行时间基本覆盖全球各时区的工作时间，引入定时净额结算机制，支持多种金融市场业务结算，也支持境外直接参与者扩容，支持全球的支付与金融市场业务，更好地满足全球用户的人民币业务需求。近年来，人民币跨境清算体系不断完善，境内外接入机构数量增多，类型更为丰富，系统的网络覆盖面持续扩大，业务量逐步提升，为跨境支付结算清算领域的参与主体提供了安全、便捷、高效和低成本的服务。

截至 2020 年年末，共有 1 092 家境内外机构通过直接或间接方式接入 CIPS，其中直接参与 42 家，间接参与 1 050 家；通过直接参与和间接参与，CIPS 实际业务可触达全球 171 个国家和地区的 3 300 多家法人银行机构。自上线至 2020 年年末，CIPS 累计为各类参与者处理业务 751.35 万笔，金额 125.04 万亿元。

同时也要看到，人民币跨境支付体系虽然不断扩大，但仍然依赖 SWIFT 报文系统。中国跨境清算系统 CIPS 部分交易用的就是 SWIFT 报文。一旦某家银行被排除在 SWIFT 系统之外，不但其美元支付前端的信息系统被切断，其他币种的交易信息也会受到影响。这意味着该银行失去了与全球大部分银行的金融信息传输功能，也就无法服务国际经济交易行为。

（五）金融规则制定

中美在国际金融机构、全球金融规则制定上的相互依赖方面也存在较大的非对称性。美国的一个优势是盟友以及二战后建立起来的制度和准则。在金融方面，多数国际金融规则都是美国在起决定性作用并有利于美国的。

近年来，美国不断要求中国扩大金融开放。2020 年 1 月 15 日，中美双方在华盛顿签署第一阶段经贸协议，其中金融服务章节共 24 条，涉及银行服务、信用评级服务、电子支付服务、金融资产管理服务、保险服务、证券和基金管理及期货服务六个方面。中方承诺放宽金融业准入限制，放宽外资在保险、证券、基金管理、期货领域的持股比例和业务范围限制，取消新设立外资保险公司准入前 30 年保险业务经营资历要求等；在已开放的领域，依法受理并审批美资机构的业务资质申请；优化具体业务监管规则。总体看，中美达成金融服务业协议，符合中国近年来主动有序扩大金融业开放的战略，有利于增强中国金融体系的竞争力和韧性，有利于中美双方在金融领域加强合作，对维护和促进中美关系大局发挥积极作用。中美应该相互尊重、和平共处、合作共赢。

二、中概股发展历史

（一）美国股市概况

美国的证券主板市场包括纽约证券交易所（New York Stock Exchange，NYSE）、纳斯达克市场（National Association of Securities Dealers Automated Quotations，NASDAQ）和美国证券交易所（American Stock Exchange，AMEX）[①]。2006年2月，NASDAQ将股票市场分为三个层次，即纳斯达克全球精选市场（NASDAQ Global Select Market，NASDAQ-GSM）、纳斯达克全球市场（NASDAQ Global Market，NASDAQ-GM）以及纳斯达克资本市场（NASDAQ Capital Market，NASDAQ-CM），以吸引不同层次的企业上市。

场外交易市场OTCBB（Over the Counter Bulletin Board）是场外柜台交易系统，又称布告栏市场，1990年试点，1997年以来正式成为美国证券市场的组成部分。OTCBB为不在NYSE、NASDAQ和AMEX挂牌交易的权益证券、认股权证、基金单位、美国存托凭证和直接参与项目提供及时报价、成交价和成交量等信息，对上市公司没有提出财务方面的最低要求。自2000年6月底起，OTCBB挂牌的公司必须向美国证券交易委员会（SEC）进行电子申报。

OTCBB与主板之间有转板制度。一方面，在OTCBB挂牌的公司，如果满足NYSE、NASDAQ或AMEX的要求，可以申请转板；另一方面，因财务指标不达标而从NYSE、NASDAQ或AMEX摘牌的公司，可以申请在OTCBB继续交易。我国境内企业有一些成功通过OTCBB转板至美国主板市场的，例如2004年12月，北大科兴生物成功转板AMEX。

[①] 1998年，NASDAQ与AMEX合并，成立NASDAQ-AMEX集团，但二者仍是独立的股票市场。

（二）在美国上市中概股概况

随着我国经济持续发展，对外开放持续推进以及境内外监管政策调整，中资企业赴美国上市大致经历了五个阶段。从中资企业角度，图3.2展示了中概股赴美国上市和从美股退市的时间趋势。从中概股估值角度，图3.3展示了纳斯达克金龙中国指数（NASDAQ Golden Dragon China Index）的走势。

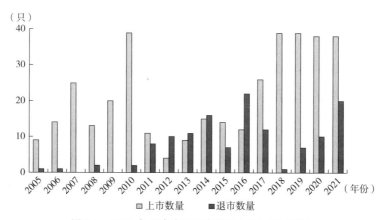

图3.2　2005年以来中概股在美国上市与退市统计

注：数据更新时间为2022年6月17日。

资料来源：Wind，作者整理。

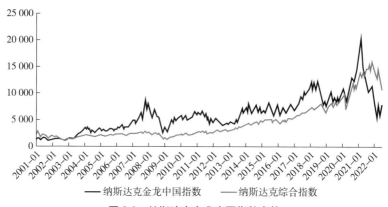

图3.3　纳斯达克金龙中国指数走势

资料来源：Bloomberg，Wind。

一是2005年以前的探索阶段。20世纪90年代,部分中资企业开始从国际资本市场融资。这一阶段,我国政府积极探索国有企业改革途径和参与国际资本市场,能源、电力、通信等重要行业的大型国企陆续在纽交所上市。中国天然资源、中石油、中石化分别于1995年3月、2000年4月、2000年10月在美国上市,中国移动、中国联通、中国电信分别于1997年、2000年和2002年在纽交所上市。同时,民营企业也纷纷赴美国上市。华晨汽车1992年在纽交所挂牌上市。新浪、网易、搜狐分别于2000年4月、6月、7月在纳斯达克上市。

二是2005—2010年的快速增加阶段。随着中国经济连续多年高速增长、对外开放持续推进,企业开拓海外市场的需求和融资需求大幅增加,积极赴美国上市。同时,境外投资者看好中国经济,对中国企业的投资热情上升。赴美国上市中概股数量明显增多,融资金额增加。百度、新东方、好未来分别于2005年、2006年、2010年在美国上市。这一阶段的赴美国上市热潮也暴露了一些问题,包括部分公司财务造假、关联交易、信息披露违规等。数据显示,2005—2010年上市的中概股大部分已从美国退市。

三是2011—2014年的明显放缓阶段。2010年,针对中概股存在的财务造假等问题,浑水公司(Muddy Waters)开始做空中概股。随着部分中概股问题逐步暴露、遭遇集体诉讼,中概股爆发信任危机,陷入"做空潮",估值大幅下降。在此背景下,中资企业赴美国上市的困难增加、热情减弱。一些中概股主动或被动从美股退市,部分年份中,退市的中概股数量多于上市数量。2010—2014年,有45家中概股从美国退市。2014年,随着阿里巴巴、京东、微博等行业龙头赴美国上市,中概股才扭转颓势。

四是2015—2020年(尤其是2018年后)的再度加速阶段。这一阶段的重要事件包括2015年人民币汇率大幅波动、2018年中美经贸摩擦等,但中资企业赴美国上市似乎没有受到很大的冲击。随着中概股估值回升,以及一些新经济初创企业难以在国内上市,中资企业赴美国上市的积极性再度增加,其中互联网企业赴美国上市明显增多。直至2020

年,瑞幸咖啡等财务造假事件再次引发了中概股信任危机。

五是2021年下半年以来,赴美国上市基本停滞。美国方面,2020年11月和2021年6月,美国两任总统(特朗普、拜登)发布行政令禁止美国人交易国防相关中资企业证券,MSCI、富时罗素、标普道琼斯等指数供应商陆续将一些中国公司股票、债券从指数中剔除,政治因素对中概股的影响加大。2020年12月,美国《外国公司问责法案》(Holding Foreign Companies Accountable Act,HFCAA)生效,禁止连续三年未能遵守美国上市公司会计监督委员会(PCAOB)审计要求的公司在美国证券交易所交易。2022年3月以来,SEC根据《外国公司问责法》及SEC的实施细则(2022年1月10日生效),把不满足审计要求的在美中概股纳入预退市清单。此外,制约中资企业赴美国上市的因素主要还包括我国企业在境外上市、反垄断、数据安全等方面的监管趋紧,以及中美监管合作前景的不确定性。

截至2022年5月底,在美国上市中概股278只,总市值约8.3万亿元,数量和市值分别相当于A股的5.8%和10.7%;已有累计约410只中概股在美国上市,其中132只中概股已经退市,即退市中概股占全部在美国上市中概股总数的1/3左右。

(三)中概股回归A股、H股,寻求其他境外交易所上市

近年来,受瑞幸财务造假、滴滴退市、部分中概股被剔除国际股票指数、《外国公司问责法案》及预退市清单等事件影响,在美国上市中概股市值大幅缩水,越来越多中概股部署回归A股、H股,或者赴其他境外交易所上市。

1. 回归A股

随着国内股市制度改革推进,红筹企业可以在境内主板、科创板、创业板上市。2021年9月,证监会发布《关于扩大红筹企业在境内上市试

点范围的公告》，允许符合要求的高新技术产业和战略性新兴产业[①]的红筹企业回 A 股，可以在境内主板、科创板、创业板上市。2021 年 7 月，中芯国际在科创板上市，成为首家"A+H"的红筹公司。2022 年 3 月，证监会发布《关于开展创新企业境内发行股票或存托凭证试点若干意见的通知》，允许试点企业申请发行股票或存托凭证（CDR）上市，即双轨制，并区分已在境外上市的红筹企业和尚未在境外上市的创新企业，差异化设置市值、营业收入需达到的标准，进一步支持创新型企业在 A 股挂牌。

2. 回归 H 股

2018 年 4 月，港交所发布《综合主板上市规则之声明》修订版，降低上市门槛，允许符合条件的尚未盈利的生物科技公司、不同投票权架构的创新公司以及以大中华为业务重心的公司上市，为新经济公司开设"绿色通道"。京东、百度、网易等在美国上市的中概股公司陆续以第二上市的方式在港交所挂牌。为了全面优化和简化海外发行人在我国香港上市的制度，港交所修订上市规则，2021 年 3 月 31 日开始咨询市场意见，11 月 19 日发布咨询总结，相关《上市规则》修订及新指引材料于 2022 年 1 月 1 日生效。此次修订主要是放宽不同投票权架构企业第二上市门槛（包括公司类型、市值标准等），"第二上市"转变为"主要上市"更为灵活等。根据中金公司报告[②]，截至 2022 年 5 月中旬，已有 27 家中概股回归 H 股，预计 42 家公司满足在未来 3—5 年回归港股的条件。

3. 赴新加坡等其他境外交易所上市

2022 年 2 月，证监会修订的《境内外证券交易所互联互通存托凭

[①] 包括新一代信息技术、新能源、新材料、新能源汽车、绿色环保、航空航天、海洋装备等。此外，具有国家重大战略意义的红筹企业不受前述行业限制。

[②] 中金点睛. 刘刚，寇玥，张巍瀚，等. 中金：中概股现状、前景与出路 [EB/OL].（2022-5-16）.http://finance.sina.com.cn/stock/marketresearch/2022-05-16/doc-imcwipik0123290.shtml.

证业务监管规定》，拓宽了境内上市公司通过互联互通机制赴境外发行GDR的选择空间，上市目的地涵盖英国、瑞士、德国等。A股上市公司发行GDR，可以使其证券在国际市场上流通，有助于募集境外资金，吸引中长期战略投资者。2022年5月，蔚来汽车采用介绍上市的方式，在新加坡交易所主板挂牌，成为全球首家在美国、中国香港、新加坡三地上市的企业。其新交所上市的股票可与纽交所上市的美国存托凭证互换，不涉及新股发行及资金募集。

三、中概股法律和监管框架

（一）我国关于中资企业境外上市主要法律规定

1. 直接上市

1994年8月，国务院发布《关于股份有限公司境外募集股份及上市的特别规定》，要求股份有限公司向境外投资人募集股份并在境外上市，应当报经国务院证券委员会批准。实施细则方面，证监会1999年发布《关于企业申请境外上市有关问题的通知》，取消了原来的预选制，强调国有企业、集体企业及其他所有制形式的企业经重组改制为股份有限公司，并符合境外上市条件的，均可自愿向证监会提出境外上市申请，证监会依法按程序审批，成熟一家，批准一家。同时，上述通知设置了企业境外上市的门槛，即净资产不少于4亿元人民币；过去一年税后利润不少于6 000万元人民币；按合理预期市盈率计算，筹资额不少于5 000万美元（即"456规定"）。1999年11月，香港创业板设立，证监会发布《境内企业申请到香港创业板上市审批与监管指引》，没有对相关企业设置资产或盈利情况等财务约束，意味着中小规模的境内企业可以申请赴香港创业板上市。总体而言，受相关法规限制，加之境外上市意味着外资参股必须符合国家产业政策和利用外资政策，境外直接上市的门槛高、审批难度大。

2021年12月，证监会公布《国务院关于境内企业境外发行证券和上市的管理规定（草案征求意见稿）》《境内企业境外发行证券和上市备案管理办法（征求意见稿）》，首次统一将各种形式的境内企业赴境外上市安排纳入全面备案监管。2021年12月，发改委、商务部发布《外商投资准入特别管理措施（负面清单）（2021年版）》和《自由贸易试验区外商投资准入特别管理措施（负面清单）（2021年版）》，自2022年1月1日起施行。两份清单首次就境内企业到境外发行股份并上市交易做出相关规定。

2. 红筹模式

红筹公司是指在境外注册，主要业务和资产在中国大陆，并在境外发行股票上市的公司。注册地一般选择英属维尔京群岛（BVI）[①]、开曼群岛、中国香港地区等。上市地以中国香港和美国为主。红筹公司受公司注册地、上市地和资产业务所在地三地的法律监管，但可以绕过我国关于企业境外直接上市的相关规定，实现境外间接上市。

红筹模式要遵守的法律规定主要包括《证券法》、红筹公司境外上市的相关规定，以及外资和外汇管理方面的规定等。我国对红筹模式的监管强度经过了"严—松—严"的转变。

一是2000年以前"严"的阶段，对境内企业变相上市直接进行监管。国务院1993年发布《关于暂停收购境外企业和进一步加强境外投资者管理的通知》，1997年发布《关于进一步加强在境外发行股票和上市管理的通知》，明确境外上市各主要方式均需报证监会审批和备案，监管对象涵盖红筹公司。1999年7月1日实施的《证券法》规定，"境内企业直接或者间接到境外发行证券或者将其证券在境外上市交易"必须取得批准。为规范境外间接上市模式，防止国有资产流失，证监会于2000年发布《关于涉及境内权益的境外公司在境外发行股票有关问题的

[①] 例如，中国联通在境外设立BVI公司。

通知》("72号文"),要求相关企业提供中国律师的法律意见书,经证监会审核后出具"无异议函",同时对从事相关业务的律师事务所的资格和条件做了进一步要求。

二是加入WTO后至2005年"松"的阶段。2002年年初,国务院公布第二批取消行政审批项目名单,其中包含证监会要求的"无异议函"。2003年4月1日,证监会宣布取消相关审批。为吸引外资、提高利用外资的水平,2003年3月,原外经贸部(现商务部)、税务总局、工商局、外汇局发布《关于外国投资者并购境内企业的暂行规定》,放宽了一些限制。2004年1月,国务院《关于推进资本市场改革开放和稳定发展的若干意见》中明确指出,"积极利用境外资本市场。遵循市场规律和国际惯例,支持符合条件的内地企业到境外发行证券和上市"。同时,外汇管理方面的限制也有所放松。2005年1月,外汇局发布《关于完善外资并购外汇管理有关问题的通知》("11号文"),对个人在境外设立公司和境外公司并购境内资产设置了严格的审批要求,其中后者需要商务部、发改委和外汇局的三重审批。2005年4月,外汇局发布《关于境内居民个人境外投资登记和外资并购外汇登记的有关问题的通知》("29号文"),细化相关审批程序。不过,2005年10月,外汇局发布《关于境内居民通过境外特殊目的公司融资及返程投资外汇管理有关问题的通知》("75号文"),明确允许境内居民(包括法人和自然人)可以特殊目的公司(SPV)[①]的形式设立境外融资平台,允许其根据资金使用计划,将应在境内安排使用的资金调回境内,允许其按程序向特殊目的公司支付利润、红利等款项。"75号文"于2005年11月1日实施,"11号文"和"29号文"同时废止,为我国企业境外上市提供了便利。

三是2006年以来"严"的阶段。2006年8月,商务部、证监会、外汇局等六部门联合发布实施《关于外国投资者并购境内企业的规定》

---

① SPV,指境内公司或自然人为实现以其拥有的境内公司权益在境外上市而直接或间接控制的境外公司。

("10号文"),为境内企业通过境外设立控股公司的形式到境外间接上市设定了新的行政许可项目。按照规定,SPV境外上市需要取得证监会的批准,以境外上市为目的的SPV以换股方式并购境内公司应经由商务部审批;SPV的境外上市融资收入,应按照报送外汇管理机关备案的调回计划,采取向境内公司提供商业贷款、在境内新设外商投资企业和并购境内企业等方式调回境内。由于相关程序、资金使用要求较为严格,使企业通过红筹模式上市的难度大幅增加。2014年7月,外汇局发布《关于境内居民通过特殊目的公司境外投融资及返程投资外汇管理有关问题的通知》("37号文"),原"75号文"同时废止。"37号文"在监管范围、特殊目的公司范围、境内居民境外投资、融资以及返程投资、股权激励计划登记、各项登记程序、处罚依据与措施等方面均进行了较大调整。其中,SPV的概念中增加"以其合法持有的境外资产或权益,在境外直接设立或间接控制的境外企业";增加了禁止性条款,规定"特殊目的公司,不得危害我国国家主权、安全和社会公共利益"。

3. 可变利益实体(Variable Interest Entity,VIE)模式

VIE模式下,主要业务经营活动在境内的企业,以境外企业的名义,基于境内企业的股权、资产、收益或其他类似权益在境外发行证券或者将证券在境外上市交易(包括在美发行ADR)。VIE模式意味着协议控制,即通过一系列协议安排,海外上市实体成为境内经营实体的主要财务受益人,符合美国会计准则的报表合并要求,既可以绕过我国的监管限制,又可以符合美国上市要求。VIE架构一般包括境外上市主体、境内外资企业以及境内运营实体。境外上市主体是上市股票的发行人,通常在开曼群岛、英属维尔京群岛等离岸地设立特殊目的公司。境外上市主体在境内设立外资企业,作为连接境内外的桥梁和资金汇入汇出的通道。通常而言,境内外资企业要与境内运营实体签署一系列协议,对境内运营实体实施全面的控制。涉及的协议主要包括经济利益转移合同、股权回购合同、股权质押合同等。

美国国会研究服务中心估计，在美国上市的中国公司有2/3使用了在境外注册空壳公司的VIE架构，包括阿里巴巴、百度和腾讯等。VIE架构复杂，信息披露不足容易造成负面解读，引发国际投资者的不信任甚至集体诉讼。典型的VIE风险事件包括2011年支付宝为获取第三方支付牌照单方面终止VIE结构，2012年新东方简化国内实体北京新东方教育技术有限公司股权结构等。

我国监管政策一直没有明确允许或禁止VIE架构企业赴境外上市，直到2021年12月，证监会发布《国务院关于境内企业境外发行证券和上市的管理规定（草案征求意见稿）》和《境内企业境外发行证券和上市备案管理办法（征求意见稿）》，对境内企业直接和间接赴境外上市统一实施备案管理，同时为满足合规要求的VIE架构企业赴境外上市提供了可能性。

截至2022年6月，在美挂牌的278家中概股公司中，182家采用了VIE结构。从这些公司的上市日期看，2010年以来，VIE结构上市居多（见图3.4）。

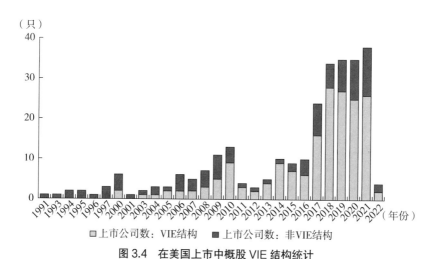

图3.4 在美国上市中概股VIE结构统计

注：数据更新时间为2022年6月17日。统计范围包括仍在美股挂牌的278只股票。
资料来源：Wind，作者整理。

(二)美国关于中概股的监管规则

中资企业在美国上市,首先要遵守上市相关法律法规,达到上市要求;其次,在挂牌期间,要遵守相关规定和信息披露要求。

1. 上市相关监管政策

美国资本市场的联邦层面监管主体主要是美国证监会(SEC)和商品期货交易委员会(CFTC)。SEC 是执行联邦证券法律的主管机关。州和地方的证券监管机构配合联邦机构承担监管责任。其他还有一些按照法规设立拥有不同监管权力的行业自律组织,包括行业协会、交易所、清算所等。例如金融业监管署(FINRA)、市政证券规则制定委员会(MSRB)和全国期货协会(NFA)等。美国证券交易商协会(NASD)是证券市场的主要自律监管机构。相关法律主要包括:《1933 年证券法》(Securities Act of 1933)、《1934 年证券交易法》(Securities Exchange Act of 1934)、《1935 年公共事业持股公司法》(Public Utility Holding Company Act of 1935)、《1940 年投资公司法》(Investment Company Act of 1940)、《1970 年证券投资者保护法》(Securities Investors Protection Act of 1970)、《1978 年破产改造法》(Bankruptcy Reform Act of 1978),以及 2002 年的《萨班斯-奥克斯利法案》和 2010 年的《多德-弗兰克华尔街改革和消费者保护法》(Dodd-Frank Wall Street Reform and Consumer Protection Act)(即《多德-弗兰克法案》)等。

根据美国联邦证券法,只有在 SEC 注册登记或符合豁免登记注册条件的公司,才能在美国市场上发行股票或出售证券。一是在 SEC 注册登记。公司向 SEC 提交大量的披露文件,包括生产经营信息、经审计的财务报表等,遵守持续信息披露等监管要求。二是具备豁免注册发行资格。美国监管豁免注册的法规包括针对小型上市公司"A 条例"(Regulation A)、适用私人配售的"D 条例"(Regulation D)、适用众筹的"CF 条例"(Regulation CF)、适用离岸发行的"S 条例"(Regulation

S)、确定合格机构买家的"144A 条例"(Regulation 144A),以及适用内部发行的"147 条例"和"147A 条例"(Regulation 147 和 147A)。多数豁免发行是基于"D 条例"。

近年来,相关规定放宽了融资条件。2012 年 4 月,美国总统奥巴马正式签署了《初创期企业推动法案》(Jumpstart Our Business Startups Act,JOBS Act),该法案通过适当放松企业融资限制,为初创企业搭建了进行 IPO 的专门通道(IPO Ramyup)。2015 年 6 月,《A+ 条例》(Regulation A+)生效,将"A 条例"规定在 12 个月期间可简易注册发行公司的营业收入规模从 500 万美元提升到 5 000 万美元,其中 2 000 万美元及以下和 2 000 万—5 000 万美元营收企业分别适用不同的信息披露要求、投资规制和优惠的注册规定。

安然事件后,美国会计准则对特殊目的实体(Special Purpose Entity,SPE)的合并要求更加明确和严格,推出了可变权益实体的概念(Variable Interest Entity,VIE)。VIE 相关会计准则旨在限制和避免安然事件中所暴露出的通过 SPE 进行表外融资、隐瞒表外负债的问题,要求从经济实质上和首要受益人角度判断 SPE 是否应该纳入合并报表[①]。2009 年 6 月,美国财务会计准则委员会(FASB)要求从以下角度分析判断 VIE 能否合并报表,即哪家公司拥有控制 VIE 经营活动的权力,哪家公司有义务承担(或获得)VIE 的亏损(或利润),哪家公司有财务责任(资金义务)支持 VIE 运行。2021 年 7 月,SEC 主席加里·盖斯勒(Gary Gensler)发布声明要求增加关于中国运营公司和境外空壳公司关系的信息披露。

2. 挂牌期间信息披露相关政策

欧美等发达国家的证券监管机构对拟公开上市和已经上市的公司有

[①] 由于目前只有在美国会计准则认可 VIE 并表,而中国会计准则、国际财务报告准则(IFRS)或者香港会计准则对 VIE 模式无法实现报表合并,所以依照 VIE 模式所搭建的企业,从财务会计角度看,在中国内地或者香港难以上市。

严格的信息披露要求。美国证券监管法律法规强调完全信息披露，凡经营中可能影响到企业业绩和股东权益的活动必须及时向股东通报。按照《萨班斯－奥克斯利法案》等法律法规要求，上市公司的信息披露不能有遗漏，不能有错误，不能有虚假陈述，否则可能被股民起诉[①]。2000年8月，SEC通过《公平披露条例》（Regulation Fair Disclosure），禁止证券发行单位有选择性地披露信息。此外，相关法律法规对操纵市场、内幕交易等证券欺诈行为规定了严格的法律责任。

SEC根据美国有关法律，对股票市场的信息披露进行监管，包括财务性披露和非财务性披露。除《1933年证券法》和《1934年证券交易法》等相关法律法规以外，SEC制定了证券市场信息披露的各种规则。其中，Regulation S-K规定了上市公司非财务信息披露的有关事宜；如果企业提供的非财务报告为电子形式，则适用Regulation S-T。Regulation S-X规定了上市公司财务信息披露的内容与格式；如果企业提供的财务报告为电子形式，则适用Regulation S-T。Regulation C对公司准备注册登记说明书的步骤和细节作了具体规定。上市公司在发生可能影响投资者决策的重大事件时，需向SEC提交相应的报告表格，如8-K表格（外国发行人使用6-K表格）等。此外，上市企业还需要遵守证券交易所有关规定。

安然、世通等公司的财务欺诈案件爆发后，美国进一步强化了信息披露相关规定。2002年7月，《2002年公众公司会计改革和投资者保护法案》（Public Company Accounting Reform and Investor Protection Act of 2002）（即《萨班斯－奥克斯利法案》）正式生效，规定公司高层管理人员对公司财务信息可靠性负有的责任，明确了公司内部控制有效性的强制性规定，其中404条款强调内部控制和内部控制评价报告。根据该法案，信息披露有重大问题的公司CEO、CFO面临最高500万美元罚款和20年监禁。

[①] 2001年中华网在美国遭到集体诉讼，此后我国一些在美国上市的企业也陆续面临集体诉讼，包括网易、中国人寿、UT斯达康、中航油、新浪、巨人网络、瑞幸、滴滴、阿里巴巴等。

3. 退市

ADR 退市主要有两种情况。一是终止 ADR 计划，公司通过存托银行向投资者回购 ADR，或者按照持有者意愿将 ADR 转换为普通股。不过，由于税收、监管等因素的限制，投资者很少选择转换为普通股。终止 ADR 计划的原因，既可能是公司私有化，也可能是由于公司不再满足监管部门、交易所的要求。程序上，监管部门、交易所在做出摘牌决定时，一般会给予上市公司进行解释和申辩的机会。比如，根据纽约证券交易所上市规则"Continued Listing"和"Procedure for Delisting"中的相关规定。二是从交易所退市后转入场外市场，维持 ADR 计划。按照《1934 年证券交易法》及相关细则的要求，上市公司从美股退市需要填写表格 25，提前 30 天书面告知投资者。值得注意的是，由于投资者可以选择继续持有，ADR 退市并不意味着中概股企业义务的终结。根据美国 SEC 规定，如果投资者在 300 人以上，退市企业仍然需要每季度提供财务报告。如果退市后的规则没有被遵守，SEC 可以重罚至企业破产，没收该公司在境外的资产，使其永远无法再进入美国市场。

发行人和存托银行之前签订的存托协议（Deposit Agreement）中也有 DR 项目的终止、DR 注销、基础股份交付等相关规则。一般而言，存托协议规定了发行人通知托管行的 90 天通知期，其间股东可考虑、决定并告知托管行，明确接受或放弃股份的决定。如果在存托协议终止后仍有 DR 未结清，托管行可继续收取有关的股息和其他红利分配，并以相关资金向投资者换回存托凭证。在存托协议终止之日起 6 个月后，托管行可以出售根据存托协议持有的存托证券。

（三）跨境监管合作

1. 我国关于跨境监管合作相关规定

1994 年，国务院发布《关于股份有限公司境外募集股份及上市的特别规定》，赋予中国证监会与境外证券监管机构签订谅解备忘录、开展跨境执法合作的权限。2005年修订后的《证券法》明确，国务院证券监督管理机构可以和其他国家或者地区的证券监督管理机构建立合作机制，实施跨境监督管理。2019年修订的《证券法》（2020年3月1日实施）进一步明确了证券跨境监管合作的基本原则和具体要求，第177条规定国务院证券监督管理机构可以和其他国家或者地区的证券监督机构建立监督管理合作机制，实施跨境监督管理。境外证券监督管理机构不得在中华人民共和国境内直接进行调查取证等活动。未经国务院证券监督管理机构和国务院有关主管部门同意，任何单位和个人不得擅自向境外提供与证券业务活动有关的文件和资料。此外，《证券法》明确了域外适用效力，对扰乱境内市场秩序、损害境内投资者合法权益的境外证券发行交易活动，依法处理并追究法律责任。

2009年10月，证监会、保密局、档案局发布《关于加强在境外发行证券与上市相关保密和档案管理工作的规定》，明确了在境外发行证券与上市过程中，提供相关证券服务的证券公司、证券服务机构在境内形成的工作底稿等档案应当存放在境内，现场检查应以我国监管机构为主进行，或者依赖我国监管机构的检查结果。2022年4月，证监会就修订《关于加强在境外发行证券与上市相关保密和档案管理工作的规定》公开征求意见，明确企业信息安全责任，且适用于企业境外直接和间接上市。在完善跨境监管合作安排方面，明确境外监管机构在中国境内进行调查取证或开展检查的应当通过跨境监管合作机制进行，证监会和有关主管部门依据双多边合作机制提供必要的协助。

我国主要通过签署国际组织的多边备忘录和签署双边谅解备忘录等方式，开展证券跨境监管合作。一是中国证监会1995年加入证券领域最重要的国际组织——国际证监会组织（International Organization of Securities Commissions，IOSCO），并成为普通会员。IOSCO于2002年制定《关于磋商、合作与信息交换的多边备忘录》（Multilateral Memorandum of Understanding Concerning Consultation and Cooperation and the Exchange of Infomation），2017年进行了更新并强化了签署方的执法权力。相关规定构成了多边途径下证券跨境监管合作的框架和实施基础。中国证监会于2007年4月在印度召开的IOSCO第32届年会上，加入了上述多边备忘录。二是签署双边谅解备忘录。1993年6月，中国证监会、上交所、深交所、香港证监会、香港联交所签署了关于证券事务的《监管合作谅解备忘录》，成为证监会签署的第一份监管合作谅解备忘录。1994年4月，中国证监会与美国证监会签署《关于合作、磋商及技术协助的谅解备忘录》。在监管合作备忘录基础上，中国证监会与美国证监会签署了《合作条款》，以加强中美两国证券监管机构之间的合作。截至2020年年末，中国证监会已与美国、英国、日本、澳大利亚等66个国家和地区的证券期货监管机构签署了双边备忘录。

2. 美国关于中概股的跨境监管合作实践

根据2022年《萨班斯-奥克斯利法案》在审计方面的规定，所有为美国上市公司提供审计服务的会计师事务所，必须在美国公众公司会计监督委员会（PCAOB）注册；PCAOB有权监督会计师事务所的合规情况，包括检查审计工作底稿、对违规行为予以处罚等。2020年12月，《外国公司问责法》生效，禁止连续三年未能遵守PCAOB审计要求的公司在美国挂牌交易。《外国公司问责法》及SEC的实施细则（2022年1月10日生效）第F条第2款要求中概股企业从2021财年开始向相关机构提供审计底稿及是否采用VIE架构等信息。按要求，SEC每年对中概股公司进行评估，时间一般在年报发布之后。2021年6月，美国参议院通过了《加速外国公司问责法案》的草案，将审计检查时间从三年缩短到了两年。如果获得通过，在美国中概股公司2023年年初（2022年年报披露之后）就面临退市风险。

美国在证券跨境监管合作中主要采用双边途径。以双边监管协议形式解决审计底稿分歧是美国SEC和PCAOB应对不同国家或地区司法管辖权及法律规定冲突的通常做法。SEC与多国政府和执法机构有超过 75 个正式的合作协议。PCAOB 曾在 50 个美国以外的国家进行过对 PCAOB 注册审计事务所的审查工作,并且与外国政府机构有 23 个正式合作协议。

3. 中美监管合作进展

中美监管机构在审计方面已有多年技术合作。2013 年 5 月 7 日,中国证监会、财政部与美国 PCAOB 签署了执法合作谅解备忘录,建立了在执法项下向 PCAOB 提供审计工作底稿的合作机制。备忘录允许在 PCAOB 注册的中国会计师事务所在美国业务涉及有关案件需要调取审计底稿时,PCAOB 可向中国证监会和财政部提出要求,在一定范围内、履行相关程序后,在不违反中国《保密法》《档案法》的前提下,向美方提供相应的审计底稿。2015 年 7 月,财政部公布《会计师事务所从事中国内地企业境外上市审计业务暂行规定》,提升了上述备忘录的执行力。2016 年,中国证监会、财政部与美国 PCAOB 签署试点检查合作备忘录。2013 年 7 月,中方向 PCAOB 提供首份审计底稿。截至 2020 年年末,已累计向 SEC 和 PCAOB 提供 17 家境外上市公司审计底稿。

2022 年 8 月 26 日,中国证监会、财政部与美国 PCAOB 签署审计监管合作协议,是自《外国公司问责法》实施以来中美解决审计问题的重要一步。不过,中美跨境审计协议的达成,并没能完全化解双方的争议。中国证监会的声明强调,双方合作的原则是"平等",美方必须通过中国监管机构获取文件,并让中方参与协调采访和取证,强调审计主权下的共同监管以及敏感数据的安全;但 PCAOB 声明称,该协议"如果得到遵守",将授予美国监管机构完全访问权限,强调审计底稿的真实性以及审查不受限制和约束。美国证监会主席 Gary Gensler 认为,尽管签署审计监管合作协议很重要,但只有当 PCAOB 实际上能够完全检查和调查中国的审计公司时,这项协议才有意义。由此可见,双方争议的重心正转向未来协议的执行,表明未来相关的争议和博弈仍将持续。

四、《外国公司问责法案》的影响和应对

瑞幸咖啡财务造假事件为美国2020年5月20日参议院全票通过《外国公司问责法案》（又称《中概股法案》）营造了浓厚的反击中国造假、保护美国投资者的氛围。法案禁止连续三年未能遵守PCAOB审计要求的公司在美国证券交易所交易，要求上市公司披露是否为外国政府所有或控制。法案短期影响不大，也不会造成中概股大量退市，但应努力寻求淡化政治因素，深化中美审计监管合作。此外，在严厉打击上市公司财务造假的同时，还应便利海外投资者的金融交易，加强与中国香港、新加坡、伦敦等市场的合作。

（一）中概股在美国现状

在美国上市曾经被认为是提升企业形象、增强资金和技术实力、开拓美国市场的举措，而中概股也为美国金融服务机构和投资人贡献良多。中概股1992年开始陆续在美国上市[1]，截至2020年2月底，已有156家中资公司在美国三大交易所挂牌，总市值约1.2万亿美元[2]。多数中概股分布在消费、电信服务、信息技术、能源、金融等五大行业，是中国企业中创新、高效和良治的代表。中概股为美国投资者带来了收益，为美国交易所和投资银行贡献了大量利润，这也是为什么即使在2020年三四月份新冠病毒肺炎[3]疫情最严重的时候，仍有中国公司在美国上市。另一类获益的是以浑水为代表的做空机构，它们大多瞄准实力较弱、可能存在财务作假的中概股公司，加快了部分公司退市。

每年都有中概股企业上市和退市（见图3.5），数量与中美政治经济关系紧密相连。2010年，20余家中概股暴雷，中概股的市场信任度低迷

---

[1] 华晨汽车1992年10月9日以美国存托凭证的方式在纽约证券交易所主板上市，已退市。
[2] 不含内地在香港地区和其他国家/地区注册的离岸公司。
[3] 2022年12月26日，新冠病毒肺炎更名为"新冠病毒感染"。

了几年时间。2014—2017年，阿里巴巴等多家优质公司在美国上市，平息了市场质疑。2019年至今，中美关系全面恶化，中资企业基本不再将赴美国上市作为首选。

退市对中概股企业而言直接成本并不高，但间接损失不容忽视。美国退市规则明确，操作比较规范，成本不高。一般程序是公司提出私有化，大股东投票同意股票回购的价格，公司交少量律师和财务咨询费，买断股票。当前中概股估值非常低，虽然市值较大的公司找到接盘的投资者可能有难度，但退市成本并不高。多年来，中概股退市基本上没有导致市场波动，也没有集体诉讼。当然，瑞幸咖啡由于财务作假，退市在即，集体诉讼是大概率事件。退市公司最大的损失是间接损失，比如失去美国的融资平台、商誉以及由此带来的海外市场、人才和技术。

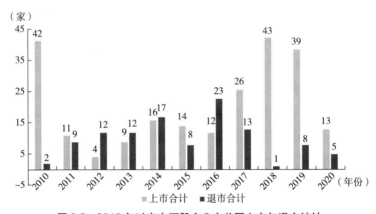

图3.5　2010年以来中概股企业在美国上市与退市统计

注：数据截至2020年5月22日。
资料来源：Wind，作者整理。

（二）中美审计监管合作是共赢

中美监管机构在上市公司审计底稿方面的技术分歧源于法律冲突。2002年的《萨班斯-奥克斯利法案》赋予PCAOB对审计底稿进行审查的权力。但按照我国《证券法》《关于加强在境外发行证券与上市相关保密和档案管理工作的规定》等法律规定，审计机构不可将在中国境内开展的审计工作的相关文件和记录转移出境，跨国企业与中国相关业务的审计报告和账簿也需留存在境内。

以双边监管协议形式解决审计底稿分歧是美国 SEC 和 PCAOB 应对不同国家或地区司法管辖权及法律规定冲突的通常做法。SEC 与多国政府和执法机构有超过 75 个正式的合作协议。PCAOB 曾在 50 个美国以外的国家进行过对 PCAOB 注册审计事务所的审查工作，并且与外国政府机构有 23 个正式合作协议。截至 2020 年 4 月，中国内地、中国香港、法国和比利时的会计机构均不在 PCAOB 全面监督检查范围之内，涉及 224 家上市公司 1.8 万亿美元市值。

中美监管机构在审计方面已有多年技术合作，中方未禁止在美国上市公司接受美国证券监管机构的检查、提交相关材料，只强调境外证券监督管理机构需经过我国监管机构进行。2013 年 5 月 7 日，我国证监会、财政部与美国 PCAOB 签署了执法合作备忘录。备忘录允许在 PCAOB 注册的中国会计师事务所在美业务涉及有关案件需要调取审计底稿时，PCAOB 可向中国证监会和财政部提出要求，在一定范围内、履行相关程序后，在不违反中国《保密法》《档案法》的前提下，向美方提供相应的审计底稿。2015 年 7 月，财政部公布《会计师事务所从事中国内地企业境外上市审计业务暂行规定》，提升了上述备忘录的执行力。2019 年 10 月，中美双方对香港会计师事务所审计的、存放在中国内地的在美国上市公司审计工作底稿调取事宜达成共识。

但是，美国监管机构在中概股审计调查的实际执行中仍面临诸多困难。一是在签约双方监管机构上，中方是证监会与财政部，而美方仅为 PCAOB，具有独立执法权的 SEC 被排除在外，这意味着长期与中国监管部门交涉审计监管事项的 SEC，无法在调查跨境上市公司财务造假过程中获得与 PCAOB 一致的诸如直接获取信息和审计底稿的权限。二是 PCAOB 仅能获得财务造假等会计信息质量存在问题、涉及法律诉讼案件的中概股公司审计底稿，且需证监会批准，无法直接对话审计师。

2013年7月，中方向PCAOB提供首份审计底稿。到2015年，已向美方提供包括东南融通在内的4家中概股审计底稿。2016年8月，PCAOB提出，将陆续调取审计机构对阿里巴巴（普华永道）和百度（安永）的审计底稿。截至2022年5月，我国证监会已向美国SEC和PCAOB提供约十余家境外上市公司相关审计工作底稿。

（三）不同中概股的影响和应对不同

法案的执行有三年过渡期，短期对中概股影响不大。由于中概股退市损失最大的是美国交易所、投行等金融服务机构，大面积退市的可能性不大。中美金融博弈的本质是利益。中概股退市的最大输家是美国的三大交易所，每只股票上市对交易所来说损失的都是以百万美元计的注册费、管理费和交易费，其次是承销、咨询等收入来源减少的投行，最后是损失投资收益的美国股东和投资人。据悉，截至2020年5月27日，美国的ETF并没有出售持有的中概股，说明市场并不认为法案将导致中概股大量退市。由于其他国家和地区在中概股上市方面跟进美国做法的可能性不大，基于政治因素迫使大量中概股退市对美国而言得不偿失。

整体看，中概股将面临更高的合规成本及退市风险，但法案对不同质量和规模的中概股影响不同。优质中概股（如BAT）的投资者多为大机构投资者，游说能力强大，未来所受的影响可能较小。质量较差、规模较小的中概股退市可能性更大。据悉，纳斯达克将出台新规定，限制IPO金额小于2 500万美元的公司上市，这将意味着目前1/4已上市的中概股不符合要求，未来这类小额IPO将不能实现。但即使没有该法案和纳斯达克新规，部分公司由于存在监管套利的嫌疑或者财务报表问题，早就成为做空目标，退市频繁也是中概股的特点。

中概股公司可以选择多地上市、退市，部分计划赴美国上市的公司也在积极筹建新的美国公司。规模和名气较大的，尤其是2017年12月15日之前在美国上市的公司可以方便地选择多地上市，阿里巴巴已经在香港地区上市（上市成本为7.65亿港币），京东等30多家中概股也达到了在香港地区上市的标准，这些公司在香港地区的估值很有可能超过美国。小规模公司，如果商业价值好，重新上市也不会太困难，最好的选择可能是主动在美国退市，然后寻求在A股或H股上市。除了退市和重新上市，不少公司可以选择买断美国市场的股票，增加香港的股票供给。或者通过股票互换，将部分美国投资者的股票转到香港交易，在一段过渡期后，逐步降低美国的交易量，实现从美国退市转到香港上市。此外，部分计划在美国上市的公司也在迅速以美国和中国之外的业务为基础建立新的美国公司，剥离中国的资产和技术，以期保全美国的市场技术和资金。

（四）加强审计合作，大力发展在岸市场

中概股法案是审计问题被政治化的结果，与美国大选年政治的需要不无关系。对中美而言是双输，美国的损失可能还大于中国。我国在淡化政治因素、加强审计合作的同时，大力发展在岸市场才是化危为机的根本。

加强中美监管部门的审计合作。瑞幸事件只是中概股法案的导火索，中国当前的信息披露规定确实为部分公司提供了监管套利的机会。中概股公司可以考虑将审计师调整为四大会计师事务所在美国或其他国家的分支机构，或者在中国证监会默许下向美国SEC和PCAOB提供部分审计底稿的电子权限。证监会应当与美国SEC和PCAOB加强技术合作。PCAOB并没有审计底稿转移境外的要求，证监会可以考虑邀请PCAOB来中国实地审计，在不违反中国法律的前提下，让PCAOB查阅所需的审计底稿。

严厉打击上市公司财务和会计师事务所审计作假。我国应当大幅提高财务作假成本，考虑匹配美国对上市公司财务作假和会计师事务所审计作假的惩罚力度，严厉惩罚作假的上市企业和相关会计师事务所，提

高市场对中概股及中国股市的信任度。实际上,中概股聘用的都是四大会计师事务所,只要它们能严格把控审计质量,就能减少海外上市作假。

发展 A 股市场,便利海外投资者。多年前中资公司海外上市的原因主要是 A 股市场不成熟、不发达,而中国当前已经拥有全球第二大股市,有容纳中概股回归的条件。应当以中概股法案为契机,提升国内的监管和公司治理,加快推出国际版、注册制,进一步便利海外投资,尤其是出台让海外投资机构更方便购买进入 MSCI 指数的 A 股的具体措施。

重视 MSCI 等指数的投资导向作用,深化与其他市场的合作。MSCI、S&P 等指数编制者在投资导向中有很重要的作用,只要中国经济稳定,就会留在指数内,外国投资就不会减少。此外,我国应当积极扩大与我国香港、新加坡、伦敦、法兰克福等市场的合作,为中资企业海外上市提供更好的监管合作环境。

五、中概股三次事件分析

(一)2021 年 7 月中概股暴跌分析

2021 年 7 月,我国平台经济、教育培训行业监管政策收紧,中概股股价短期大幅下跌。中概股的新市场预期已经形成,中概股对国际投资者仍有中长期吸引力,但事件反映出中资企业和行业的市场沟通有欠缺,政府部门间、政府与市场的政策沟通严重不足。我国亟须补足政策的市场沟通短板:一是引入政策影响综合评估机制;二是对外沟通中使用投资者的语言;三是要发挥行业协会和专业人士的作用,引导投资者对行业相关政策的正确预期。

1. 2021 年 7 月中概股暴跌属于短期市场波动

2021 年 7 月,市场解读我国对平台经济、教育培训的监管举措为预期外政策冲击,大幅提高了中概股的风险溢价。7月份,美国中资股价格下跌20.0%(算数平均,未加权),其中教育行业美股中资股7月份平均下跌41.2%,Keep、喜马拉雅、零氪科技等中国企业相继终止赴美国上市进程。与此同时,标普道琼斯决定自8月2日起从其指数中剔除25家中国公司,富时罗素指数自7月28日起再剔除20家中资企业。7月30日,美国证券交易委员会提示来自以中国为代表的新兴市场的风险,将进一步推迟短期内中概股在美国上市。

本轮中概股价格大幅下跌属于市场短期波动,中概股对国际投资者仍有吸引力。总体看,中概股在美国上市有利于美国的交易所、金融机构和投资者,华尔街不会轻易放弃这些利益。从技术层面看,中概股价格调整有以下原因:一是从美联储量化宽松等政策及美国股市投资者推动的高估值回调;二是行业政策调整引发投资者对于政策不确定性的担忧;三是投资者对中美地缘政治关系恶化、美国加强金融制裁的担忧;四是全球疫情反复导致的市场预期修正。除教育行业外,投资机构普遍认为中概股股价调整属短期的事件性冲击,不是基本面变化引发的趋势性逆转。桥水公司研究认为,本次事件导致中概股跌幅远高于基本面的变化,其中科技股下跌的31%中有10%源于中国的政策风险溢价,因此股价下跌是买入机会。

2. 中概股暴跌反映出我国政策的市场沟通严重不足

本次中概股价格波动的首要原因,是我国企业和政府对与投资者(尤其是国际投资者)沟通不够重视、不充分、不及时,导致平台经济、教育培训的监管举措被过度或错误解读,市场影响被放大。

一是对VIE架构的信息披露不足,引发国际投资者对中国企业的广泛不信任。美国PCAOB要求企业"向投资者披露其业务的一系列潜在风险"。中资企业采用在境外注册空壳公司的VIE架构,长期为美国投资者默认,但信息披露不足容易造成负面解读。美国曾抱怨,中国公司采用复杂结构来掩盖风险，规避监管①。2021年7月30日，SEC主席加里·盖斯勒发布声明要求增加关于中国运营公司和境外空壳公司关系的信息披露。

二是对监管部门约谈等信息的披露不足，引发集体诉讼。2021年7月4日，数家美国华尔街律师事务所启动对滴滴的集体诉讼调查，认为滴滴关于业务、运营和前景的正面陈述具有重大误导性和/或缺乏合理依据。事实上，滴滴公司于同年7月2日受到网络安全审查之前，曾因乘客安全、司机与平台之间抽成比例、随意调整计价规则等问题，在3月、5月被相关部门约谈。此前，阿里巴巴、百度、拼多多、新浪、微博等都曾因未披露监管调查而遭受美国股东集体诉讼，其中赔偿金额最高的是阿里巴巴，支付了2.5亿美元和解赔偿。

三是企业的市场沟通不够，使国际投资者低估政策影响。近年来，我国一直强调共同富裕等新发展理念，从2018年开始就陆续出台了若干教育行业监管举措，"双减"政策不是突发性的，要求现有学科类培训机构统一登记为非营利机构也有法可依②。中资证券公司的分析中，中信证券从2021年2月份起一直提示教育行业的政策风险，但多数国际投资者对我国政策的可能变化时间并不清楚，而单个上市公司（以及投行）因为自身利益关系也没有及时提示。实际上，国际投资者并不真正了解中国教育行业，信息不足，对政策调整不敏感，导致过度解读"双减"政策。国际上较为认可的分析我国教培企业的高盛、摩根大通等金融机构的分析师并不真正了解中国市场和政策。

政府与市场的沟通不足。本轮股价大幅下跌反映了我国部门政策

---

① Congressional Research Service, April 2021, U.S. Capital Markets and China-Issues for Congress.
② 《中华人民共和国民办教育促进法（2018修正）》规定不得设立实施义务教育的营利性民办学校。2021年4月7日，国务院发布修订后的《中华人民共和国民办教育促进法实施条例》（2021年9月1日生效），该条例针对近年来民办教育出现的过度资本化、过度商业化等行业乱象，加强了对民办教育的监管力度。6月15日，教育部校外教育培训监管司正式成立，教育培训行业迎来常态化监管。

制定与市场沟通存在问题。一是监管举措。滴滴在 2021 年 4 月已提交纽约上市的申请，6 月 30 日上市后，明晟公司已宣布将滴滴 ADR 纳入 MSCI 中国全股票指数，自 7 月 15 日起生效。如果监管部门对滴滴的网络安全审查可以更早进行，投资者就可以更准确地定价，感受就可能不同。国家互联网信息办公室 7 月 10 日发布《网络安全审查办法（修订草案征求意见稿）》，在《网络安全审查办法》基础上把证监会加入国家网络安全审查工作机制。二是事后被动、补救性沟通效果有限。

3. 当务之急是补足我国政策综合评估及市场沟通短板

我国对外开放日益深化，部门政策会对国内外市场产生重大影响。而不同部门较为密集地出台政策、实施监管，可能叠加形成"政策共振"，产生负外部性，恶化企业面临的国内外市场环境。在当前地缘政治环境下，容易引发跨市场、跨境风险，甚至从经济风险升级为政治风险。为此，可以考虑引入政策综合影响评估机制，妥善解决如何解读政策和由谁解读政策的问题，补足政策的市场沟通短板。

第一，引入政策综合评估机制。政策影响可以包括就业、社会公平与竞争、金融市场与稳定等方面。其中，对涉及金融机构和上市公司的部门政策应归金融稳定和发展委员会进行市场影响综合评估，涉及反垄断的政策应归国家市场监督管理局进行反垄断综合评估。

第二，加强市场沟通。我国的监管规则、行业与国际上存在差异，对国际投资者的沟通需要用市场语言。应该强调公司遵守法律法规、承担社会责任、提升公司治理。准备上市和已上市的中资企业应当及时进行充分的信息披露。

在未来的对外沟通中，应该强调野蛮的市场和资本运作需要被规范化，行业垄断不利于公平竞争，我国的政策是为践行新发展理念、提升社会公平。桥水公司 2021 年 7 月 30 日的报告在分析中概股下跌事件时指出，平台科技公司近 20 年来基本处于无监管或最少监管的状态，获得了"数据例外"的地位，引发了金融稳定、公平竞争、数据安全、隐私保护等多重问题。各国都在反思这些问题，而中国政府的反应比发达国家快。

第三，发挥行业协会和专业人士对外沟通的作用。由于我国宣传和语言等原因，增加了国际投资者理解和把握行业监管动态的难度。对于行业层面的政策变化，依靠个别企业进行投资者沟通的成本较高、效果有限，行业协会可以通过定期和不定期的行业政策解读显著提升沟通效率。此外，应该多让真正懂政策的专业人士进行专业解读，否则，我国政策解读和评估的话语权就自动让给了非专业人士甚至民粹主义者。

（二）美国对中概股的关注

近年来，美国对中概股给美投资者和国家安全带来的风险高度关注。在当前地缘政治环境下，美国政府将持续对中概股在美国募资保持警惕性和高压态势。

美国近年对中国采取了多项金融限制措施，但中美金融联系不断加强。截至2020年12月，美国投资者持有1 000亿美元中国债务、1.1万亿美元中国股权，而中国投资者持有1.4万亿美元美国债务、7 200亿美元美国股权。截至2021年5月，248家中资企业在美国上市，市值总计2.1万亿美元。2021年上半年，中国企业占外国在美国IPO融资额的50%，占美国股市IPO总融资额的15%。此外，中国企业还可以通过风险投资、私募股权和定向增发等方式吸引美国资金。

美方认为，中国企业在美国上市和募资可能影响美国国家利益和投资者权益。一是中国政府对企业的控制可能对美国经济和国家安全构成威胁。美国为中国战略和新兴产业提供了资本，改进了中国资本市场，有利于中国企业成长为全球引领者和竞争对手。尤其是美国投资者无意中资助中国涉军企业，会影响美国国家安全和外交政策。中美资金通过风险投资、私募股权和定向增发等方式不断混合，很难区分资金是否用来支持中国战略，包括技术或专门技术的转移，也加大了评估美国对华金融经济敞口和潜在风险的难度。二是企业行为衍生风险。中国快速融入全球资本市场，导致美国金融行业无法辨识、理解、应对市场和信誉风险。比如美国投资人无法估计被纳入指数的中国企业的特定风险。赴美国融资的一些中国企业行为可能阻碍美国投资者做出正确的投资决定，使美国监管部门难以保障投资者权益，包括公司透明度和信息可靠性不足（如采用复杂的 VIE 结构等）、公司欺诈行为、美国投资者缺乏追索权，以及其他执法障碍。

美方有意扩大对中国企业风险监管的覆盖面，提升制裁措施的精准性和权威性。美国同时认识到，制裁并非万能药，信息披露要求过高可能会增加公司的尽调和披露负担，降低美国金融市场的吸引力，阻碍中国企业在美国投资和经营。精准制裁才是保护美国投资者和国家安全的有效方式。对威胁美国国家安全和投资者权益的中国公司，有必要采取退市等惩戒措施，增加新的信息披露要求，提升透明度。

一是允许不同部门重复制裁同一企业，扩大制裁的影响。协调具有相似政策目标的美国制裁措施，通过立法赋予不同政府部门对有不当行为的企业进行制裁的权利，以扩大制裁的影响和有效性。比如，因参与开发国家监控系统而被列入实体清单的中国企业，也应该被禁止在美国市场筹集资金。以此提升不同制裁措施的一致性，加强信息共享和调查的政策协调，扩大制裁的影响。

二是增强对中国政府相关企业的识别和监管。美方还有意扩大对涉及中国政府和国防企业的识别范围。扩展对中国政府作用的关注范围，涵盖私募股权、债务融资、定向增发等其他融资方式。进一步监测分析中国企业在战略和新兴科技行业的经营、投资和融资策略。

三是升级股市相关监管措施。未来，美方可能强化信息披露要求，要求在美股融资（包括发行美国存托凭证）的所有公司进一步提供股权、持股关联公司在内的所有信息，季度重要变更，关于 VIE 合同和控制人的单独财务报告。要求 SEC 对中国相关投资发布常规性的警示。

四是严格股市以外的美国资本市场准入。禁止那些不能在美股上市的中国公司通过其他方式进入美国资本市场。要求 SEC 保证相关中国公司全面披露关于公司风险和结构的信息。

（三）部分中概股被列入临时退市清单

2022 年 3 月 8 日，SEC 根据《外国公司问责法》将五家发行 ADR 的中国公司纳入"临时退市清单"，引发中概股暴跌。多数市场分析视之为美国对中国可能影响全面制裁俄罗斯的警告，分析相关法律法规显示，SEC 此次行动未经美国国会或政府授意，虽然恶化了市场情绪，但没有改变中概股的监管规则。未来，如能妥善解决审计底稿问题，中概股留美符合中美共同利益，有利于提升我国公司治理和发展高科技。

1. 无须过度解读 SEC 将 5 家中国公司列入临时退市清单的地缘政治原因和影响

2022 年 3 月 8 日，SEC 将 5 家率先公布年报的中概股公司[①]纳入"临时退市清单"，15 个工作日后将进入正式清单。

SEC 此举属于依法行政，并无美国国会或政府部门授意或施压，无须过度解读其地缘政治原因和影响。《外国公司问责法》（2020 年 12 月生效）及 SEC 的实施细则（2022 年 1 月 10 日生效）第 F 条第 2 款要求中概股企业从 2021 财年开始向相关机构提供审计底稿及是否采用 VIE 架构等信息。按要求，SEC 每年对中概股公司进行评估，时间一般在年报发布之后。预计其余中概股发布年报后，至少一部分也将进入清单。

SEC 此举严重影响了市场情绪，中概股退市担忧叠加地缘政治风险，在美国中概股面临抛售压力，股价暴跌。2022 年 3 月 11 日，纳斯达克金龙中国指数比 3 月 9 日下跌 19.2%，比 2021 年年底下跌 34.0%，比

---

① 年报公布时间分别为：百济神州（2 月 28 日）、百胜中国（2 月 28 日）、再鼎医药（3 月 1 日）、盛美半导体（3 月 1 日）、和黄医药（3 月 3 日）。

2020年年底下跌62.2%。从个股看,阿里巴巴美股股价比3月9日下跌14.1%,百度下跌17.5%。

中概股股价暴跌使美国投资者损失不菲,中国企业也伤得不轻。目前280家中概股在美国上市,总市值已不足万亿美元,从最高点下跌超过2/3。从股东结构看,中概股股价暴跌损失最大的是美国投资者,尤其是投行。未来最极端的情景是,中概股退市、股价清零,粗略估计相关损失一半将由美国投资者承担,美国交易所和投行也将损失大量收入。部分中概股公司可以赴香港地区上市,但香港地区在投资者规模、交易便捷程度、税费方面不如美国,中概股估值和信誉受损在所难免。部分不符合在香港地区上市条件的公司将按程序进行私有化,如果能避免触发债券、衍生品的交叉违约条款,从美国退市对中概股公司短期内实质性影响可控。

2. 2021年以来中概股股价不振的主要原因

2021年以来,受美国监管打压和国内政策调整影响,国际投资信心不足,中概股股价下跌。2021年,纳斯达克金龙中国指数下跌42.7%,而纳斯达克指数上涨21.4%。

一是美国监管打压影响投资情绪。近两年,美国政府和国会对中概股严加监管。在地缘政治大背景下,投资者尤其是美国投资机构有严格的投资规则,对美国政策调整极为敏感。2020年11月和2021年6月,特朗普和拜登先后发布行政令禁止美国人交易国防相关中资企业证券,MSCI等指数供应商将这些公司股票、债券从指数中剔除,对中概股股价都产生过短暂的影响。2020年12月,《外国公司问责法》生效,禁止连续三年未能遵守美国PCAOB审计要求的公司在美国证券交易所交易,要求上市公司披露是否为外国政府所有或控制。美国参议院在2021年6月22日通过了《加速外国公司问责法案》的草案,将审计检查时间从三年缩短到了两年。如获通过,在美国的中概股公司2023年年初(2022年年报披露之后)就面临退市风险。

二是我国国内政策调整缺乏综合评估和市场沟通。2021年上半年，我国相关政策调整，但由于政府部门间及政府与市场的沟通严重不足，产生负外部性，导致2021年7月中概股股价单月下跌20%。2021年4—7月，我国出台了平台经济反垄断、网络安全、教育培训行业"双减"等一系列法律法规，但不同部门在较为密集出台政策前缺乏综合政策评估，形成了"政策共振"。与此同时，政府与市场沟通也没有得到重视。

三是我国企业与市场沟通不足。对VIE架构的信息披露不足，引发国际投资者对中国企业的疑虑。美国国会研究服务中心估计，在美国上市的中国公司有2/3使用了在境外注册空壳公司的VIE架构，包括阿里巴巴、百度和腾讯等。VIE架构的初衷是规避我国关于外商投资准入相关规定，但信息披露不足容易造成负面解读，引发国际投资者担心。我国部分企业对与投资者（尤其是国际投资者）沟通不够重视、不充分、不及时，导致平台经济、教育培训的监管举措被过度或错误解读。

3. 中概股留在美国符合中美双方利益

虽然SEC举措没有深刻的地缘政治原因和影响，但中概股持续面临美国政治压力是大概率事件。可以预期更多的中概股被SEC警告，而即使中概股公司选择了SEC可接受的审计师，美国还可以利用其他技术问题打压中概股。如果不能解决审计底稿问题，部分甚至大部分中概股两三年内退市是大概率事件。

保持并加强中美金融关系符合我国国家利益。港股流动性远低于美股，港币贬值和流动性不足对中概股估值也有负面影响，对中概股在企业声誉、公司治理方面的作用也不如美国。因此，我国需要进一步提升金融开放水平，加强对美国的金融合作：一是建立沪市国际板，增加我国未来应对金融打压的筹码；二是鼓励海外中资金融机构推出以国债为基础的金融产品，吸引欧洲养老基金、美国的各类投资者，尤其是零售投资者；三是提升在美国财经媒体的发言权，用国际市场和投资者听得懂的语言深度分析我国经济、金融政策和形势，为国际投资者提供更为客观的了解中概股的视角。

六、美国总统行政令和股指剔除的影响分析

2020年年底以来，美国两任总统发布行政令禁止美国人交易国防相关中资企业证券，MSCI、富时罗素、标普道琼斯等指数供应商陆续将一些中国公司股票、债券从指数中剔除。事件分析显示，行政令对相关企业股票、美国中国股都产生了显著的负面影响，而指数剔除的影响是暂时性的。从各方应对看，部分企业诉诸法律或者启动了A股或H股上市，指数供应商持续扩大对中国企业的覆盖面，在美国上市追踪中国企业的指数ETF也有所调整。建议打通中资企业证券纳入国内外重要指数的环节，充分发挥不同国际投资者的替代作用，提升我国企业融资来源的丰富性和稳定性。

（一）美国总统行政令和股指剔除的事件回顾

1. 特朗普行政令

2020年11月12日，美国时任总统特朗普签署第13959号行政令，要求自2021年1月11日起，禁止美国人士交易CCMC企业的证券及相关产品，11月11日完全剥离相关证券。若有企业在之后上榜，则上榜60天后禁止交易，365天后完全剥离。

特朗普对CCMC企业的融资限制是具有强烈政治目的的临时行动，执行中面临许多问题。一是主体识别模糊不清。行政令限制的涉军企业涵盖密切相关的实体，但美国财政部外国资产控制办公室（Office of Foreign Assets Control，OFAC）没有澄清如何识别名单上企业的关联企业。二是此前在CCMC清单上的小米集团、箩筐技术在美国起诉美国国防部并胜诉，挑战了美国政府权威。叠加其他问题，导致OFAC一再延

迟禁令的生效日期①。

2. 拜登行政令

2021年6月3日，拜登发布第14032号行政令，覆盖了特朗普第13959号行政令的企业清单，改名为"中国军工复合体企业"（CMIC），原生效时间延后至2021年8月2日，对企业的限制内容基本不变，旨在制裁国防和相关材料领域的公司。该清单包括59家企业，其中26家与特朗普清单一致，增加的33家新企业中以航空航天企业居多。

拜登行政令及相关文件厘清了一些此前模棱两可的问题。一是只有名称与CMIC清单一致的实体才会受到行政令约束②。二是CMIC清单由OFAC发布，降低了拜登政府面临司法诉讼的可能性。三是允许美国人就非美国人购买或出售CMIC证券向非美国人（包括外国实体和基金）提供投资咨询、投资管理和类似服务③。四是允许美国人与清单中实体有业务往来④。

3. 股票指数剔除中国企业

特朗普行政令签署后，美国投资者及机构几乎在一周内就停止了相关交易，也迫使富时罗素、标普道琼斯、MSCI等多家指数供应商在2020年12月至2021年3月陆续宣布将CCMC清单企业的A股、H股和中概股剔除相关指数产品（见图3.6）。

---

① 2021年1月8日，OFAC颁布General License 1（GL-1），将生效日期推迟到2021年1月28日。2021年1月27日，OFAC撤销GL-1，并颁布GL-1A，生效日期延迟到2021年5月27日。2021年5月18日，OFAC颁布GL-1B，覆盖GL-1A，再次将生效日期推迟到2021年6月11日。

② 详细内容可参见：https://home.treasury.gov/policy-issues/financial-sanctions/faqs/899。

③ 详细内容可参见：https://home.treasury.gov/policy-issues/financial-sanctions/faqs/902。

④ 详细内容可参见：https://home.treasury.gov/policy-issues/financial-sanctions/faqs/905。

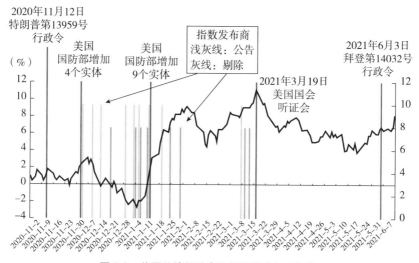

图 3.6　美国总统行政令和指数剔除主要事件

注：黑色趋势线为特朗普行政令覆盖的中国企业股票日度收益率均值（先取每家公司的 A 股、H 股、ADR 的均值，再对不同股票取平均值）的过去 22 个交易日的移动平均（%）。竖线用于标记事件日期，无量值。

指数供应商剔除中国企业股票主要是出于对监管、投资者行为的反应，以及保持其指数产品有效性的动机。股票指数会定期或不定期地进行成分股调整，大多数指数将经营指标不再符合成分股选择标准、面临诉讼、清算或破产风险的公司，或可能被收购的公司从指数中剔除，并且提前公告，使市场参与者对相关调整形成稳定预期[①]

一般来说，纳入指数会推升股价、增加股票流动性、提升股价信息含量、强化公司的外部治理机制，形成所谓的指数效应，影响股价和交易量，对公司再融资起到积极作用。不过，纳入和剔除指数的影响不对称，后者更弱一些。

---

① 例如，MSCI ACWI Index 于 2020 年 2 月新增包括瑞幸咖啡在内的 6 只中国成分股，剔除了美的集团等 3 只中国成分股；2020 年 5 月剔除了瑞幸咖啡等成分股。

指数效应的作用机制和相关经验证据

纳入（或剔除）指数会影响股价和交易量、股价信息含量、股票流动性和公司治理。需求理论认为，追踪指数的投资者的需求和流动性增加（或减少），形成正（负）向的异常收益（Harris 和 Gurel，1986 年；Afego，2017 年）。信息理论认为，股票被纳入（或剔除）指数传达了公司未来前景或投资价值的正面（负面）信息，从而影响价格（Amihud 和 Mendelson，1986 年；Chen 等，2004 年）。

一、剔除的影响小于纳入

一是剔除指数对股票流动性、分析师覆盖率和其他相关变量的影响一般小于纳入指数的影响，甚至不显著。Chen 等（2004 年）对标准普尔 500 指数、Daya 等（2012 年）对 FTSE 100 指数、Biktimirov 和 Xu（2019 年）对道琼斯工业平均指数的研究提供了经验证据。

二是定价（信息）效率。纳入指数会增加股票的流动性、交易量和投资者关注，从而提高股票的定价效率，但剔除指数的股票的定价效率没有显著变化（Daya 等，2012 年；Liu，2020 年）。

三是个股的系统性风险。纳入指数会增加股票与市场收益之间的协方差，从而加大股价收益率的 beta 值（Vijh，1994 年），但剔除指数的股票的 beta 通常保持不变（Kot 等，2015 年）。

四是公司治理机制。纳入指数会增强来自分析师、机构投资者和媒体等的监督，外部治理强度上升；首席执行官兼任、董事会构成等内部治理机制也会相应增强（Li 和 Tan，2015 年）。但没有相关证据表明剔除指数会导致公司治理程度降低。

此外，企业的运营效率和盈利能力的变化可能领先指数调整，二者存在逆向因果关系。研究表明，公司被剔除指数之前利润率下降，而之后的利润上升；相对应地，公司利润率在纳入指数前5年上升，纳入指数后却有所回落。Chan等（2013年）对标准普尔500指数、Kot等（2015年）对恒生指数都得出类似结论。

二、指数效应的幅度随时间推移而趋于下降

全球金融市场法规日益严格，公司透明度随之提高，金融市场中的信息不对称程度降低，纳入和剔除指数带来的公司股价异常波动、流动性变化等幅度减小，股价短期承压后更快出现回调（Kamal，2014年）。对主要指数的研究都提供了经验证据，如标准普尔500指数（Kamal等，2012年）、富时100指数（Soe和Dash，2008年）、罗素2 000指数（Petajisto，2011年）等。

三、影响的幅度、持续性随个股和股指存在差异

如果纳入指数的股票没有完全替代品，则价格效应是永久性的（Shleifer，1986年）。如果投资者被动抛售，价格压力引起需求变化，则股价波动是短期的（Vespro，2006年）。此外，指数效应幅度与成分股选择标准或规则有关（Petajisto，2008年）。

拜登行政令签署后，指数供应商或将重新纳入或剔除相关股票，清单上企业在美国挂牌的股票面临退市风险。对于清单中未保留的企业，富时罗素已于2021年6月9日宣布将于6月21日起重新纳入相关企业，包括中国中车、中科曙光、中国联通、箩筐技术、小米集团等的股票。对于清单上新增的企业，指数供应商尚未公告是否移除相关股票。

（二）行政令产生显著负面影响，指数剔除的影响短暂

行政令限制会对在中国境内投资的 QFII 资金、在中国香港投资的美资以及配置指数投资的美国基金产生影响。从市场反应看，特朗普行政令宣布几周内，美国机构和投资人很快停止交易相关股票，部分 CCMC 清单上的公司股价大幅下跌，但欧亚投资者尤其是中国内地投资者低价购入并很快拉升了股价。拜登行政令发布后，多数中概股股价呈现小幅度上涨或下跌，股价相对平稳。

为更严谨地考察事件影响，我们基于股市数据进行事件分析①。如图 3.7 所示，特朗普行政令发布之前，相关公司的股票收益率已经出现异常下行，行政令对已被列入特朗普名单中的企业股票的负面影响有所扩大，而拜登新增的企业股票之后恢复正常收益率；拜登行政令对 CMIC 名单上企业的股价都产生负面冲击，但影响幅度小于特朗普行政令。此外，行政令的政治色彩浓重，对在美国上市的中国企业股票都产生了负面影响（见图 3.8）。

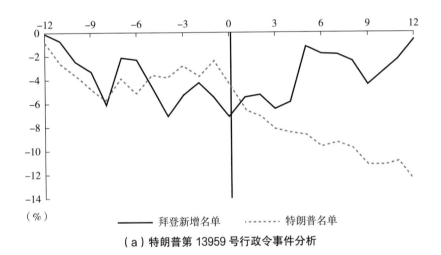

（a）特朗普第 13959 号行政令事件分析

---

① 事件分析法一般通过考察某事件公告前后一段时期股价的异常收益率（Abnormal Return，AR）来衡量事件的影响。我们选择以 MSCI 中国指数为市场指数分析异常收益率，以事件窗口之前的 210 个交易日为估计窗口。分析结果通过累计平均异常收益率曲线呈现，即个股在事件窗口期内的累计异常收益率（CAR）的平均值。

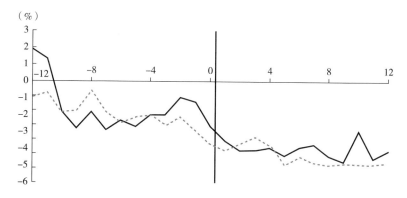

（b）拜登第 14032 号行政令事件分析

图 3.7　行政令的事件分析[①]

注：横轴表示距离行政事件的时间距离（单位是交易日）。

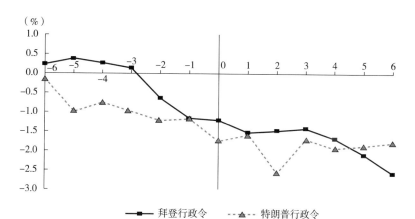

图 3.8　美国中概股的特朗普和拜登行政令事件分析

注：样本为不晚于 2019 年在美国上市的 213 只中国企业股票。

特朗普行政令和拜登行政令对个股的影响存在异质性，对同公司 A 股、H 股的影响也不同（见图 3.9）。由于投资者对特朗普行政令的反应

[①] 拜登第 14032 号行政令涉及的 59 家企业中有 36 家上市公司（42 只股票，包括 A 股和 H 股），剔除 2021 年 1 月从 A 股退市的航天通信、观测值不足的中芯国际和中天火箭，分析样本包括 35 家上市公司的 39 只股票（29 只 A 股、10 只 H 股）。我们将拜登名单拆分为已被美国国防部列为军工企业的"特朗普名单"和"拜登新增名单"。

已经体现在股价中，拜登行政令的影响总体上更小。

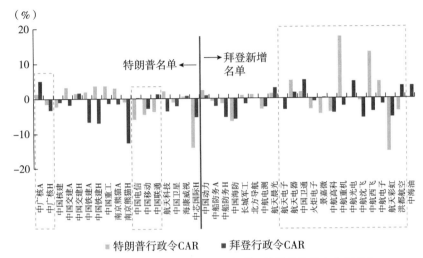

图3.9 拜登和特朗普行政令事件分析的累计异常收益率（CAR）

注：考虑可比性，对拜登和特朗普行政令的分析都选择6个交易日的事件窗口。

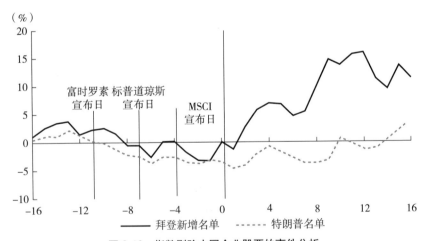

图3.10 指数剔除中国企业股票的事件分析

注：样本为不晚于2019年在美国上市的213只中国企业股票。事件日期选取指数供应商第一批集中剔除相关股票的日期，即2020年12月21日。事件窗口选取16个交易日，覆盖了指数供应商的公告日期。

三大股票指数剔除 CCMC 名单上的企业股票产生短暂的负面影响，但指数剔除后 10 个交易日左右就恢复常态。指数剔除消息的溢出效应体现在其他国防相关中资企业（"拜登新增名单"）股票上，但这些股票很快实现了正的异常收益率。

总体看，事件分析显示，行政令背后的政治因素对清单上企业的股票、一般的美国中概股都产生了显著的负面影响，而指数剔除作为行政令的衍生事件，对股价的影响较为短暂。

（三）企业、指数供应商和投资者的应对

1. 部分企业诉诸法律，或者启动了 A 股或 H 股上市

小米集团、箩筐技术先后通过法律手段起诉美国国防部并胜诉，成功撤出 CCMC 清单。

按照行政令要求，美国的股票交易所对 CCMC 清单企业启动了退市程序，包括中国联通、中国移动、中国电信、中芯国际、中国铁建等。股指剔除和强制退市主要受政治因素驱动，拜登行政令没有禁止美国与 CMIC 企业的业务往来[①]，企业经营业绩等基本面因素没有恶化，中国发展和企业成长的红利仍在。部分企业在 A 股和港股市场上市或二次上市，利好内地和香港投资者，也强化了中国资本市场和中国政府的影响。

2. 指数供应商持续扩大对中国企业的覆盖面

2015 年 11 月以来，国际股指陆续纳入中国公司的股票，对中国企业跨境业务和融资有积极作用，也是中国资本市场国际化的标志。MSCI 率先把在美国上市的中概股纳入 MSCI 新兴市场指数和 MSCI 中国指数，

[①] 自 2018 年 8 月起，美国就开始通过政治力量对中国科技企业进行限制，此后的相关举措包括不断扩大的"实体清单"、美国贸易管制"黑名单"，禁止美国企业与之合作等。受到限制的中国企业被迫不同程度地调整业务结构。

标普、富时等指数供应商也陆续将中国企业股票（包括中概股、A 股、科创板等）纳入指数。

剔除代表性公司与指数供应商的初衷相悖，纳入相关公司（A 股、港股或中概股）有其必要性[①]。近来，在剔除 CCMC 清单企业的同时，国际指数供应商进一步扩大了对中国企业股票的覆盖面，体现了国际投资者配置中国公司股票的需求。例如，MSCI 于 2021 年 4 月 28 日公布，已设计推出反映中国科技、环境、社会和生活方式长期结构性变化的 20 个主题指数，是首套针对特定国家的主题指数。

3. 在美国上市追踪中国企业的指数 ETF 有所调整

根据 ETFdb 数据，目前在美国上市的、投资于中国企业证券的规模前 52 的指数 ETF 总规模超过 290.6 亿美元，有 20 只 ETF 追踪 MSCI 指数，但其中超过半数追踪的是 MSCI 新设计推出的中国主题指数。此外，追踪中国机构和其他国际指数供应商的指数 ETF 规模也不小，比如追踪沪深 300 指数、中金公司相关指数等。换言之，很多在美国上市追踪中国企业的指数 ETF 不在当前剔除中国公司的指数之列。

（四）政策思考

毋庸置疑，拜登政府将延续特朗普限制对华投资的政策，且政策受到挑战的可能性较小。一方面，由于拜登政府的策略调整，中资企业不太可能像小米集团、箩筐技术一样通过诉讼移出清单。另一方面，拜登政府允许美国人对外提供投资咨询、管理等服务，没有完全阻断外资投资于清单上企业的路径。

建议打通中资企业证券纳入国内外重要指数的环节。企业的融资可

---

① 标普道琼斯指数在纳入中国 A 股一年后表示，A 股推升了新兴市场指数的回报率、降低波动性（Orzano，2020 年）。

得性普遍提升后,对国防、科技类企业的融资挤出效应会减小,这在面临超预期的不利外部冲击时尤为重要。充分发挥不同国际投资者的替代作用,保持我国宏观经济金融整体稳定,稳步推进金融对外开放,提升融资来源的丰富性和稳定性。

七、国际经验

很多发达国家和发展中国家的企业赴美国挂牌上市,同期也有一些股票从美股退市。据 Chaplinsky 和 Ramchand(2012 年)[1]统计,1962—2006 年有 1 344 家外国公司在美国主要交易所上市,有 724 家退市,大量上市和退市表明外国公司在美股挂牌的收益随着时间变化。一方面,企业赴美国上市的主要原因包括提升资本可得性、降低资本成本、提高投资者认可度、改善流动性等。此外,在美国上市可以提高产品的市场知名度,提升企业声誉,加强企业的全球化竞争优势(Pagano 等,2002 年)[2]。由于在美国上市对企业的公司治理、信息披露、多方监督等要求较高,企业可以通过赴美国上市,向外界传达公司治理良好、对投资者权利保障有力等正面信号,从而降低融资成本,实现企业的增长机会(Coffee,1999 年)[3]。另一方面,企业从美股退市的主要原因包括股票交易量低、美国资本市场监管的成本和复杂性日益增加,以及本国市场能够满足其流动性和融资需求等。总体而言,未能在美股上市中获益的公司可能将从美国交易所退市。

---

[1] Chaplinsky, S., & Ramchand, L., 2012. What drives delistings of foreign firms from US Exchanges?. *Journal of International Financial Markets, Institutions and Money*, 22(5), pp.1126—1148.

[2] Pagano, Röell, M.A., Zechner, J., 2002. The geography of equity listing: why do companies list abroad? *Journal of Finance*, 57, pp.2651—2694.

[3] Coffee, J., 1999. The future as history: the prospects for global convergence in corporate governance and its implications. *Northwestern University Law Review*, 93, pp.641—708.

本节关注俄概股强制退市对境外投资者和俄罗斯企业的影响。2022年2月24日俄乌冲突爆发后，美国及其盟友对俄罗斯股票市场进行了全面制裁，俄罗斯股市缩水，俄概股股价断崖式下跌。为降低外资对俄罗斯股市影响和对俄罗斯企业的控制，普京总统2022年4月16日签署俄罗斯第114-FZ号联邦法令，要求俄概股从5月5日开始启动退出伦敦等市场的程序。我们认为，主动强制退市将造成境外投资者的损失，对欧美交易所影响很小，但是却断送了俄罗斯企业境外融资的前景。宏观层面看，强制退市显示俄罗斯当前对重新加入国际资本市场已不抱希望，俄乌冲突及其影响将长期化。

（一）美国及盟友对俄罗斯股票市场的相关制裁

1. 美欧对俄罗斯股票市场的制裁

2022年2月24日之后，美国及其盟友对俄罗斯进行了多轮、全面制裁，股票市场是重点。各股票交易所暂停了俄罗斯相关交易，各大股票指数剔除了俄股票，评级公司也下调了俄罗斯国家及俄股评级，将俄罗斯列入孤立市场，不再进行评级。

一是证券交易所暂停俄概股存托凭证（DR）[①]交易。2022年3月初，伦敦证券交易所（LSE）、纳斯达克证券交易所和纽约证券交易所暂停了所有41只俄DR交易。2月28日—3月4日，伦敦证券交易所分四批次，暂停了27只俄DR交易。2月28日和3月4日，纳斯达克证券交易所暂停Yandex和OZON交易，纽约证券交易所暂停Mechel、MTS、CIAN交易。此外，英国税务局4月19日撤销莫斯科交易所公认交易所地位，如英国投资者在5月5日之后通过莫斯科交易所进行投资，将无法享受有关税收优惠。

---

① DR是在一国证券市场流通的代表外国公司有价证券的可转让凭证，一般与公司境内的股票同股同权，在美国为ADR，在其他国家称GDR。

二是欧洲综合指数（Stoxx）、明晟、富时罗素、标普道琼斯先后从相关指数中剔除了俄罗斯股票。2022年3月2日，Stoxx剔除61家俄罗斯公司。3月3日，明晟和富时罗素宣布将俄罗斯股票从相关指数中剔除。3月4日，标普道琼斯从其指数中删除所有俄罗斯股票。明晟咨询全球机构投资者后得出的结论是"绝大多数投资者认为俄罗斯证券市场目前无法投资"。

三是穆迪、标普、惠誉等评级机构纷纷下调俄罗斯国家、外汇和企业评级，暂停在俄罗斯的商业活动。2022年3月初，穆迪将俄罗斯评级从"B3"下调至"Ca"，展望为负面，原因是俄罗斯偿债意愿和能力严重堪忧，违约风险增加。标普将俄罗斯评级下调至"BB+"。惠誉将俄罗斯评级从"BBB"下调6个等级至"B"，并列入"负面评级观察名单"。3月18日，标普再次下调俄罗斯评级至"CC"（违约可能性较高），展望维持负面。3月28日，惠誉宣布将停止公布俄罗斯主权评级数据。4月9日，标普将俄罗斯外汇评级"CC"下调至"SD"（选择性违约），本币评级维持"CC"，展望负面。

企业评级层面，2022年3月5日，惠誉下调32家俄罗斯银行和11家俄罗斯能矿企业评级。3月8日，标普将俄气、俄油、卢克石油、诺瓦泰克、北方钢铁、Alrosa、俄电信、Megafon、Yandex等52家俄罗斯企业信用评级从"BBB-"下调至"CCC-"。惠誉宣布暂停在俄罗斯包括评级在内的一切商业活动，但仍将向俄境外市场提供独立的评级意见。

2. 俄罗斯应对制裁的措施

为反制西方制裁，俄罗斯政府、央行、证券交易所采取了多项应对举措。

一是莫斯科股市休市，禁止抛空。2022年2月28日—3月24日，莫斯科交易所休市18个交易日，创下该国现代史上的最高纪录。恢复交易后，基准股票指数MOEX指数50只股票中的33只被允许交易，同时实施禁止卖空令。俄罗斯央行宣布暂停证券交易商接受外国投资者关于出售俄罗斯有价证券的委托。

二是外汇管制，限外资流出。2022年3月1—31日，俄罗斯央行禁止美国、英国、德国等43个对俄罗斯制裁国家非居民单位自俄罗斯向境外汇款（包括向境外账户转账或不开户的跨境汇款）。对于禁令不涉及国家（含我国）非居民单位，不开户跨境汇款单月限额5 000美元。3月14日，俄罗斯央行宣布更改美元、欧元汇率计算程序：美元对卢布汇率根据莫斯科交易所10∶00—16∶30相关交易数据加权平均计算；欧元对卢布汇率计算程序与其他外币相同。3月14日，俄罗斯财政部允许俄罗斯居民企业和个人将外币资金转至其在境外账户，转出资金不得超过上一年度金额；允许非居民将工资、租金、股息、利息以外币形式支付给俄罗斯公民在外国银行账户；允许俄罗斯公民使用2022年3月1日前在外国银行开设的境外账户进行外币资金转账、兑换等操作。3月27日起，俄罗斯财政部要求俄罗斯居民企业或个体工商户（自然人、金融机构等除外）依照特定种类合同向非居民企业或个人履行预付款支付义务时，支付额度不得超过单笔合同金额的30%。预付款支付限额则按照银行执行付款委托书当日俄罗斯央银公布的官方外汇汇率来计算。来自不友好国家的非居民企业，不得在俄罗斯本国外汇市场上购买任何外汇。4月1日起，俄罗斯央行放宽对个人跨境转账的限制，要求未来6个月内每月向本人或他人境外账户转账限额提高至不超过1万美元或等值的其他货币；未开户企业跨境转账限额每月不超过5 000美元或等值其他货币；暂停不友好国家法人实体及未在俄罗斯工作个人从俄罗斯银行账户（包括经纪账户）跨境转账。

三是注资金，稳市场信心。2022年3月1日，俄罗斯国家福利基金拨款1万亿卢布（按当前汇率约合103亿美元）购买受西方制裁俄罗斯企业的股份，具体由俄罗斯财政部会同外经银行等执行。3月3日，俄罗斯央行暂停俄罗斯联邦债券拍卖。宣布将通过国库单一账户自由资金（超4.5万亿卢布，约合563亿美元，约为当年预算赤字的两倍）稳定金融市场。

四是退市令，强制解冻、回笼俄罗斯企业境外存托凭证。2022年4月16日，普京总统签署"俄概股退市令"，让俄罗斯公司重新回归国内股票市场，回归实际价值。此举既能防止"俄概股"在价值非理性崩溃后被西方"收割韭菜"，也将有助于稳定自身的金融体系。

3. 制裁导致俄罗斯股市大幅缩水，俄概股 DR 价格断崖式下跌

截至2022年3月31日，俄罗斯境内股票市值为47.3万亿卢布（约合5 786.3亿美元），较2021年12月31日的61.7万亿卢布（约合8 306.6亿美元）缩水23.3%。2022年3月2日，俄罗斯最大银行俄联邦储备银行（Sberbank）盘末价在美国从2月15日的14.97美元跌至9.1美分，在伦敦交易所折合4.5美分。截至2022年5月12日，17只俄概股年内跌幅超过90%，29只跌幅超70%，27只在伦敦上市的俄概股中有13只跌剩不足1美元（见表3.1、表3.2）。

表3.1　部分俄概股存托凭证价格变化情况

名称	2022年年初至5月12日	1年
Magnit DRC	−99.93%	−99.93%
PhosAgro OAO	−99.77%	−99.73%
Sberbank	−99.76%	−99.72%
Novatek DRC	−99.72%	−99.65%
Severstal DRC	−99.72%	−99.75%
Lukoil ADR	−99.16%	−99.12%
Novolipetsk Steel DRC	−98.92%	−99.11%
X5 Retail	−98.00%	−98.32%
Polyus DRC	−95.58%	−96.14%
Tatneft ADR	−94.34%	−94.21%

资料来源：英为财情，https://cn.investing.com/equities/russia-adrs。

表 3.2 伦敦交易所暂停存托凭证交易的 27 家俄罗斯企业名单

编号	企业名称	2022年5月15日总市值（亿美元）	2022年3月2日伦敦交易所GDR价格（美元）（3月2日至今停牌）	2022年年初以来GDR价格变化幅度
1	EN+	46.7	9.30	−20.5%
2	Novolipetsk Steel	1.89	0.32	−98.9%
3	Gazprom	862.8	0.58	−93.7%
4	Lukoil	439.6	0.72	−99.2%
5	Norilsk Nickel	502	1.89	−93.9%
6	Taftneft	125.6	2.35	−94.3%
7	Polyus	257.4	3.90	−95.6%
8	Severstal	140.5	0.06	−99.7%
9	Rosneft	57.2	0.60	−92.5%
10	Sberbank	418.2	0.04	−99.8%
11	VK	1.94	3.00	−74.1%
12	Ros Agro	1.55	0.31	−98.0%
13	Surgutneftegas	122.5	2.90	−45.7%
14	TCS Group	3.96	2.00	−97.6%
15	Rosseti	—	—	—
16	PhosAgro	155.3	0.05	−99.8%
17	RusHydro	54	0.53	−47.0%
18	Magnitogorsk Iron and Steel Works	73.9	2.00	−83.5%
19	Novatek	1.95	0.65	−99.7%
20	Fix Price Group	7.99	0.94	−87.5%
21	Global Ports Investment	1.21	0.64	−82.9%
22	Globaltrans Investment	1.57	0.88	−89.7%

续表

编号	企业名称	5月15日总市值（亿美元）	3月2日伦敦交易所GDR价格（美元）（3月2日至今停牌）	年初以来GDR价格变化幅度
23	HMS Hydraulic Machines & Systems Group	0.81	3.50	−12.5%
24	Lenta International	7.25	1.50	−41.2%
25	Medical Group	4.28	5.70	−46.2%
26	X5 Retail	1.442	0.53	−98.0%
27	VTB	37.4	1.00	−20.6%

资料来源：英为财情，https://cn.investing.com/equities/russia-adrs。

（二）俄概股强制退市法律框架、特别交易安排及DR合同终止程序

1. 俄法律框架及特别交易安排

2022年4月16日强制退市令是第114-FZ号联邦法全称"关于俄罗斯联邦股份公司联邦法和某些立法法案的修正"，要求DR发行人采取"必要且充分"措施，将境外存托凭证（DR）转换为俄境内普通股。按照该法令，DR持有人将自动获得相应俄发行人的股份，有权继续获得股息，并保留被授予的投票权。根据该法令，俄发行人应于5月5日之前采取措施从境外退市[①]，并向俄罗斯央行提交相关证据。同时，政府有权应发行人要求或在发行人不参与的情况下，允许已发行的DR继续在

[①] 据报道，在前期征求俄概股企业意见时，Sberbank提出，绝大多数投资者（即使他们在对俄罗斯友好国家和中立国家）都可能无法拥有俄罗斯境内股票，其股份将被变现，因此导致资产损失。强制退出DR与财产征用不可接受的原则相悖。Sberbank还提出了按对俄罗斯态度区分友好、中立和敌对国区分不同的安排，允许在友好或中立国继续上市，或将非友好国的DR转移至友好、中立国。从法令条文看，这些意见没有被采纳。

境外流通①。法令没有要求立即注销 DR，也未要求立即关闭所有 DR 的取款账户（俄罗斯托管人的特别账户，用来记录俄罗斯发行人 DR 项目下基础股票信息），这些账户将在股份全部转移后关闭。

强制退市令为俄罗斯企业境外存托凭证加快退出境外市场提供了基本法律框架。该法令规定：（1）DR 合同终止相关决定只需俄罗斯发行人决定即可，无须董事会或股东大会决定；（2）DR 发行人接收标的股份时无须遵守俄罗斯相关强制要约的要求（即股份数超过 30% 需要遵守的要求）；（3）豁免银行 DR 发行人接收标的股份的相关要求，一是 DR 占比高于 10% 时无须俄罗斯央行同意，二是 DR 占比高于 25%、50%、75% 时无须联邦反垄断服务局批准。

为防止退市令扰乱证券市场，俄罗斯央行禁止退市回国的股票快速交易，莫斯科交易所也进行了特别交易安排。莫斯科交易所发布通知②，在 MOEX 交易的俄罗斯股票存托凭证仅可用于回购交易，不可用于中央订单簿（买入/卖出）交易。自 2022 年 4 月 20 日起，这些证券的结算代码受到限制。在俄罗斯开展业务的国际公司的股票存托凭证可用于买卖交易（在中央订单簿中），不受限制。

2. 境外 DR 合同终止程序

俄罗斯发行人在境外启动终止 DR 合同需要遵循 DR 发行地证券市场相关规定。DR 项目的存托协议包括 DR 项目的终止、DR 注销、基础股份交付等相关规则。俄罗斯发行人为降低合同风险，需要考虑时间表和提前终止 DR 合同的条款。一般来说，发达国家和地区的 DR 合同中都规定了发行人通知托管行的 90 天通知期，其间股东可考虑、决定并

---

① 俄罗斯发行人可以在 5 月 5 日前向财政部外国直接投资委员会申请延续 DR，该委员会 5 个工作日内考虑回复，如不同意，发行人须于收到通知 5 个工作日内启动终止 DR 程序。法令中的有效日期，指的是启动 DR 终止的日期，并非实际 DR 合同终止、DR 转换为俄罗斯股票的日期。

② 莫斯科交易所：https://www.moex.com/n47215/?nt=201。

告知托管行，明确接受或放弃股份的决定。从俄罗斯法令中的有效日期起，DR 持有人不再有投票权，但可以主张并接收未付的红利。

终止 DR 合同还产生了一系列复杂的跨境法律问题，影响 DR 合同的终止、基础股份的交付。例如，托管行、托管人和相关机构的法律合规和制裁问题。此外，由于当前的法律和欧美制裁要求，绝大多数境外投资人可能无法直接拥有俄罗斯股份。

（三）俄概股强制退市执行进展及影响分析

1. 部分俄罗斯企业已宣布退市，俄罗斯内反映存在分歧

退市法令针对注册地为俄罗斯且在海外市场发行和流通 DR 的公司，在境外 IPO 的企业（如俄铝）不适用。初步统计，共涉及 41 家公司，包括大型能源公司、银行及零售巨头，2021 年年底总市值约 2 000 亿美元。据阿尔法资本管理公司估计，强制退市涉及交易规模平均约占相关企业股份总额的 20%—25%。

截至 5 月 12 日，已有 9 家公司宣布退市[1]，8 家公司争取保留上市[2]，其中有 1 家公司诺里尔斯克镍（Nornickel）已经公告获批，其 DR 在未来一年里可以继续交易，到期日为 2023 年的 4 月 28 日。诺里尔斯克镍强调此举提供了额外的时间，将对可行的市场机会和支撑公司长期投资吸引力的必要步骤进行调查和评估。

俄罗斯内对此举的共识是，该法令旨在防止俄罗斯公司在国外陷入绝境，可以反制西方制裁。强制退市法令旨在降低当前情况下由于非市场出售股票导致的公司控制权再分配风险，从而降低外国投资者对俄罗斯的控制。俄罗斯经济发展部部长谢特尼科夫指出，DR 帮助俄罗斯

---

[1] Akron、Aeroflot、VTB、Gazprom、Inter RAO、Lukoil、Mosenergo、Sberbank 和 Severstal。

[2] AFK Sistema、零售商 Lenta 和 Magnit、石油和天然气公司 Tatneft 和 Novatek，以及冶金 MMK、NLMK 和 EN+。

银行和公司直接在国际资本市场吸引外国投资。现在俄罗斯金融市场已经发展起来，对以这种方式吸引投资的需求已经降低。

公开资料显示，不同意见来自学术界和企业，主要担忧是企业在外融资前景及股东利益。普列汉诺夫经济大学专家康斯坦丁–奥尔多夫指出，该法令让俄罗斯企业失去从外国投资者那里筹集资金的前景。新利佩茨克集团董事会主席弗拉基米尔–利辛表示，俄罗斯企业在国外上市与政治无关，俄 DR 发行人应自行决定 DR 是否退市，强制退市法令侵犯了俄罗斯公司股东的权利。俄罗斯基础设施投资公司的首席执行官斯塔尼斯拉夫–马萨金认为，退市法令剥夺了外国投资者拥有俄罗斯证券的机会。境外交易所仍然允许投资者参与俄 DR 并获得收益，DR 是目前少数合法的直接投资，且部分俄概股在国外仍具有吸引力。Sberbank 也证实，其境外投资者支持继续开展 DR 项目。

2. 退市令对境外投资者和俄概股企业伤害较大

虽然俄概股强制退市对俄罗斯股市影响还不太明确，但受伤害最大的是俄概股企业和原来对俄罗斯资产有兴趣和信心的投资人。境外俄 DR 和相关指数的投资者由于投资申报的限制，大多数不得不将 DR 变现并蒙受资产损失。在欧美证券监管相关规则下，DR 退市并不意味着俄概股企业在欧美市场义务的终结。根据美国 SEC 规定，如果投资者在 300 人以上，退市企业仍然需要每季度提供财务报告。如果退市后的规则没有被遵守，SEC 可以重罚至企业破产，没收俄罗斯企业在境外的资产，使其永远无法再进入美国市场。

强制退市对欧美交易所影响有限，对大型投行有利。伦敦一直是俄罗斯寡头和企业的交易港，但伦敦交易所收入中涉及俄乌股票的不足 1%，强制退市令对伦敦证券交易所影响有限。俄 ADR 更少，规模也更小，对美国的交易所更加微不足道。路透社报道，俄概股 DR 都由大型美欧银行发行，退市收费可能以百万美元计。以 Rosneft 为例，Rosneft 发行了 1.5 亿美元 DR，DR 注销费用为 750 万美元，但 2022 年 3 月

2日DR已跌至0.6美元（2022年2月24日为2.76美元），总市值不足1亿美元。俄罗斯强制DR退市法令公布后，JP摩根、花旗、纽约梅隆银行和德意志银行等几家全球性投资银行股票上涨，就是因为可以对DR退市收费。

第四章

A股和H股溢价分析：宏观视角

我们发现宏观因素对交叉上市的A股和H股溢价影响显著。第一，2007—2019年，美元指数变化主导了个股层面A股和H股价格差异的变化，并可以解释50%—70%在A股和H股溢价指数层面的变化，而投资者对中国经济预期也是另一个重要因素。第二，2014年年底沪港通开通后，虽然A股和H股溢价指数从115.8提高至126.4，但稳定性大幅提高。如果去除美元指数的影响，这一指数仅提高2.7个百分点（由98.8升至101.5）。第三，沪港通开通后，交叉上市股票的价格在两个市场上对汇率信息的反应均有上升，说明A股市场的价格发现功能有所提高。长期看，美元指数对交叉上市股票的股价影响有所下降，而基础价格对股价的影响上升。以上发现说明，对冲汇率风险是投资H股的主要原因，而提高人民币汇率弹性是我国金融市场进一步开放的核心内容。此外，由于交叉上市股票的基础价格相同，在条件成熟的情况下，可以允许部分溢价不大（或者处于合理区间）的股票在两市间进行套戥，以促进交叉上市股票溢价的收敛。

我国股市经过30年的发展，已经成为世界第二大股市，但仍未完全与国际金融市场接轨。迄今，我国已经有几百家企业在境外上市，其中部分是境内外交叉上市。市场机构及政策制定者一直对我国交叉上市公司的股票价格有两个疑惑：一是境内股票价格高于甚至远高于境外股价；二是2014年年底启动沪港通后，内地与香港股市联通性提高了，但交叉上市的 A 股和 H 股溢价不仅没有缩小，反而出现了系统性跳升。

理论上，上市公司的现金流决定了其股票的基础价格，而各个市场的不同风险（如货币、治理结构、法律、市场流动性、税收等）或市场力量（如投资者需求等）导致了不同的价格。一般而言，发达国家之间的交叉上市股票价差不大，但发达市场和新兴市场交叉上市的股票中，境外市场（发达市场）的股价往往高于境内市场（新兴市场）的股价。中国的情况则截然不同，同一家公司在国内上市的股票价格（A 股）不仅高于以美元标价的 B 股，而且高于香港的 H 股和美国的存托凭证（ADR）。尤其是，A 股和 H 股溢价平均水平远高于其他国家/地区交叉上市股票的价差。2007 年以来，恒生 A 股和 H 股溢价指数（HSAHP）[①]均值为 120 左右；个股层面，交叉上市股票的 A 股和 H 股平均溢价率持续高于 40%，部分甚至长期接近 200%。

根据"一价定理"，如果两种商品或资产可以交易，其价格应该不断接近并趋同，也就是说，同一家公司在上海/深圳与在香港市场交易的同权股票，在开通沪港通（2014 年 7 月启动，同年 11 月开始交易）和深港通（2016 年 12 月）之后，随着资金跨境便利性提升和投资者选择增加，股价应该趋近。沪港通、深港通（以下简称"沪深港通"）启动后，两地市场联通性提升，但 A 股和 H 股之间价差并未如预期逐步缩小，反而出现了明显的扩大趋势。溢价指数由沪港通前的 115 快速上升至 128 左右（见图 4.1）。尽管近两年来有所下调，但这一现象仍然明显

---

① 恒生 A 股和 H 股溢价指数是香港恒生指数服务公司于 2007 年 7 月 9 日正式对外发布的综合指数，目的是追踪内地和香港两地同时上市的股票（内地称 A 股，香港称 H 股）的价格差异。恒生 A 股和 H 股溢价指数根据纳入指数计算的成分股的 A 股及 H 股的流通市值，计算 A 股相对 H 股的加权平均溢价（或折价）。指数越高，表明 A 股相对 H 股溢价越高。反之，A 股相对 H 股越便宜。2017 年 9 月，"恒生 A 股 H 股溢价指数"（Hang Seng China AH Premium Index）更名为"恒生沪深港通 A 股 H 股溢价指数"（Hang Seng Stock Connect China AH Premium Index，HSAHP），本章统称"恒生溢价指数"。

背离了一价定理，说明 A 股和 H 股溢价跳升存在其他未被已有研究关注的原因。

本章以 A 股和 H 股交叉上市的 95 只股票为样本，系统分析了 A 股和 H 股市场的差异及 A 股和 H 股溢价的变化。我们从溢价指数的编制方式出发，分析了控制美元汇率影响之后 A 股和 H 股溢价，对美元指数、投资者对中国经济的预期等宏观因素对恒生溢价指数的影响开展实证分析。本章同时探讨沪深港股通如何影响美元指数、股票基础价格以及内地、香港股市价格发现功能的作用。

本章有四个部分。第一部分回顾内地与香港股市的交易机制及市场机构对 A 股和 H 股价差的原因分析。第二部分简要总结关于不同市场交叉上市股价差异的相关文献。第三部分重点分析宏观因素对恒生 A 股和 H 股溢价指数及个股价格和价差的影响，并讨论沪深港通对市场价格发现功能、汇率因素和基础价格作用的影响。第四部分为结论和政策建议。

本章系统分析了学术界尚未深入研究的 A 股和 H 股溢价在沪深港股通开通后的跳升现象，主要意义在于：第一，从宏观视角探讨 A 股和 H 股溢价问题；第二，系统分析沪深港股通对市场有效性、汇率及基础价格作用的影响；第三，假设两地交叉上市公司股价的基础价格相同，本章的结论可以为资本项目尚未完全开放的情况下，实现内地与国际金融市场进一步融合提供可行的政策选择；第四，将研究数据范围扩展至 2019 年年底，其中涵盖 2015—2016 年国内股市异常波动阶段。

一、内地与香港联通机制及对 A 股和 H 股溢价的初步分析

中国现代的股票市场始于 20 世纪 90 年代初，但股市的基本制度及交易制度与发达的国际金融市场存在多方面差异，市场工具不够丰富，其他配套制度尤其是信息披露机制有待完善。此外，A 股市场投资者以散户为主，缺乏长期投资者，交易的投机性较强，换手率高，投资期限较短。

第四章 A股和H股溢价分析：宏观视角

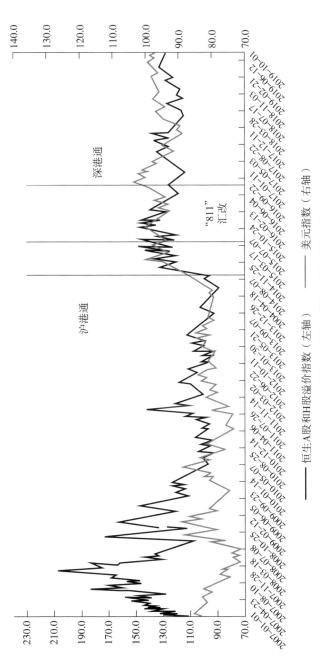

图 4.1 恒生 A 股和 H 股溢价指数与美元指数走势

资料来源：Wind。

中国的股票市场一直在尚未完全实现资本项目可兑换的约束下提升和拓展对外开放水平。20世纪90年代初，同一公司即开始在内地、香港交易所同时上市。此后，在资本项目尚未完全开放的背景下，中国启动了多项对外开放的机制，包括以美元计价的B股（2001年），合格境外机构投资者制度（QFII，2002年）、合格境内机构投资者制度（QDII，2006年），而沪港通（2014年）和深港通（2016年）则允许两地资金投资对方市场的部分股票，标志着内地与香港市场的管道式联通。以上举措都是为丰富投资方式、服务不同需求的投资者设立的特殊安排。

沪深港通是指上交所、深交所和香港联交所建立技术连接，使两地投资者（A股个人投资者需要证券及现金账户加总高于50万元）通过当地证券公司或经纪商买卖规定范围内的对方交易所上市的股票。沪深港通采用订单路由技术和跨境结算安排，对投资者双向采用人民币交收，即内地投资者买卖以港币报价的沪深港通股票，以人民币交收，香港投资者买卖沪股通股票，以人民币报价和交易。与当地的投资渠道相比，监管当局设定了沪深港通的每日额度（目前分别为北上资金520亿元人民币，南下资金420亿元人民币），多年来，双边投资者对额度的实际使用率远低于10%。

交叉上市公司的A股和H股价存在较大差异，A股价格平均比H股价格高15%—26%，最高甚至超过100%。图4.1显示，2007—2009年，A股和H股溢价大起大落，最高超过了200，最低不到110，反映了国际金融危机期间市场的各种不确定性。2010—2014年6月期间，溢价相对平稳，多在95—115波动。2014年中期之后，溢价指数从低位上升至超过120，并在128均值附近波动。如此显著的价差吸引了大量投资者和市场机构，多数分析关注了A股和H股市场在投资者结构、交易及其他成本、市场机制等方面的差异，认为这些差异导致A股市场价格发现和纠错的有效性不足，进而造成两市的同股不同价[①]。

---

① 汇总自中金公司、兴业证券、华夏证券等多家证券公司内部报告。

（一）投资者结构不同引发投资偏好及换手率差异

从投资者数量看，A股海外投资者（约3%）和机构投资者（20%）占比远低于H股（分别为46%和60%以上）。从交易占比看，港股市场机构投资者交易占比达50%，内地市场个人投资者交易占比达85%。一般认为，A股的个人投资者对企业的盈利和未来发展判断分析能力不足，对企业基本面缺乏中长期的研究和判断，对政策刺激措施更为敏感，往往存在情绪化、交易频繁等投资特征，加上内地投资的选择面窄，羊群效应明显。港股市场投资者更为理性，侧重于公司的基本面和盈利能力在中长期的持有过程中要求公司有较强的分红能力，所以偏向投资稳健的盈利公司；风险偏好较低，不愿意进行高风险的短线投机。

市场数据印证了上述投资偏好。港股投资者偏好大市值股票，钟爱行业龙头，而沪股通十大活跃成交股上榜前20名中，主要是金融和消费类股票，且净买入金额在10亿元以上的个股基本均为行业龙头。此外，A股和H股溢价情况与A股日均换手率呈明显正相关关系，A股和H股溢价越高的股票往往也是换手率较高的股票。但是，还没有实证研究发现投资者结构和偏好差异对A股和H股溢价有显著的解释力。

（二）交易成本不高，但机会成本不少

沪深港通机制下的相关交易成本并不高，约为成交金额的0.7%左右[①]。除了直接交易成本外，沪深港通下的投资者还需要考虑汇兑成本、所得税等其他间接交易成本。汇兑方面，中国结算按照交易轧差后净额

[①] 买入交易费用主要包括印花税（按成交金额的0.1%）、交易征费（按成交金额的0.0027%双边收取）、交易费（按成交金额的0.0005%双边收取）、系统使用费（按每笔0.5港币双边收取）、股份交收费（按成交金额的0.002%双边收取，最低2元，最高100元）、证券组合费（500亿元以下按市值的0.008%每年收取）、交易佣金（因券商不同或有差异）等项目。

换汇，全市场投资者分摊换汇成本。相对于全额换汇，"净额换汇、全体分摊"的机制能最大限度地降低市场整体换汇成本。同时，由于中国结算实施统一换汇，普通个人投资者也可获得更优惠的批发价格（汇率）。所得税方面，沪深港通制度安排下，内地投资者需要对 H 股股息红利缴纳 20% 的所得税，如果连续持有 H 股满 12 个月取得的股息红利所得，免征企业所得税。所得税安排确实降低了内地投资者购买 H 股的预期收益，但如果进行长期投资，所得税对投资价值的影响并不大。2016 年之后，市场机构还关注过内地打新收益率，但目前打新收益率已降低，不再被认为是 A 股和 H 股溢价的因素。

市场机构同时关注过汇率和利率对 A 股和 H 股溢价的影响，但没有形成共识。少数人如 Yiu（2016 年）则明确提出两个市场货币不同，"不少内地投资者是由于担心人民币贬值才通过沪深港通来购买 H 股，但他们不能套利，所以只能尝试以此对冲汇率风险。"但多数机构认为，A 股和 H 股都是以人民币计价的资产，汇率变动其实对 A 股和 H 股汇率转换后的股价没有影响，如果有也仅为（因市场投机力量的作用）对市场参与者的心理影响。市场利率方面，由于香港的利率多年来一直低于内地利率，不支持 A 股和 H 股长期溢价，即内地投资者并非因为香港的市场利率低，才购买理论价格更高但经利率计算后"估值更低"的 H 股。

（三）交易制度和市场工具导致两市流动性差异并阻碍两市套戥

比较而言，香港股市的交易制度和市场工具更有利于价格发现、股票交易和风险管理。H 股在新股发行、回购、退市制度等方面更为成熟，增发和配股等工具更加灵活，而交易时间、涨跌停板、融资融券业务等方面与 A 股市场不同，这些制度安排使 H 股市场的流动性理论上优于 A 股市场。例如，A 股市场采用 T+1 交易方式，而香港股市则实行 T+0 交易方式，T+0 有利于投资者进行短线交易，但也对投资者的风险管理水平提出了更高的要求。另外，A 股市场对一般股票有 10% 的涨跌幅限制，而香港市场没有这种限制。此外，H股的结构性产品和衍生品种类更加丰富，而A股没有裸卖空机制，加上我国尚未实现资本项目完全可兑换，阻碍了两地市场的套戤行为。也就是说，沪深港通下两地投资者不能将已买入的股票进行跨市场卖出，即使某一公司股票在香港只值6港元，而在上海的股价是26元人民币，投资者无法套戤，也就无法消灭价差。

此外，信息成本、投资收益及市场周期也被认为是影响价差的原因，但并非主要原因。H股投资者与上市公司分别处于不同地域和监管环境下，加上语言和会计处理上的差异，对公司运营环境等信息的获取难度较大，因此H股投资者在获取信息方面可能付出更多成本。也有机构认为，A股和H股溢价指数与A股的牛熊市周期直接相关，但这并不适用于2015年前的所有时间段，也不适用于2015年之后的A股和H股溢价变化。

总而言之，关于沪深港通之后的A股与H股溢价走势与预期相悖，市场机构的解释是，A股和H股依然是两个独立运行的市场，投资者依然会选择未来上涨预期更大的股票。首先，沪深港通只是两地金融市场互联互通机制的初级阶段，两地股票价格的波动仍然以各自市场的运行逻辑为主。为降低价差，套戤一般被认为是最有效的渠道，即将一个市场的股票转换为另一个市场的股票。多数市场机构认同，长期看，随着国内股市的逐渐规范和成熟以及两地市场互联互通程度的加深，两地市场的A股和H股价差将趋向收敛，但这是一个漫长的过程。

二、相关文献综述

对交叉上市股票价格差异的分析基本上是以一价定理为基础，以微观层面分析为主。也就是说，在有效并高度融合的市场中，不同市场交易的同一家公司的同权股票价格受共同的基本因素影响，经汇率调整之后的证券价格应大致相同。需要明确的是，多数研究都假设交叉上市股票的投资者面临的是同样的基础价格（又称"隐含有效价格"），即不同市场上市的同一公司的同权股票由共同内在因素决定的价格（Schreiber 和 Schwartz，1986 年）。在此假设的基础上，分析外部因素（汇率风险、法律、税收、投资者情绪等）对股价差异的影响。也有研究认为，一价定理不适用于存在资本管制或者投资限制的中国（Eichler，2011 年），因为中国内地的规则限制了投资者套利（Arquette 等，2008 年）。实际上，即使在发达市场之间，套戥的投资策略只有在价格趋同时才能实现，风险较高。由于不明确价格趋同的时间，而套戥机构的投资期限有限，必须面临巨大的不确定性，往往等不到价差降低的时候。

多数关于 A 股与 B 股／H 股／ADR 价差方面的研究从微观层面通过验证不同假说来证明一价定理，其中包括信息不对称假说、需求不同假说、流动性假说、风险偏好差异假说。信息不对称假说对 A 股、B 股及 H 股价差有较强的解释力（Chakravarty 等，1998 年；Chan 等，2008 年；胡章宏和王晓坤，2008 年；田瑛和王燕鸣，2009 年），究其原因，主要是信息不对称问题在中国股票市场表现突出。由于 B 股／H 股的财务报表所用的会计准则和法律法规与国外证券市场所使用的有差别，加上信息评价、信息传递及信息反应模式的差异，国外投资者更难获得关于中国国内经济和企业的可靠信息。Sun 和 Tong（2000 年）则把上市公司规模作为衡量信息是否对称的指标，认为大公司知名度较小公司高，信息量较多，信息不对称程度较低，研究发现该指标对 A 股与 B 股／H 股价差有很强的解释力。流动性差异假说认为流动性好的市场的股价相对较高。Chen 等（2001 年）指出，B 股的流动性不足是 A 股溢价的重要原因。而流动性情况也适用于对 A 股和 H 股价差的分析（Wang 和 Jiang，2004 年）。胡章宏和王晓坤（2008 年）描述了截至 2007 年年底 51 家 A 股和 H 股上市公司的价差变化趋势，发现流动性假说和信息不对称假说对 A 股和 H 股普遍存在的溢价具有较强的解释力。风险偏好差异假说认为，一般情况下，股价差异可以吸引自由跨境流动的资本，但受到某些限制的股票股价会较低。但中国情况则相反，受到限制的股票

（A股）股价反而高。这是因为国内投资渠道少，投资者期望的收益率较低并更愿意承担风险（Ma，1996年；Eun等，2003年）。

更多的学术文章重点分析A股市场与境外市场在投资者差异、市场结构、交易机制、市场有效性等方面的差异，以此解释A股相对境外股票价格的长期溢价。其中，投资者差异方面的研究最多。投资者差异导致了内地投资者对股票的需求弹性较低（Bailey，1994年），对股票的需求价格弹性较高（刘昕，2004年），更注重短期资本利得（宋军和吴冲锋，2008年），这些都是A股相对于H股溢价的直接原因。实际上，投资收益是投资者交易时最关注的因素。Yeh等（2002年）发现1995年1月—1997年10月，滞后的A/B股溢价对未来的A股及B股股价及波动率有解释力，即当A股溢价比上升，A股收益率就会随之提高，B股收益率随之下降。此外，还有研究认为A股和H股的价差可归因于投资者情绪（Wang和Jiang，2004年；Arquette等，2008年；Burdekin和Redfern，2009年）。

中观层面的原因包括市场供给、系统风险溢价、国际投资对股市的溢出效应。其中，Chan等（2005年）深入分析了1991—2000年供给限制对股价的影响，由于国内企业只能投资A股，外国投资人只能投资B/H股，A股溢价主要源于A股供给不足（企业间股票溢价的变化与A股的供给呈负相关，与B/H股供给呈正相关）。Li等（2006年）建立了内地股票市场与香港股票市场的风险溢价的两因素模型，发现1997年1月—2002年3月，13家企业H股相对于A股的折价与同时期两地股指的相对变化及香港与内地储蓄利率差价相关性显著，说明由于市场分割导致的风险溢价对两类股票价差影响至关重要。值得关注的是，在亚洲经济危机期间，股指的表现更能解释A/H股价差。Nishimura等（2018年）通过溢出效应指数对H股市场和A股市场的对比分析发现，交叉上市的股票在成熟市场受溢出效应的影响更大，这导致了A股溢价。

宏观因素对价差的影响有时甚至被认为超过微观因素的影响。Chen等（2001年）发现，B股价格与宏观经济、汇率、外汇储备等指标相关性更大，以此说明外国投资者对这些指标的变化比内地投资者更加敏感。A股股价与经济基本面相关度小于B股股价，说明基本面之外的因素更能说明A股的价格变化。Fong等（2007年）通过对2000年4月—2007年2月的A/H股价差的分析发现，市场分割影响了资金配置效率，其中微观（市场流动性、股票供给、风险水平和市场条件）及宏观因素（人民币升值预期，货币扩张）都对A/H股价差起了作用。此外，由于A股的Divisia方差小于H股，说明宏观因素的作用可能更为重要。

宏观因素方面，汇率是多数文章关注的重点。早期从汇率方面关注A股相对于其他市场上市的内地股票的文章主要是分析当地市场股价与ADR的价差（Bailey等，1999年；Gramming等，2005年）。这些文章并不专门分析A股与ADR的价差，但文章都认同，ADR以美元标价，当地货币贬值就相当于ADR收益降低。Eichler（2011年）分析了1998年12月—2009年2月的22对ADR与A股价差、52对H股与A股价差的面板数据，发现这种价差可以反映人民币兑美元的汇率预期，这种价差对汇率的预测强过随机行走和前期汇率对当期汇率的预测能力。文章同时发现，人民币过度升值降低、中美通胀差异减少、中国劳动生产率相对于美国提升，中美利率差收窄、中国国内信贷占GDP比重降低、中国主权债收益率下降时，都可以导致投资者的人民币升值预期上升。这也说明，ADR和H股投资者对汇率预期的形成符合汇率理论。Arquette等（2008年）以及Burdekin和Redfern（2009年）都发现无交割人民币对美元的远期汇率可以解释A股相对于ADR和H股的溢价，显示投资者在给内地公司的ADR和H股定价时涵盖了汇率风险。其中，Arquette等（2008年）分析了1998—2006年ADR和H股与A股的价格差，发现汇率预期可以解释40%的变化。

沪深港通开通对A股和H股溢价的影响是市场和政策讨论的热点，相关学术研究关注点主要包括资金流动以及市场联系紧密程度的变化（见表4.1）。第一，沪深港通增加了市场间资金流动，但是，南向和北向资金对A股和H股溢价影响不显著（Burdekin等，2018年；陆瑶等，2018 年）。第二，不同研究对沪深港通是否提升了两个市场的联动性存在不同看法。虽然两市指数关系有所加强（Huo 等，2017 年；Ma 等，2019 年），但两市的紧密程度并未上升（Ma 等，2019 年）。第三，没有研究能解释 A 股和 H 股溢价在沪深港通后的大幅跳升。有的提出溢价变化得归因于两地市场发展阶段的差异（Hui 等，2018 年；Bai 等，2017 年）和内地市场不成熟（Hui 等，2018 年）。迄今，还没有学术文章关注 A 股和 H 股溢价在 2015 年之后系统性升高的问题。

表 4.1　沪深港通对 A 股和 H 股价差影响的文献一览

文章	数据、观察区间及方法	主要结论
Hui 等 （2018 年）	内地、香港交叉上市的股票溢价变化（2012 年 4 月 2 日—2016 年 6 月 30 日） 方法：线性回归	A 股和 H 股溢价显著上升的原因：（1）内地市场不成熟；（2）内地市场交易行为（内地市场在股价尤其是溢价变化中起主导作用）
Bai 等 （2017 年）	多种股票指数（2006 年 6 月 21 日—2016 年 4 月 25 日） 方法：事件分析	由于市场发展阶段的差异，沪港通对内地和香港投资者的短期和中期影响不同（短期对内地市场影响正面）
Huo 等 （2017 年）	上证综指、恒生指数的每分钟高频数据（2014 年 7 月 2 日—2015 年 4 月 8 日） 方法：GARCH 模型	沪港通开通后：（1）两市指数的协整关系从不显著变为显著；（2）上海对香港市场的溢出效应远超出并快于反方向的影响
Ma 等 （2019 年）	数据：沪指、深指、恒指、S&P 500 Index（2013 年 1 月 1 日—2016 年 12 月 4 日） 方法：DCC，ADCC 和 GO-GARCH 模型	分离了市场自由化和其他因素导致的市场联动，发现短期内，沪港通并非提升沪市和港市的紧密程度（股票价格的同时变动）的主要因素，但沪港通开通后，两市股指关联度显著上升
Burdekin 等 （2018 年）	量化了 2014 年 11 月沪港通的影响：量化 2015—2017 年 A 股和 H 股溢价变化	南向和北向资金对 A 股和 H 股溢价影响不显著
Lin （2017 年）	沪港通前后的沪港股市波动	就冲击的外溢效应看，沪港通前后均为香港市场向上海市场传导冲击；就波动的传导效应看，沪港通前为双向传导，而沪港通后传导并不显著

续表

文章	数据、观察区间及方法	主要结论
Cao 等（2019 年）	79 对交叉上市股票在 2014 年 1 月—2017 年 5 月的价格变化和交易特点	熊市时，A 股和 H 股溢价的方向变化不一致。此外，A 股市场对 H 股市场有较强传导作用，而 A 股与 H 股之间存在双向 conduction 效应
陆瑶等（2018 年）	2013—2016 年在沪港通开通后的短期内 A 股和 H 股溢价	A 股和 H 股溢价增加的主要原因：资金多数向 A 股市场流动，但由于时间较短，公司信息对资金流向影响不大，而新兴市场投资者进入新开放市场存在着相对更长的"学习过程"。长期（沪深港通开通 6 个月后）而言，内地投资者通过沪深港通投资香港股票，使溢价回落与前 6 个月没有显著变化

资料来源：作者整理。

三、实证分析

本节主要关注三个问题：一是汇率是否能解释 A 股与 H 股价差变化；二是汇率对 A 股与 H 股溢价（指数和个股层面）的影响；三是汇率在 A 股和 H 股的价格形成过程中的作用机制。为此，我们从恒生 A 股和 H 股溢价指数形成机制出发，分析美元汇率对溢价指数的影响。接下来，通过协整回归，分别从指数和个股层面对汇率影响 A 股和 H 股股价和价差的程度进行估计和识别，并得到剔除美元汇率影响后的 A 股和 H 股溢价指数。最后，构建一个简单的价格发现模型，分析汇率和基础价格在 A 股和 H 股价格形成过程中的重要作用，并通过实证识别美元汇率带来的永久性冲击对 A 股和 H 股价格的影响。

（一）基于恒生溢价指数的初步分析

目前关于 A 股和 H 股溢价之谜的讨论主要集中于恒生溢价指数的变

化。恒生 A 股和 H 股溢价指数是基于 A 股和 H 股市值加权形成的综合指数。它主要依据 A 股和 H 股流通市值对跨市场上市股票价格进行加权平均，得到 A 股相对 H 股平均溢价水平。如下溢价指数计算公式：

$$HSAHP_t = \frac{\sum_{i=1}^{n}\left[(IS_i^A \times FAF_i^A + IS_i^H \times FAF_i^H) \times P_{i,t}^A \times \frac{1}{FX_t^A}\right]}{\sum_{i=1}^{n}\left[(IS_i^A \times FAF_i^A + IS_i^H \times FAF_i^H) \times P_{i,t}^H \times \frac{1}{FX_t^H}\right]} \times 100$$

其中，i 代表个股，J 代表上市地，P_i^J 为相应 A 股和 H 股价格，IS_i^J 为 A 股及 H 股的发行量，FAF_i^J 为浮动调整系数，FX_t^J 分别为人民币和港币兑美元汇率。

从溢价指数计算公式可以发现，恒生 A 股和 H 股溢价指数将 A 股和 H 股市值转换为美元计价。指数越高表示 A 股相对 H 股越贵，指数越低则表示 A 股相对 H 股越便宜。此前大部分解释 A 股和 H 股溢价的实证研究基本遵循这一转换方式，将两市股价统一为相同货币计价，区别在于不同研究选择不同币种。

简单数据分析显示，恒生 A 股和 H 股溢价指数平均水平在沪港通前后显著上升，均值从 2007 年 7 月的 115.8 提高到了 2014 年 11 月的 126.4，上升了 10.6 个百分点，但极差从 123.1 降到了 50.6，而波动率（方差）则大幅度下降，说明沪深港股通机制有效增强了 A 股和 H 股溢价的稳定性（表 4.2）。

表 4.2 恒生 A 股和 H 股溢价指数描述统计

时间区间	恒生 AH 溢价指数			控制美元因素的 AH 溢价指数		
	均值	极差	标准差	均值	极差	标准差
2007-07-09—2014-11-04	115.8	123.1	22.9	98.8	92.2	22.2
2014-11-05—2019-12-31	126.4	50.6	7.7	101.5	23.8	7.6
沪港通开通前后变化	10.6	−72.5	−15.2	2.7	−68.3	−14.6

资料来源：Wind。

理论上,若人民币和港币兑美元汇率自由浮动,即人民币与港币均随美元强弱自发进行调节,则溢价指数变化将不受汇率变化影响。但是,若两种货币兑美元汇率机制不同,情况则大不一样。人民币兑美元近年来采取参考一篮子有管理的浮动机制,而港币一直采取盯住美元的货币局制度。港币兑美元汇率长期保持在较小的区间内,接近固定汇率制。从溢价指数公式看,当美元变化时,分母上的港币汇率 FX_t^H 变化较小,而分子上的人民币汇率 FX_t^A 相对变化却较大。这将导致无论以哪种货币计价,美元走势变化都会直接影响恒生 A 股和 H 股溢价指数。关于这一点,我们从美元指数[①]和恒生溢价指数的整体走势中一窥端倪(图4.1)。特别自 2010 年以来,美元指数与恒生溢价指数走势较为相似,且具有一定领先性。实证中,我们还尝试了用人民币兑美元汇率、人民币兑港币汇率,发现美元指数的解释力最强,说明投资者更看重美元指数,也从侧面反映出人民币汇率弹性还有待提高。

(二)对 A 股和 H 股价差的单方程分析

为进一步分析 A 股和 H 股溢价与美元汇率的关系,我们分别从溢价指数和个股两个层面开展实证。指数方面,首先对恒生溢价指数和美元指数进行长期趋势分析,识别美元走势对溢价指数的长期和短期影响。个股方面,利用跨 A 股和 H 股上市的 95 只股票数据进行面板协整回归估计。考虑到沪港通、深港通、"8·11"汇改及 2015 年中国股市异常波动等事件影响,实证中分别选择不同时段进行估计。此外,我们在实证分析中同时引入宏观经济预期等其他宏观因素,以进一步识别汇率及其他宏观因素对两市股价的影响。

---

① 此处的长期关系为 ECM 中的长期(或协整)关系部分。

1. 数据说明

我们主要采用 2007 年 7 月 9 日—2019 年 12 月 20 日的股价、A 股和 H 股溢价、汇率的日度数据，包括 A 股和 H 股溢价指数与美元指数，A 股和 H 股交叉上市的 95 家公司股票股价以及人民币和港币兑美元即期汇率每日收盘价。为检验沪深港通[①]政策实施前后差异以及 2015 年股市异常波动的影响，我们将样本划分为 2007 年 7 月—2014 年 11 月以及 2014 年 12 月—2019 年 12 月两个时间段，并在 2015 年设置虚拟变量。

2. 溢价指数与美元指数的趋势关系

为从整体上分析恒生溢价指数与美元指数走势之间的关系，我们对两个指数之间的长期关系进行了单方程的实证检验和估计。基于 2007 年 7 月 9 日—2019 年 12 月 20 日的数据，利用 ARDL 估计可以得到不同时段的长期相关关系如下[②]：

全样本：$HSAHP_t = 0.76 \cdot USindex_t + c$

沪港通开通前：$HSAHP_t = 1.22 \cdot USindex_t + c$

沪港通开通后：$HSAHP_t = 0.0748 \cdot USindex_t + c$

其中，$HSAHP_t$ 为恒生溢价指数，$USindex_t$ 为美元指数。结果表明，不同时间区间内，恒生溢价指数与美元指数之间存在长期关系。整体而言，两个指数之间的关系显著，且系数为正值。这一结果说明，当美元指数上升时，A 股股价受影响较小，而在香港市场上，中资企业的股价对应的是内地以人民币计算的资产和现金流，对 H 股投资者的吸引力下降，股价相对于 A 股下降幅度更大，恒生 A 股和 H 股溢价指数上升。分区间看，沪深港通开通前指数间长期相关程度更强，开通后有所减弱。同时，不同时段的 ECM 方程整体拟合度均超过 70%。为考虑预期因素影

[①] 由于沪港通推出时间早于深港通，本章实证将沪港通的推出时间作为沪深港通推出的时间。

[②] 在不同区间内，恒生溢价指数与美元指数均为非平稳序列。

响,我们在长期关系估计中增加投资者对中国经济的预期(E_t),具体选择以超前 3 个月的 GDP 增速近似[①]。基于 2007 年 7 月—2019 年 12 月的月度数据进行估计,结果如下:

全样本:$HSAHP_t = 0.58 \cdot USindex_t + 0.13 \cdot E_t + c$

沪港通开通前:$HSAHP_t = 0.84 \cdot USindex_t + 0.21 \cdot E_t + c$

沪港通开通后:$HSAHP_t = 0.23 \cdot USindex_t + 0.02 \cdot E_t + c$

整体看,考虑经济预期因素后两个指数之间的长期关系依然显著为正,沪深港通开通前后的相关程度变化不大。方程整体拟合度均超过 80%,表明中国经济增长预期同样为理解 A 股和 H 股溢价变化的重要变量,但影响程度还不及美元汇率。从指数层面上看,二者整体能够解释 A 股和 H 股溢价指数的大部分变动。

3. 个股价格与美元指数趋势关系

(1)A 股和 H 股价差与美元指数

为进一步分析个股层面上价差是否受美元指数影响,我们对 2007—2019 年交叉上市的 95 家公司的 A 股和 H 股价差进行面板协整关系检验和协整回归[②]。主要结果如下:

全样本:$AH_{i,t} = 1.39 \cdot USindex_t + c_i$

沪港通开通前:$AH_{i,t} = 1.87 \cdot USindex_t + c_i$

沪港通开通后:$AH_{i,t} = 0.22 \cdot USindex_t + c_i$

其中,$AH_{i,t}$ 为 A 股和 H 股价差 $AH_{i,t} = 100*(P_{i,t}^A / P_{i,t}^H)$,$USindex_t$ 为美元指数,c_i 为个股的个体差异。三个方程对应长期关系解释全部价差变化的程度依次达到 67%、70% 和 80%。可以看出,个股层面的估计结果与指数估计的方向相同。长期内,美元指数对个股的价差具有明显的正向影响作用,但在沪深港通开通前后,美元指数对价差的影响力度

---

① 我们对季度实际 GDP 当季同比增速序列进行差值,得到月度 GDP 同比增速序列。
② 其中,H 股价格是转换为人民币的价格,A 股和 H 股均进行了面板单位根检验。

有所降低。需要强调的是，长期相关系数有所下降，但整体解释力却有明显提升。沪深港通开通后，长期关系对个股层面价差的整体解释力由 70% 提升至 80% 左右。

（2）A 股和 H 股股价与美元指数

价格变化是价差变化的原因。为进一步考虑 A 股和 H 股市场在价格形成机制上的差异，进一步分析了美元指数、A 股以及 H 股价格三者的长期关系，试图辨析美元指数对 A 股和 H 股价格走势的长期影响情况。基于 Panel Data 的协整回归，可得到不同时段内 A 股和 H 股股价与美元指数之间的长期关系如下：

全样本：$P_{i,t}^A = 1.25 \cdot P_{i,t}^H + 0.06 \cdot USindex_t + c_i$

沪港通开通前：$P_{i,t}^A = 1.45 \cdot P_{i,t}^H + 0.22 \cdot USindex_t + c_i$

沪港通开通后：$P_{i,t}^A = 1.36 \cdot P_{i,t}^H + 0.01 \cdot USindex_t + c_i$

其中，$P_{i,t}^A$ 和 $P_{i,t}^H$ 分别为 A 股和 H 股相应的人民币价格。估计结果显示，A 股和 H 股价格长期内围绕美元指数走势形成了长期稳定的相关关系，并形成共同趋势影响着两市股票价格。

4. 剔除美元走势后的溢价指数

基于上述分析，美元指数在长期内将对 A 股和 H 股溢价产生正向影响。我们利用指数之间的协整回归去除美元指数趋势影响，得到去除美元走势影响后的 A 股和 H 股溢价指数走势（见图 4.2）。结果显示（见表 4.2），在沪深港通开通之后，去除美元走势影响之后的 A 股和 H 股溢价指数均值从 2007 年 7 月—2014 年 11 月的 98.8 上升到了 101.5，上升了 2.7 个百分点（此前升幅为 10.6 个百分点），极差从沪港通开通前的 92.2 下降到 23.8（此前极差分别为 123.1 和 50.6），而标准差则从 22.2 下降到 7.6，稳定性大幅上升。这进一步表明，沪港通、深港通的两市联通机制的推出显著提升了市场的联动能力，提高了 A 股市场的有效性和稳定性。

中国金融市场开放：政策与实证分析

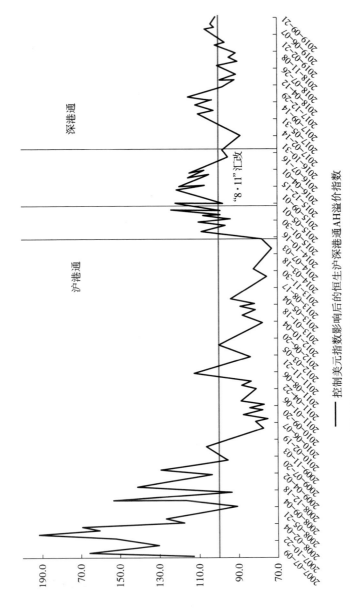

图 4.2 控制美元因素影响后的恒生沪深港通 A/H 股溢价情况

资料来源：Wind。

（三）基于价格发现模型的多方程分析

理论上，A 股和 H 股由于发行主体相同，上市公司的净资产与现金流价值一致，因此其股价应由同一个基础价格（或有效价格）决定。为探讨在 A 股和 H 股的价格形成过程中汇率因素的作用机制，我们设计了简单的价格发现模型，并在向量误差纠正模型（VECM）框架下进行估计，以期为相关的实证分析提供框架。

1. 一个简单的价格发现模型

本节的跨市场上市股票的价格发现模型设定国内市场与国外市场上市的股票发行主体相同，股价不会出现较大的走势分离。由于股票在不同的货币下进行交易，两类影响价格变化的因素分别是股票的基础价格和计价货币的汇率。

假设 m_t 和 e_t 分别为上市公司基础价格和汇率因素变量，且二者均不可观测。两类因素由两个相互无关的冲击决定，有效价格冲击为 η_t^m，有效汇率冲击为 η_t^e。具体形式满足：

$$e_t = e_{t-1} + \eta_t^e + \lambda \eta_t^m \quad (1)$$

$$m_t = m_{t-1} + \eta_t^m + \rho \eta_t^e \quad (2)$$

$$Var\left([\Delta e_t, \Delta m_t]'\right) = \begin{pmatrix} \varsigma_e^2 + \lambda^2 \varsigma_m^2 & \rho_e^2 + \lambda^2 \varsigma_m^2 \\ \rho_e^2 + \lambda^2 \varsigma_m^2 & \varsigma_m^2 + \rho^2 \varsigma_e^2 \end{pmatrix} \quad (3)$$

其中，$\eta_t^P = (\eta_t^e, \eta_t^m)'$，$E(\eta_t^P) = 0$，方差矩阵 $Var(\eta_t^P)$ 为对角阵，且 $Var(\eta_t^e) = \varsigma_e^2$，$Var(\eta_t^m) = \varsigma_m^2$，$e_t$ 为本币对外币汇率。方程（1）、方程（2）设定表明基础价格与有效汇率两类价格间存在当期相关关系。参数 ρ 和 λ 则分别表示当期汇率冲击对基础价值的影响及基础价格冲击对汇率的影响。

接下来，我们设定股价变化过程。由于市场并非完全有效，且不同市场差异较大，因此实际观测的 A 股和 H 股价格并不时刻等于方程（1）

和方程（2）中设定对应的价格，但长期内将向其趋近。短期内，市场流动性、信息不对称、微观结构差异等众多因素都将影响股价趋近有效价格。理论上，股价应基本围绕基础价格加上微观结构扰动（如交易机制、做空机制等）上下变化。在此，我们设定 η_t^T 为暂时性冲击，对价格并不造成持续影响。设定价格向量 P_t 为 3×1 的观测变量向量，分别包括汇率指数 w_t，两个市场股价 $p_{i,t}$。价格向量形式满足：

$$w_t = w_{t-1} + \gamma_1(m_t - m_{t-1}) + \dot{\gamma}_1(e_t - w_{t-1}) + b_1\eta_t^T \quad (4)$$

$$p_{2,t} = p_{2,t-1} + \gamma_2(m_t - p_{2,t-1}) + \dot{\gamma}_2(e_t - w_{t-1}) + b_2\eta_t^T \quad (5)$$

$$p_{3,t}^* = p_{3,t-1}^* + \gamma_3(m_t - p_{3,t-1}) + \dot{\gamma}_3(e_t - w_{t-1}) + b_3\eta_t^T \quad (6)$$

其中，$p_{2,t}$ 为 A 股价格，$p_{3,t}$ 为 H 股价格。b_1、b_2、b_3 分别为 1×2 向量，η_t^T 为 2×1 向量。方程（4）至方程（6）分别为汇率、A 股价格和 H 股价格的观测方程。所有价格均受基础价格和汇率两个共同因素影响。$p_{3,t}^*$ 为外币交易价格（即港币计价的 H 股价格），定义如下：

$$p_{3,t}^* = p_{3,t} - w_t \quad (7)$$

基于以上设定，A 股、H 股股价变化是两个相互无关的共同冲击 $\eta_t^P = (\eta_t^e, \eta_t^m)'$ 的函数。可以将方程（4）到方程（6）改写为 VMA 形式：

$$\Delta P_t = d_0\eta_t + d_1\eta_{t-1} + d_2\eta_{t-2} + \cdots\cdots = \sum_{i=0}^{\infty} d_i\eta_{t-i} \quad (8)$$

其中，$\Delta P_t = (\Delta w_t, \Delta p_{2,t}, \Delta p_{3,t}^*)$。通过方程（4）到方程（6）我们可以得到当期影响程度 d_0 和累计影响程度 $D = d_0 + d_1 + d_2 + \cdots\cdots = \sum_{i=0}^{\infty}d_i$。通过迭代求解可以分别得到 d_0 和 D：

$$d_0 = \begin{pmatrix} \dot{\gamma}_1 + \gamma_1\rho & \dot{\gamma}_1\lambda + \gamma_1 & b_1 \\ \dot{\gamma}_2 + \gamma_2\rho & \dot{\gamma}_2\lambda + \gamma_2 & b_2 \\ \dot{\gamma}_3 + \gamma_3\rho & \dot{\gamma}_3\lambda + \gamma_3 & b_3 \end{pmatrix} \quad (9)$$

$$D = \begin{pmatrix} 1 & \lambda & 0 \\ \rho & 1 & 0 \\ \rho-1 & 1-\lambda & 0 \end{pmatrix} \quad (10)$$

需要说明的是，两个冲击不相关，但基础价格与汇率因素是存在当期相关关系的。之所以设定两类共同冲击之间存在同期相关关系,主要考虑汇率与有效价格之间可能存在关系,这也将是实证估计的关键。有效汇率对基础价格的影响可能来自许多方面,如通过对未来有效现金流的影响改变基础价格,或者通过改变贴现率(或股权成本)产生影响(Minton 和 Schrand,1999 年;Muller 和 Verschoor,2006 年)。基础价格变化也会影响汇率和资本流动预期,导致资本成本调整,并通过影响跨境资本流动,进一步对汇率造成冲击。当期影响矩阵 d_0 和累计影响矩阵 D 是整个模型实证估计的重要目标,这两个矩阵几乎包含了所有结构方程中涉及的参数,更是对汇率影响进行分析的关键。依据设定,d_0 可以反映不同市场的价格发现能力,而 D 表示长期影响。

2. 共同趋势冲击识别方法

上述简单价格发现模型的实证目标是估计 d_0 和 D,以及趋势关系中的结构参数 λ 和 ρ,并得到协整向量。识别含有协整关系的结构 VECM 模型的方式有很多,我们采用 Gonzalo 和 Granger(1995 年)以及 Warne(1993 年)等提出的两步法的方式。设定 A 股和 H 股价格方程可以表示为以下 VECM 的形式:

$$\Delta P_t = \xi_1 \Delta P_{t-1} + \xi_2 \Delta P_{t-2} + \cdots\cdots + \xi_l \Delta P_{t-l} + \zeta + \xi_0 P_{t-1} + \varepsilon_t \quad (11)$$

其中,$\Delta P_t = (\Delta w_t, \Delta p_{2,t}, \Delta p_{3,t}^*)$,$\xi_0 = \alpha \beta'$。此处,$\alpha$ 为误差纠正矩阵,β 为协整关系向量。ε_t 为零均值的白噪声过程。

VECM 模型可以表示为 VMA 形式,即简化式:

$$\Delta P_t = \varepsilon_t + \phi_1 \varepsilon_{t-1} + \phi_2 \varepsilon_{t-2} + \cdots\cdots = \varphi(L) \varepsilon_t \quad (12)$$

方程(12)为简化式。在方程(4)至方程(6)上,可进一步得到含协整关系结构式:

$$\Delta P_t = d_0 \eta_t + d_1 \eta_{t-1} + d_2 \eta_{t-2} + \cdots\cdots = \sum_{i=0}^{\infty} d_i \eta_{t-i} \quad (13)$$

我们的目标是通过对简化式(12)施加足够约束条件,以得到结构式方程。首先,我们通过 ADSL 估计一般方程,整理得到含协整关系方程,并以估计的协整关系为依据,校准结构式中的协整系数 β。接下来,在协整关系基础上,进一步对误差修正系数 α 以及动态调整部分进行估计和识别。由于涉及变量较少,我们主要采用 Cholesky 分解的简单方法。同时,我们依次变换 A 股和 H 股价格之间的顺序,已进行初步识别和稳健性检验。

3. 模型实证

基于以上价格发现模型,我们从宏观角度出发,主要选择指数层面数据对模型开展估计和分析[1]。我们选择以恒生沪深港通 AH 股 A 指数（AHXA）、恒生沪深港通 AH 股 H 指数（AHXH）[2],作为观测变量进行估计。所有变量均为 2007 年 7 月—2019 年 12 月的月度数据,且指数和美元汇率指数均为月度平均值。

在对简化式模型进行估计的基础上,依照识别条件得到结构式参数值。实证中,我们同样将样本划分为沪港通开通前和沪港通开通后两个时段,分别进行了估算。表 4.3 至表 4.5 为结构式 d_0 和 D 的前两列[3] 估计结果。

表 4.3　结构模型的参数估计结果（2007.07—2019.12）

整个区间	同期影响 d_0		累计影响 D		β	
	η_t^e	η_t^m	η_t^e	η_t^m		
汇率指数 w_t	1.21（0.026）	0.05（0.014）	0.97（0.004）	−0.11（0.007）	0	−1
A 股价格 $p_{2,t}$	0.18（0.05）	0.88（0.021）	−0.52（0.036）	−0.97（0.004）	0	1
H 股价格 $p_{3,t}$	−1.20（0.07）	0.89（0.022）	−1.49（0.033）	1.08（0.004）	1	0

注：括号中为标准差。

---

[1] 没有选择对全部 95 个跨市场交易的 AH 股进行逐一估计,主要是考虑到时间序列长短不一,而且每只股的 AH 股价格与美元指数之间可能不存在协整关系。

[2] 恒生沪深港通 AH 股 A 指数（AHXA）和恒生沪深港通 AH 股 H 指数（AHXH）均为恒生公司编制发布的 AH 股系列指数之一。A 指数主要是对跨市场上市公司的 A 股价格指数,H 指数则主要是跨市场上市公司的 H 股价格指数,两者都是以本地货币计价。具体内容参见：https://www.hsi.com.hk/schi/indexes/all-indexes/chinaah。

[3] 表达式（9）、表达式（10）表明,矩阵 d_0 和 D 前两列对应汇率和基础价格两个永久冲击,在此我们仅给出了两个矩阵的前两列。

估计结果显示，汇率与基础价格冲击普遍为负相关，即参数 ρ 和 λ 均为负值，表明美元指数变化会反向影响基础价格，基础价格也同样对汇率有负向作用。

表 4.4　结构模型的参数估计结果（2007.07—2014.11）

沪港通前	同期影响 d_0		累计影响 D		β	
	η_t^e	η_t^m	η_t^e	η_t^m		
汇率指数 w_t	1.34（0.028）	0.01（0.037）	0.97（0.023）	−0.09（0.025）	0	−1
A 股价格 $p_{2,t}$	0.19（0.027）	0.84（0.059）	−0.64（0.037）	0.97（0.023）	0	1
H 股价格 $p_{3,t}$	−0.82（0.044）	0.74（0.063）	−1.68（0.045）	1.07（0.023）	1	0

注：括号中为标准差。

表 4.5　结构模型的参数估计结果（2014.12—2019.12）

沪港通后	同期影响 d_0		累计影响 D		β	
	η_t^e	η_t^m	η_t^e	η_t^m		
汇率指数 w_t	1.30（0.029）	0.01（0.049）	0.97（0.023）	−0.15（0.047）	0	−1
A 股价格 $p_{2,t}$	0.31（0.042）	0.78（0.058）	−0.45（0.024）	0.97（0.033）	0	1
H 股价格 $p_{3,t}$	−1.10（0.021）	0.81（0.055）	−1.47（0.012）	1.16（0.064）	1	0

注：括号中为标准差。

从两类永久性冲击的相互影响程度看，美元汇率冲击对基础价格的影响明显大于基础价格对美元的影响。ρ 的绝对值是 λ 的 3—6 倍。如在沪深港通开通前 $\rho = -0.64$，而开通后为 $\rho = -0.45$，而 λ 则由 −0.09 变化至 −0.15。这一变化表明，在沪深港通开通之前，美元汇率走势对基础价格影响较大，而基础价格对美元影响偏小；开通后，美元对基础价格的影响有所减弱，基础价格对美元的作用则有所增强。但在全区间上，美元指数冲击仍然远大于基础价格变化的影响，并主导着 A 股和 H 股的价格走势。这一点与单方程分析的结果基本相同。

从冲击对 A 股和 H 股价格的影响程度看，长期内美元指数冲击对 H

股影响程度明显大于 A 股。也就是说，H 股随美元走势变化调整幅度较大，这一点可能与港币汇率制度有关。从短期效果分析，H 股价格对美元指数变化反应较快，调整幅度较大。而对于基础价格冲击，A 股和 H 股的反应较为接近。表明在价格发现能力方面，H 股对汇率信息的发现能力较强，而对基础价格信息的识别能力方面与 A 股接近。

整体而言，对价格发现模型的估计显示：第一，长期内美元汇率冲击对 A 股和 H 股均存在显著负向影响，但短期内方向并不确定；第二，美元指数变化对 A 股和 H 股的影响程度将会通过冲击基础价格进一步增强，而且对 H 股的冲击力度大于 A 股，这也是造成 A 股和 H 股价差受美元指数变化影响日益明显的原因；第三，随着沪深港通开通，A 股和 H 股市场价格发现的能力均有提升，两市在基础价格信息方面的发现能力差距不大，但是在汇率信息的定价上差距明显，这一点与两地实行不同汇率制度相关。

四、结论与政策含义

投资者投资任何市场上的中国企业不仅希望分享中国经济的成果，还需要管理汇率风险。因此，他们不仅关注股票发行企业的未来现金流，还关注汇率风险以及中国经济的未来。由于港币汇率形成机制与人民币不同，内地购买 H 股相当于额外承担了港币的汇率风险，而由于香港的联系汇率制度，这也相当于在购买股票基础上附加购买了美元外汇期货，投资人获得的回报取决于 H 股和美元在相应时间段中的表现。同样，海外投资者购买 A 股也相当于购买了人民币期货。

我们发现，宏观因素对交叉上市的 A 股和 H 股溢价影响显著，对沪深港通开通以后溢价的系统性上升有较强解释力。2007—2019 年，美元指数、交叉上市的 A 股股价、H 股股价存在长期趋势关系，而且美元指数变化主导了个股层面 A 股、H 股价格的变化。此外，美元指数可以解释 50%—70% 在 A 股和 H 股溢价指数层面的变化，投资者对中国经济预期可以将解释力提升 10 个百分点。2015 年之后的 A 股和 H 股溢价指数的变化正好与美元指数的跳升重合，如果去除美元指数跳升的影响，A股和H股溢价指数在沪深港通开通后稳定性明显改善。

值得关注的是，沪深港通提高了A股市场的价格发现功能，并减弱了美元汇率相对于基础价格对两市股价的影响。A股和H股股价围绕基础价格和美元指数两个共同因素波动。由于交叉上市股票的投资者面临的是同一家公司的净资产和现金流，基础价格应该是一样的，因此，股价和基础价格对美元汇率变化的响应可以反映沪深港通的影响。我们发现，基础价格在沪深港通开通后短期内（6个月），交叉上市股票的价格在两个市场上对汇率信息的反应都有所提升；长期看，沪深港通开通后，美元指数对交叉上市股票的股价影响有所下降，而基础价格对股价的影响上升。也就是说，沪深港通开通之前，美元指数对基础价格的影响远大于基础价格对美元的影响；沪深港通开通之后，美元指数的影响降低了，而基础价格的影响提高了。

以上发现具有较强的政策含义。第一，提高人民币汇率弹性和资本项目可兑换水平是中国金融市场进一步开放的前提条件和核心内容。第二，提升金融市场的开放程度有利于提升A股市场的价格发现功能，如果A股市场进一步改革开放，规则与国际进一步接轨，投资者结构更加成熟，那么A股和H股溢价将进一步收敛。第三，在A股市场更加成熟的条件下，政策制定者可以允许部分溢价不大（或者处于合理区间，如5%—10%）的股票在两市间进行套戥，以促进交叉上市股票价格趋同。当A股市场成熟到一定程度时，如果人民币汇率弹性进一步扩大，这种试点也可以相应扩大，最终实现A股市场和H股市场全面打通，乃至中国与国际金融市场的融合。

未来的研究可以探索交叉上市股票的基础价格、股价的合理价差及其决定因素。如果基础价格一致，那么在控制不同市场制度和结构等外部因素情况下，股价差异应该是收敛的。但是，即使市场高度有效、资金流动不受限制，不同市场交叉上市股票的股价不同同样客观存在。在合理价差的基础上，可以设计政策的套戥条件和机制，从而促进股价价差的收敛。

第五章

A 股相对 H 股和 ADR 价差分析

本章从微观、中观、宏观层面探讨了影响 A-ADR 和 AH 股溢价的因素。通过 2002 年 1 月—2020 年 6 月中国、中国香港、美国交叉上市股票交易日的收盘股价差分析发现，116 对交叉上市股票的 AH 股溢价平均为 35%，9 对三地上市股票的 AH 股溢价为 34%，而 A-ADR 溢价平均约为 30%，两类溢价均在 2014 年年底出现系统性跳升。实证分析表明，股息率、金融开放度是对股票溢价影响最大的两个因素，对 A-ADR 影响显著的另一个因素是个股流动性，而对 AH 股溢价解释能力最强的其他因素还包括市场情绪和融资融券。为检验汇率改革和金融开放的政策效果，本章构建了一个两期经济的两国模型，证明在通常情景下汇率预期和金融开放程度的提升都能缩小价差，并通过数值方法模拟了在更特殊的情景下这两大因素对价差的影响。实证分析印证了模型的推导，也验证了汇率改革和金融开放的成效。本章的实证结果对增强 A 股的价格发现功能、提升资本市场的配置效率有多重含义。

一、引子

现代中国股市刚刚走到第 30 个年头，已经成为全球第二大股票市场，但在上市公司治理、信息披露、交易规则等多个方面与发达市场仍有差距。中国股市早年融资能力有限，近年依然受上市要求、交易规则等限制，使得不少中资企业选择海外上市或多地交叉上市，以期吸引海外资金、增强公司治理、提升国际信誉、拓展海外市场。交叉上市还有利于国际投资者增加投资选择，发达国家投资者得以在本地或熟悉的市场中投资部分资本项目不够开放的新兴市场国家的优质企业（SEC，2012年[①]），部分新兴市场的投资者也愿意投资本国在美国的ADR（Auguste等，2006年）。

学术界最关注的是交叉上市企业股票的价格差异。多数研究发现，发达国家之间交叉上市的股票价差很小，而对发达与不发达国家市场交叉上市企业，发达市场的股价高于不发达市场的股价（Jithendranathan等，2000年；Bae等，2007年；Stigler等，2010年）。中国交叉上市企业的股价差异与上述规律不同：一是A股相对ADR及港股（H）持续大幅溢价（以下分别简称A-ADR溢价、AH溢价）；二是在2014年年底港股通推出之后，市场联通增强了，但A-ADR及AH溢价反而出现系统性跳升（张雪春等，2020年）。

参照恒生AH溢价率指数的计算方法，我们构建了月度的A-ADR溢价率指数和AH溢价率指数[②]，2002年1月—2020年6月，9家三地上

[①] SEC，"Investor Bulletin: American Depository Receipts"，August 2012.
[②] 考虑到每份ADR所代表的股票份数（A股）存在差异，在指数计算中，我们将流通股数折算为ADR份数，相应的价格也换算为每份ADR对应的美元价格。具体计算公式如下：

$$\text{A-ADR溢价率指数}_{i,t} = \frac{\sum_{i=1}^{9} \text{A股的隐含ADR价格}_{i,t} \cdot \text{总流通股数}_{i,t} / \text{每份DR代表股份数}_{i,t}}{\sum_{i=1}^{9} \text{ADR价格}_{i,t} \cdot \text{总流通股数}_{i,t} / \text{每份DR代表股份数}_{i,t}}$$

A股的隐含ADR价格$_{i,t}$ = [A股的人民币价格$_{i,t}$ / 美元兑人民币即期汇率$_t$]·每份DR代表股份数$_{i,t}$，其中，i指代股票，t指代时间，每份DR代表股份数$_{i,t}$随时间变化是由于部分股票调整过每份ADR所代表的股票份数。ADR-H溢价率通过类似方法计算。AH溢价率指数参照恒生AH溢价率指数构建，即：

$$\text{AH溢价率指数}_{i,t} = \frac{\sum_{i=1}^{9} \text{A股价格}_{i,t} \cdot \text{总流通股数}_{i,t}}{\sum_{i=1}^{9} \text{H股价格}_{i,t} \cdot \text{港元兑人民币汇率}_t \cdot \text{总流通股数}_{i,t}}。$$

市企业的 AH 溢价率指数平均为 143.4，A-ADR 溢价率指数平均为 142.0，而香港金融市场较为发达，H 股相对 ADR 价格折价不足 1%（见图 5.1）。本章因此重点关注 AH、A-ADR 溢价及原因。

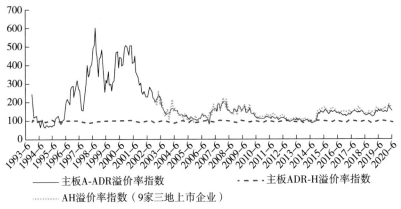

图 5.1　A 股和 H 股相对 ADR 溢价率

注：ADR-H 溢价率指数基于 15 只在美股主板、H 股交叉上市的中国企业股票；A-ADR 溢价率指数、AH 溢价率指数基于其中 9 只三地（A 股、H 股、美股）挂牌的中国企业股票。

根据宏观经济、境内金融改革、境外市场环境等因素的变化，A 股相对 ADR 和 H 股溢价率演变大致分为四个阶段。第一阶段（1993—2003 年），A-ADR 溢价率维持高位（均值 263.5）。国内股票市场融资能力较低，优质上市企业不多但受到投资者追捧，在境外挂牌的中国企业数量较少，交易不活跃，估值偏低。第二阶段（2004—2009 年），A-ADR 溢价率指数显著缩小至 144.4，9 家三地上市企业的 AH 溢价率指数为 149.0。期间，境内金融市场改革、股市扩容促进股市定价效率显著提升。随着中国经济向好、对外开放持续推进，境外投资者对中国企业的投资热情上升，中国概念股在境外资本市场上供需两旺，估值上升。第三阶段（2010—2014 年），A-ADR 溢价率进一步缩小至 108.7，9 家三地上市企业的 AH 溢价率指数为 116.7，国际金融危机后中概股获得了更多国际投资者的重视；2013 年后，阿里巴巴、京东、微博等行业龙头赴美国挂牌，拉动 ADR 价格攀升。第四阶段（2015 年以来），A-ADR 溢价率指数再度提高至 143.2，9 家三地上市企业的 AH 溢价率指数为 153.9。本阶段的重要事件包括 2014 年年底启动沪港通、2015 年股市震荡等。2020 年以来，瑞幸咖啡等财务造假事件引发了中概股信任危机，加上地缘政治风险加剧，带动美国中概股估值走低，A-ADR 溢价率有所上升。

本章以 2002 年 1 月—2020 年 6 月的 116 对 A-H 中资企业股票（其中 9 只三地同时上市）的相关数据为样本，比较了交叉上市的 A-ADR 及 AH 溢价，从微观、中观及宏观层面全方位探讨股价差异的原因。为验证汇率改革和金融开放的政策效果，我们构建了一个两期经济的两国模型，证明在一定情景下汇率预期和金融开放程度的提升都能缩小价差，并通过数值方法模拟了在更一般的情景下这两大因素对价差的影响。实证分析不仅验证汇率改革、金融开放（沪港通的出台和融资融券政策）等多项宏观政策的效果，还辨析了中观（市场情绪）、微观层面（股息率、投机动机、个股流动性、信息不对称）因素对价差变化的影响程度。

本章对该领域学术研究的主要贡献包括以下几方面。第一，构建一致的模型框架，系统性探讨汇率预期、金融开放、信息不对称和卖空机制对价差的影响。此前的多数理论模型在无限期经济框架下进行定量分析，仅考虑一种因素（Greenwood 等，2018 年；Eichler 等，2011 年；Stulz 和 Wasserfallen，1995 年；Chen 等，2002 年）。这是因为这些理论模型大多基于"戈登定价模型"，围绕股票分红贴现和投机动机等相关因素和异质性开展研究（Mei 等，2009 年），难以在统一的框架下探讨不同因素、股市交易制度改革、金融开放政策等的影响。第二，从个股层面分析各类因素对 AH、A-ADR 价差在 2015 年出现系统性跳升的影响，并从缩小跨市场价差角度考察了汇率改革和金融开放的政策效果。此前，仅有张雪春等（2020 年）从宏观层面研究了恒生 AH 溢价指数在港股通开通之后发生显著变化的原因。第三，分辨不同指标在价差解释力方面的相对重要性，实证模型的解释力远超多数个股实证分析。第四，将相关研究的观察期更新至 2020 年 6 月，并在分析 ADR 溢价率时，剔除在美国 OTC 市场交叉上市的门槛极低、交易不活跃的中资企业股票（Arquette 等，2008 年），保障研究结果的有效性，同时辅以大样本 AH 股票对溢价率的分析，提供了结果的稳健性检验和额外的启示。

本章第二部分梳理了交叉上市股价差异的相关文献。第三部分构建一个两期经济的两国模型，评估汇率预期和金融开放程度等因素对价差的影响。第四部分通过实证分析 A-ADR 溢价、AH 溢价及其变化原因。第五部分为结论和政策建议。

二、文献综述

根据"一价定理"，如果两种商品或资产可交易，其价格将不断接近直至趋同；如果市场割裂，价格差异则不能消除（Lamont 和 Thaler，2003 年）。对于交叉上市企业的股票价格而言，价差的主要原因可以分为不同市场的资本流动和汇率制度安排（宏观层面）、交易机制及市场流动性差异（中观层面），以及个股流动性、信息不对称及股票供应量（微观层面）等多类。

（一）宏观因素对交叉上市股价差异的影响

中国内地、中国香港、美国市场宏观层面的区别主要包括资金流动自由度和汇率安排。香港和美国早已实现资本自由流动，但内地股市一级市场开放以及个人对外投资仍然受限，资本项目可兑换尚未完全实现。此外，美元是国际主要储备货币，是不少其他货币的锚。港币一直采取盯住美元的货币局制度，汇率长期保持在较小的区间内，接近固定汇率制。人民币兑美元近年来采取参考一篮子有管理的浮动机制，而且经历了多次提高灵活度的改革。其中最值得关注的是 2015 年"8·11"汇改以及 2019 年 8 月人民币兑美元汇率"破七"。前者指的是调整人民币兑美元汇率中间价报价机制，做市商参考上一日银行间外汇市场收盘汇率，向中国外汇交易中心提供中间价报价，这一调整标志着人民币兑美元汇率更加真实地反映外汇市场的供求关系。后者指的是 2019 年 8 月，人民币兑美元汇率突"破七"后，7 不再成为人民币汇率的上限，而汇率灵活性上升也加大了货币政策的灵活度。

不少研究证实了汇率对价差的影响。汇率预期影响价差的文献较多，共识是人民币预期贬值（或美元预期升值）将扩大 AH 或 A-ADR 价差。已有的实证研究支持汇率预期对价差的影响（Grammig 等，2005 年；Arquette 等，2008 年；Eichler 等，2009 年；Eichler，2011 年；Grossmann 等，2017 年），其中，Arquette 等（2008 年）发现汇率预期可以解释 AH 和 A-ADR 的 40% 的价差变化。汇率制度的变化对价差带来影响也被实证研究所支持（李媛和吴菲菲，2016 年）。

市场开放程度对价差影响是通过市场分割带来的定价差异来实现或传导的（Hietala，1989 年；Baruch 等，2007 年；Gagnon 和 Karolyi，2010 年；Goldstein 和 Yang，2014 年；Greenwood 等，2018 年；Ding 等，2020 年）。资本管制是破坏"一价定律"条件的制度因素。胡章宏和王晓坤（2008 年）通过实证研究认为，AH 股价差的根源在于两地股票市场分割以及内地资本流动的限制。Auguste 等（2006 年）通过阿根廷和委内瑞拉在 21 世纪初实施资本管制时期的数据发现，资本外流管制通过影响本国市场的需求使得本国股票的价格高于 ADR 的价格。但在有的文章分析中也不认可资本流动管制对 ADR 价差的作用，例如 Rabinovitch 等（2003 年）发现价差更多取决于交易成本和流动性，而非资本流动管制。

近年，沪深港通开通对 A 股 H 股溢价的影响备受关注。Chan 和 Kwok（2015 年）、Nishimura 等（2018 年）研究表明，沪港通提高了 A 股和 H 股的价格发现能力。张雪春等（2020 年）提出 AH 溢价港股通开通（2014 年年底）之后出现系统性跳升，并发现美元指数和投资者对中国经济的预期可以解释 AH 溢价指数的上升。其他研究的关注点是沪深港通是否提升了资金流动以及市场联系紧密程度。Burdekin 等（2018年）、陆瑶等（2018 年）研究表明，沪深港通带来的南向和北向资金对 A 股 H 股溢价影响不显著。虽然沪深港通开通后两市指数关系（Huo 等，2018 年；Ma 等，2019 年）和个股价格的协同性（Chan 和 Kwok，2016 年）有所加强，但两市的紧密程度并未上升（Ma 等，2019 年）。

（二）中观因素对交叉上市股价差异的影响

中观因素主要包括股市各种制度安排以及投资者结构。美国和我国香港股市的交易制度代表了全球市场先进的理念与实践，而我国内地股市则有所不同。一般认为，以美国为代表的发达股市有较为周全的 IPO 上市退市要求和程序、完备的信息披露机制、各种风险管理工具以及严格的公司治理。而 A 股市场工具不够丰富，其他配套制度尤其是信息披露机制有待完善。此外，A 股市场投资者以散户为主，缺乏长期投资者，交易的投机性较强，换手率高，投资期限较短。例如，A 股海外投资者（约 3%）和机构投资者（20%）占比远低于 H 股（分别为 46% 和 60%以上）和美国股市（分别为 16% 和 62.4%）。

主流观点认为，美国、我国香港股市的交易制度和市场工具更有利于价格发现、股票交易和风险管理。ADR 和 H 股在新股发行、回购、退市制度等方面更为成熟，增发和配股等工具更加灵活，而交易时间、涨跌停板、融资融券业务等方面与 A 股市场不同，这些制度安排使 ADR 和 H 股市场的流动性理论上优于 A 股市场。例如，A 股市场采用 T+1 交易方式，而美国、我国香港股市则实行 T+0 方式，后者有利于投资者进行短线交易，但也对投资者的风险管理水平提出了更高的要求。另外，A 股市场对一般股票有 10% 的涨跌幅限制，而美国、我国香港市场没有这种限制。此外，美国、我国香港的结构性产品和衍生品种类更加丰富，而 A 股没有裸卖空机制，加上我国内地尚未实现资本项目可兑换，阻碍了跨市场套戥行为。

部分研究注意到了放开卖空约束也有助于缩小价差。比如，黄瑜琴等（2015年）发现融券制度有助于缩小2009—2013年的57家AH股上市公司AH溢价。Blau等（2012年）发现，如果母国限制股票卖空，则对应国家的ADR更经常受到短暂价值错估，更易在美国被卖空。

美国市场情绪影响ADR价格乃至ADR溢价被很多文章证实（Grossmann等，2007年；Chan等，2008年；Chen等，2009年；Burdekin和Whited，2011年；Wang等，2013年；Wu和Chen，2015年；Wu等，2017年）。Kadiyala和Subrahmanyam（2004年）和Arquette等（2008年）发现上市企业和市场情绪都对A-ADR价差有显著影响。

（三）微观因素对交叉上市股价差异的影响

个股流动性、信息不对称、股票供给等微观因素向价差的传导机制不尽相同。Chan等（2008年）和Atanasova、Li（2015年）都发现流动性影响ADR与其母国股价的差异，后者认为市场流动性向股票价差的传导机制为机构交易及股票的持有成本。Amihud（2002年）认为缺乏流动性的股票价格中往往包含流动性溢价补偿成分，Amihud等（2015年）进一步提出了全球股票市场存在显著的正非流动性回报溢价的证据。

不少实证研究验证了信息不对称假说，即信息差异程度越小、价差也将越小（胡章宏和王晓坤，2008年；陈学胜和周学民，2009年；陈学胜和覃家琦，2013年；Pascual等，2006年；Chen和Choi，2012年；Frijns和Zwinkels，2018年）。Sun和Tong（2000年）则把上市公司规模作为衡量信息是否对称的指标，认为大公司知名度较小公司高，信息量较多，信息不对称程度较低，该指标对A股与B股／H股价差有很强的解释力。Beckmann等（2015年）基于1995—2012年的33个国家482家公司的ADR相关数据，发现信息不对称在很大程度上导致了ADR错误定价。陆瑶等（2018年）A股、H股市场的信息差异是A-H股在沪港通开通实施后的短期内价差扩大的主要原因。此外，Wu 等（2020 年）指出，股票的相对供应量可以解释近 53% 的 AH 溢价，如果中国股票供应增加，AH 溢价就会下降。

三、基本模型

已有的关于资产价格和价差的理论研究大多探讨单个因素的影响，或者在无限期经济框架下进行定量分析。第一，金融开放对价差的影响大多以市场分割理论为基础，我们参考了 Errunz（1985 年）和 Losq（1989 年）、Alexander 等（1987 年）、Domowitz 等（1997 年）、Baruch 等（2007 年）、Greenwood 等（2018 年）、Pavlidis 和 Vasilopoulos（2020 年）的分析方法。第二，汇率预期对资产价格和价差的影响理论上比较直观，我们借鉴了 Eichler 等（2011 年）在这方面的分析方法。第三，信息不对称或信息摩擦对价差的影响主要是基于 Grossman 和 Stiglitz（1980 年）的框架，本节在此基础上参照了 Stulz 和 Wasserfallen（1995 年）的本国投资者具有信息优势的设定。第四，卖空约束对资产价格影响的讨论最早由 Miller（1977 年）和 Ross（1977 年）提出，当前基于卖空约束的资产定价与价差的理论研究主要是基于 Miller（1977 年）、Harrison 和 Kreps（1978 年）的框架，即引入投资者异质性预期（Chen 等, 2002 年），卖空约束部分也因此引入异质性预期。也有一些文献在同一个理论框架讨论多个因素对资产价格和价差的影响，比如，Diamond 和 Verrecchia（1987 年）、Hong 和 Stein（2003 年）同时考虑了信息摩擦与卖空约束对资产价格的影响，这些研究为我们的模型扩展到多个因素的分析提供了借鉴。

我们借鉴上述理论模型，尝试在一个模型中同时探讨金融开放、汇率预期、信息摩擦及卖空约束对交叉上市股价价差的影响。为避免无限期经济框架下定量的计算复杂性，我们设定一个简单的两期经济，对这些因素的价差影响进行定性分析。具体来说，假设本国企业可以在本国和境外两个市场发行权益性证券（后文统一称之为"风险资产"）进行融资，比如在本国的企业为中资企业，可以在境内的上交所或深交所发行股票，同时也可以在境外的港交所发行股票，或同时在美国市场上发行 ADR 来进行融资。由于存在金融市场不完全开放带来的市场分割，两个市场上的价格并不必然相等，即一价定律并不必然成立。我们将本国企业在境内外市场上发行的风险资产的数量均标准化为 1。同时假设本国和境外存在无穷多个投资者，本国投资者 $i \in [0,1]$，境外投资者 $j \in [0,1]$，那么加总后的投资者的数量分别均为 1。

（一）模型基本结构

1. 本国投资者

本国投资者 i 的效用函数为绝对风险厌恶（Constant Absolute Risk Aversion，CARA）的形式，即：

$$U_i = \mathbb{E}_i \left[-\exp\left(-\gamma \tilde{W}_i \right) \right]$$

其中，$\mathbb{E}_i$ 为本国投资者 i 的预期算子，$\tilde{W}_i$ 为第 2 期的财富，γ 代表风险厌恶程度。本国投资者第 1 期的初始财富均为 W，可以投资本国的无风险资产和风险资产，二者的需求分别为 B_i 和 D_i。本国投资者也可以在境外市场上购买本国企业发行的风险资产，其需求记为 X_i。风险资产的货币价格在本国和境外的市场分别为 q 和 q^*。第 1 期和第 2 期的汇率分别记为 e_0 和 e_1，表示 1 单位本币可以交换的外币数量，e_0 或 e_1 越大表示当期本币升值，并且将第 1 期的汇率标准化为 1，即 $e_0 = 1$，那么第 1 期的预算约束为：

$$W = qD_i + q^* X_i + B_i$$

风险资产在第 2 期的本币（即人民币）价值为 $\tilde{v}$，投资者 i 在本国市场上获得的风险资产投资回报为 $\tilde{v} D_i$。那么在境外市场上 1 单位本国企业发行的风险资产的外币价值为 $e_1 \tilde{v}$，本国投资者在境外市场上的投资收益需要兑换成本国货币，因此在境外市场投资的本币收益为 $\tilde{v} X_i$，即本国投资者跨市场交叉投资本国企业的风险资产不需要承担汇率风险。无风险资产的收益标准化为1，那么可以得到投资者i第2期的财富为：

$$\tilde{W}_i = \tilde{v}(D_i + X_i) + B_i = W + (\tilde{v}-q)D_i + (\tilde{v}-q^*)X_i$$

风险资产的收益$\tilde{v}$设为如下形式：

$$\tilde{v} = v + \varepsilon_v$$

其中，ε_v服从正态分布，即$\varepsilon_v \sim \mathcal{N}(0,\sigma_v)$。将$B_i$代入效用函数，然后投资者的优化问题就简化为选择$D_i$和$X_i$最大化$U_i$，从而得到本国投资者$i$对风险资产的需求为：

$$D_i = \frac{\mathbb{E}_i[\tilde{v}]-q}{\gamma \mathbb{V}_i[\tilde{v}]} \quad (1)$$

$$X_i = \frac{\mathbb{E}_i[\tilde{v}]-q^*}{\gamma \mathbb{V}_i[\tilde{v}]} \quad (2)$$

其中，$\mathbb{V}_i[\tilde{v}]$表示$\tilde{v}$的主观方差，即基于投资者i的信息或信念形成的方差。

2. 境外投资者

境外投资者j的效用函数也为CARA形式，即：

$$U_j^* = \mathbb{E}_j\left[-\exp(-\gamma^* \tilde{W}_j^*)\right]$$

其中，$\tilde{W}_j^*$为投资者j第2期的财富，γ^*代表境外投资者的风险厌恶程度，由于我们的分析重点不是两国投资者风险偏好的差异对价差的影响，因此假设$\gamma^* = \gamma$。境外投资者第1期的初始财富为W^*，可以投资外国的无风险资产和外国市场上本国的风险资产，二者的需求分别为B_j^*和D_j^*，风险资产的价格为q^*。同时，境外投资者也可以在本国市场上购买本国企业发行的风险资产，其需求记为X_j^*。因此，境外投资者j的预算约束为：

$$W^* = q^* D_j^* + q X_j^* + B_j^*$$

将无风险资产的收益标准化为1，则可以得到境外投资者j第2期的财富为：

$$\tilde{W}_j^* = \tilde{v}^*\left(D_j^* + X_j^*\right) + B_j^* = W^* + \left(\tilde{v}^* - q^*\right)D_j^* + \left(\tilde{v}^* - q\right)X_j^*$$

其中，$\tilde{v}^*$ 为境外投资者投资 1 单位本国风险资产获得的收益。境外投资者的优化问题与本国投资者类似，其对风险资产的需求为：

$$D_j^* = \frac{\mathbb{E}_j\left[\tilde{v}^*\right] - q^*}{\gamma V_j\left[\tilde{v}^*\right]} \quad (3)$$

$$X_j^* = \frac{\mathbb{E}_j\left[\tilde{v}^*\right] - q}{\gamma V_j\left[\tilde{v}^*\right]} \quad (4)$$

假设第 2 期的汇率决定如下：

$$e_1 = e + \varepsilon_e$$

其中，e 为无条件预期值，即 $\mathbb{E}[e_1] = e$，且 e 的区间为 $[e_L, e_H]$，ε_e 服从正态分布，$\varepsilon_e \sim \mathcal{N}(0, \sigma_e)$。由于 1 单位本国风险资产在两国市场上都有相同的收益 $\tilde{v}$，但境外投资者在外国市场上的收益 $\tilde{v}^*$ 与本国市场上的收益所不同的是需要通过汇率调整，即：

$$\tilde{v}^* = e_1 \tilde{v}$$

当 e_1 增加时，本币升值使得境外投资者在外国市场投资本国风险资产的回报增加。因此，当境外投资者预期到本国货币未来将升值时，将会增加对外国市场上本国发行的风险资产的需求。

3. 市场出清

假设金融市场是不完全开放的，对于 $i \in [0, \theta]$ 且 $j \in [0, \theta^*]$ 的投资者才有跨市场的投资机会，并且我们的分析集中在对称性的情景，即设 $\theta^* = \theta$，那么本国和外国风险资产市场出清条件分别为：

$$\int_0^1 D_i di + \int_0^\theta X_j^* dj = 1 \quad (5)$$
$$\int_0^1 D_j^* dj + \int_0^\theta X_i di = 1 \quad (6)$$

因此，当 $\theta = 0$ 时表示一国金融市场对另一国的投资者是完全不开放的，当 $\theta = 1$ 时则表示金融市场完全开放。由于这一部分没有考虑信息摩擦的影响，因此市场出清条件不需要考虑市场上噪声交易的需求。另外，金融开放程度 θ 是对现实中的沪港通、QFII 和 RQFII 等相关影响金融开放程度的一种抽象表述。我们也可以用数量约束的方式来刻画金融开放程度,比如,假设所有投资者都能从事跨市场交易,但本国和境外投资者的跨境市场交易受到的数量约束分别为 $X_i \leq \bar{X}$ 和 $X_j^* \leq \bar{X}^*$,那么,$\bar{X}$ 和 $\bar{X}^*$ 越大则表示受到的约束越小、金融开放程度越高。在我们的模型中,将本国市场上境外投资者的交易量和境外市场上本国投资者的总交易量分别记为 X^* 和 X,即 $X^* = \int_0^\theta X_j^* dj$ 且 $X = \int_0^\theta X_i di$,对照数量约束的模型设定中约束为紧约束时,则有 $\bar{X}^* = \int_0^\theta X_j^* dj$ 且 $X = \int_0^\theta X_i di$,也就是说 θ 的增加等价于数量约束模型中对交易额度的放松,两种设定方式在刻画金融开放程度上具有相同的性质。由于通过 θ 的变化来刻画金融开放有助于模型计算的简化,我们因此采用这种处理方式。

(二)均衡价格与价差的基本性质

假设所有投资者的信息都相同且预期都是理性,那么有 $E_i(\cdot) = E_j(\cdot) = E(\cdot)$ 且 $V_i(\cdot) = V_j(\cdot) = V(\cdot)$。将(1)式和(4)式的需求方程代入本国市场出清条件(5)式,同时将(2)式和(3)式的需求方程代入境外出清条件(6)式,可以得到两个市场上的价格方程分别如下:

$$q = \varphi E[\tilde{v}] + (1-\varphi)E[\tilde{v}^*] - \gamma\varphi V[\tilde{v}] \quad (7)$$

$$q^* = \varphi^* E[\tilde{v}^*] + (1-\varphi^*)E[\tilde{v}] - \gamma\varphi^* V[\tilde{v}^*] \quad (8)$$

其中,

$$\varphi = \frac{V[\tilde{v}^*]}{V[\tilde{v}^*] + \theta V[\tilde{v}]} = \frac{v^2 \sigma_e + \sigma_v(e^2 + \sigma_e)}{v^2 \sigma_e + \sigma_v(e^2 + \sigma_e) + \theta\sigma_v}$$

$$\varphi^* = \frac{V[\tilde{v}]}{V[\tilde{v}] + \theta V[\tilde{v}^*]} = \frac{1-\varphi}{1-\varphi+\varphi\theta^2}$$

由此可得:

$$\frac{\partial \varphi}{\partial e} = \frac{2\theta\sigma_v^2 e}{\left[v^2\sigma_e + \sigma_v(e^2 + \sigma_e) + \theta\sigma_v\right]^2} > 0$$

且 $$\frac{\partial \varphi^*}{\partial e} = -\frac{\theta^2}{\left(1-\varphi+\varphi\theta^2\right)^2}\frac{\partial \varphi}{\partial e} < 0,$$

即本币升值预期会影响定价权重，进一步影响两个市场的价格。

定义价差函数为 $G = q - q^*$，由价格方程可以得到价差函数如下：

$$G = \frac{\varphi(1-\varphi)(1-\theta^2)}{1-\varphi+\varphi\theta^2}\left(\mathbb{E}[\tilde{v}] - \mathbb{E}[\tilde{v}^*]\right) + \gamma\frac{1-\varphi}{1-\varphi+\varphi\theta^2}\mathbb{V}[\tilde{v}^*] - \gamma\varphi\mathbb{V}[\tilde{v}]$$

由 $\varphi = \frac{\mathbb{V}[\tilde{v}^*]}{\mathbb{V}[\tilde{v}^*]+\theta\mathbb{V}[\tilde{v}]}$ 可得 $\mathbb{V}[\tilde{v}^*] = \frac{\varphi}{1-\varphi}\theta\mathbb{V}[\tilde{v}]$，代入价差公式可进一步得到：

$$G = \frac{\varphi(1-\varphi)(1-\theta^2)}{1-\varphi(1-\theta^2)}v(1-e) + \gamma\left(\frac{\theta}{1-\varphi(1-\theta^2)} - 1\right)\varphi\sigma_v \quad (9)$$

需要说明的是，我们也可以将价差定义为比例的形式，即 $\widetilde{G} = \frac{q-q^*}{q^*} = \frac{q}{q^*} - 1$。由于这种函数形式会增加模型计算的复杂程度，并且 G 与 $\widetilde{G}$ 具有相同的单调性质，因此本章理论模型部分采用 $G = q - q^*$ 这种价差的函数形式。

1. 汇率预期对价差的影响

为了分析汇率预期对价差的影响，本章先分别讨论 $\theta = 0$ 和 $\theta = 1$ 时这两种特殊情况下汇率预期对价差的影响，然后进一步分析 $0 < \theta < 1$ 时汇率预期对价差的影响。

假设 1：$\gamma < \bar{\gamma}$，其中 $\bar{\gamma} = \frac{v}{2\sigma_v e_H}$。

在假设 1 的条件下，那么 $\gamma < \frac{v}{2\sigma_v e}$ 总是成立。由于 σ_v 相对于 v 较小，那么即使 e_H 较大，$\bar{\gamma}$ 仍然是一个较大的值，这便保证了 $\gamma < \bar{\gamma}$ 是一个合理的假设。

命题 1：当 $\theta = 0$ 时，汇率预期贬值幅度越大（e 越小）价差越大，汇率预期升值幅度越大（e 越大）价差越小，即 $\frac{\partial G}{\partial e} < 0$；当 $\theta = 1$ 时，$G = 0$，此时一价定律成立。

证明：当 $\theta=0$ 时，有 $\varphi^*=\varphi=1$，价差为 $G=v(1-e)+\gamma[v^2\sigma_e+\sigma_v(e^2+\sigma_e)-\sigma_v]$。由此可得，$\frac{\partial G}{\partial e}=2\gamma\sigma_v e-v$。结合假设条件 $\gamma<\bar{\gamma}$，可得 $\frac{\partial G}{\partial e}<0$。当 $\theta=1$ 时，此时有 $\varphi^*=1-\varphi$，将其代入价差函数可得 $G=0$，这也意味着 $\frac{\partial G}{\partial e}=0$。命题得证。

在封闭经济下，由于 $\varphi^*=\varphi=1$，汇率不影响本国市场上的资产价格 q，汇率影响价差的渠道主要是通过影响外国市场上的价格 q^* 来影响价差。在金融完全开放的条件下，价差意味着存在套利机会，资本的自由流动将使市场套利机会消失，那么一价定律成立，汇率的变化则不影响价差。

当 $0<\theta<1$ 时，汇率预期对价差的影响需要借助数值分析方法。

2. 金融开放对价差的影响

当资本市场完全开放时，即 $\theta=1$ 时，此时有 $\varphi^*=1-\varphi$，从而可以得到价差 $G=0$ 总是成立。因此，在不考虑信息、预期以及市场微观结构等因素带来的扭曲情况，资本市场完全开放下，一价定律总是成立。

当资本市场不开放时，比如当 $e=1$，此时的价差为 $G=\gamma\sigma_e(v^2+\sigma_v)$，即存在一个正的价差。因此，从直觉上来看，当资本市场从不开放逐渐向完全开放的过程中，随着资本市场开放程度的提升，价差也将不断缩小。

为了便于分析金融开放对价差的影响，本章这一部分剔除汇率预期的影响，即设 $\mathbb{E}[e_1]=e_0$。

命题 2：当 $\mathbb{E}[e_1]=e_0$ 即 $e=1$ 时，金融开放程度越大（θ 越大）价差越小，即 $\frac{\partial G}{\partial \theta}<0$。

证明见附录（一）。

当 $e\neq 1$ 时，金融开放对价差的影响也需要借助数值分析方法。

以上分析表明，在通常情景下，本币汇率的升值预期和金融开放程度提高都能缩小差价。更具体的情景则需要借助数值方法帮助分析，数值分析及相关模拟由附录（二）给出。

(三) 模型扩展

1. 信息摩擦的影响

为了分析信息摩擦对价差的影响，假设国内和境外市场均存在噪声交易，交易数量分别为 N 和 N^*，且均服从正态分布，即 $N \sim \mathcal{N}(0, \sigma_N)$ 且 $N^* \sim \mathcal{N}(0, \sigma_N^*)$。假设国内和境外投资者均获得关于 $\tilde{v}$ 的私人信号，分别为 s 和 s^*，其决定方程分别如下：

$$s = \tilde{v} + \varepsilon$$
$$s^* = \tilde{v} + \varepsilon^*$$

其中，$\varepsilon \sim \mathcal{N}(0, 1/\tau_\varepsilon)$ 且 $\varepsilon^* \sim \mathcal{N}(0, 1/\tau_\varepsilon^*)$。$\tau_\varepsilon$ 和 τ_ε^* 分别代表国内投资者和境外投资者所获得的信号的精度。假设 $\varepsilon = \sqrt{\kappa}\varepsilon^*$，那么有 $\tau_\varepsilon^* = \kappa\tau_\varepsilon$，其中 $0 < \kappa \leq 1$。因此，κ 在取值范围内越大表示两国信息质量的差异越小，同时也意味着信息不对称的程度越小。由于境外投资者的信号质量相对较差，可以从作为公共信息的价格 q 和 q^* 学习到本国投资者的信息。为了避免学习机制带来的计算复杂性，假设噪声交易的强度足够大，即 $1/\sigma_N$ 和 $1/\sigma_N^*$ 的值接近零，那么有 $\mathbb{E}[\tilde{v}|s] \simeq \mathbb{E}[\tilde{v}|s, q, q^*]$ 且 $\mathbb{E}[\tilde{v}^*|s^*] \simeq \mathbb{E}[\tilde{v}^*|s^*, q, q^*]$，即噪声交易使得公共信号变得无效。根据贝叶斯法则，信息摩擦的引入使得本国的投资者预期具有如下性质：

$$\mathbb{E}_i[\tilde{v}] = \mathbb{E}[\tilde{v}|s] = v + \lambda(s - v)$$
$$\mathbb{V}_i[\tilde{v}] = \mathbb{V}[\tilde{v}|s] = \frac{1}{\tau_v + \tau_\varepsilon}$$

其中，$\lambda = \dfrac{\tau_\varepsilon}{\tau_v + \tau_\varepsilon}$，$\tau_v = 1/\sigma_v$。由于本章的这一部分主要是讨论信息摩擦的影响，为了便于分析，假设第 2 期汇率是确定不变的，即 $e_1 = e_0$，那么境外投资者的预期具有如下性质：

$$\mathbb{E}_j[\tilde{v}^*] = \mathbb{E}[\tilde{v}|s^*] = v + \lambda^*(s^* - v)$$
$$\mathbb{V}_j[\tilde{v}^*] = \mathbb{V}[\tilde{v}|s^*] = \frac{1}{\tau_v + \tau_\varepsilon^*} = \frac{1}{\tau_v + \kappa\tau_\varepsilon}$$

其中，$\lambda^* = \dfrac{\tau_\varepsilon^*}{\tau_v + \tau_\varepsilon^*} = \dfrac{\kappa\tau_\varepsilon}{\tau_v + \kappa\tau_\varepsilon}$。由于引入了噪声交易者，那么市场

出清条件为：

$$\int_0^1 D_i di + \int_0^\theta X_j^* dj + N = 1$$
$$\int_0^1 D_j^* dj + \int_0^\theta X_i di + N^* = 1$$

因此，最终可以将价格方程写成如下形式：

$$q = \varphi \mathbb{E}[\tilde{v}|s] + (1-\varphi)\mathbb{E}[\tilde{v}^*|s^*] - \gamma(1-N)\varphi \mathbb{V}[\tilde{v}|s]$$
$$q^* = \varphi^* \mathbb{E}[\tilde{v}^*|s^*] + (1-\varphi^*)\mathbb{E}[\tilde{v}^*|s^*] - \gamma(1-N^*)\varphi^* \mathbb{V}[\tilde{v}^*|s^*]$$

其中，$\varphi = \dfrac{\mathbb{V}[\tilde{v}^*|s^*]}{\mathbb{V}[\tilde{v}^*|s^*] + \theta \mathbb{V}[\tilde{v}|s]}$，$\varphi^* = \dfrac{\mathbb{V}[\tilde{v}|s]}{\mathbb{V}[\tilde{v}|s] + \theta \mathbb{V}[\tilde{v}^*|s^*]}$。最终可以得到价差函数如下：

$$G = \frac{\varphi(1-\varphi)(1-\theta^2)}{1-\varphi+\varphi\theta^2}\left[\lambda(s-v) - \lambda^*(s^*-v)\right]$$
$$+ \gamma \frac{1-\varphi}{1-\varphi+\varphi\theta^2} \frac{1-N}{\tau_v + \kappa\tau_\varepsilon} - \gamma\varphi \frac{1-N^*}{\tau_v + \tau_\varepsilon}$$

其中，$\varphi = \dfrac{\tau_v + \tau_\varepsilon}{\tau_v + \tau_\varepsilon + \theta(\tau_v + \kappa\tau_\varepsilon)}$。由于噪声交易的数量是随机的，这将在短期内干扰信息摩擦对价差的影响，但长期平均而言，可以得到以下结果：

$$\mathbb{E}[G] = \gamma \frac{1-\varphi}{1-\varphi+\varphi\theta^2} \frac{1}{\tau_v + \kappa\tau_\varepsilon} - \gamma\varphi \frac{1}{\tau_v + \tau_\varepsilon}$$
$$= \gamma \frac{(1-\theta)(1-\kappa)}{\tau_v + \kappa\tau_\varepsilon + \theta(\tau_v + \tau_\varepsilon)} \frac{\tau_\varepsilon}{\tau_v + \tau_\varepsilon + \theta(\tau_v + \kappa\tau_\varepsilon)}$$

命题3：信息不对称的程度越低（κ越大），那么预期的价差越小，即$\dfrac{\partial \mathbb{E}[G]}{\partial \kappa} < 0$。

证明：由$\mathbb{E}[G]$的公式可得

$$\frac{\partial \mathbb{E}[G]}{\partial \kappa} = -\frac{\mathbb{E}[G]}{1-\kappa}\left\{1 + \frac{(1+\theta)^2 \tau_v + (1+2\theta\kappa+\theta^2)\tau_\varepsilon}{\gamma(1-\theta)}\mathbb{E}[G]\right\}$$

由于 $\mathbb{E}[G]>0$,于是有 $\dfrac{\partial \mathbb{E}[G]}{\partial \kappa}<0$。因此,随着信息不对称程度的减小,预期的价差也将缩小。命题得证。

当金融完全开放时,由 $\theta=1$ 可得 $\mathbb{E}[G]=0$。因此,即使存在信息不对称,金融完全开放时仍然可以使得一价定律成立。

2. 异质性预期与卖空限制

为了分析卖空限制对价差的影响,假设不同投资者的信念是不一样的,即投资者具有异质性预期。根据 DeLong 等(1990年)的研究(简称 DSSW 模型),假设国内和境外投资者的预期分别具有如下特征:

$$\mathbb{E}_i[\tilde{v}] = v + \eta_i$$
$$\mathbb{E}_j[\tilde{v}^*] = v^* + \eta_j^*$$

其中,η_i 和 η_j^* 均为非理性预期带来的扭曲,且均服从正态分布,即 $\eta_i \sim \mathcal{N}(0, \sigma_\eta)$ 且 $\eta_j^* \sim \mathcal{N}(0, \sigma_\eta^*)$。当 $\eta_i > 0$ 时,表明本国的这类投资者对该资产未来的收益更加乐观,当 $\eta_j^* > 0$ 时,表明境外的这类投资者更乐观;反之,则表示投资者具有更加悲观的信念。根据 DSSW 模型的设定,这种形式的预期不会扭曲方差,即 $\mathbb{V}_i[\tilde{v}] = \mathbb{V}[\tilde{v}]$ 且 $\mathbb{V}_j[\tilde{v}^*] = \mathbb{V}[\tilde{v}^*]$。这种形式的预期也被证明等价于存在一个关于信念的扭曲因子(distorted factor),使得预期由于信念被扭曲而变得非理性(Hansen 和 Sargent,2008年;Jurado,2016年)。

当不存在卖空限制时,在开放经济下本国投资者的需求函数形式与前面部分相同。假设金融完全开放,从而可以得到价格函数为:

$$q = \varphi \int_0^1 \mathbb{E}_i[\tilde{v}] di + (1-\varphi) \int_0^1 \mathbb{E}_j[\tilde{v}^*] dj - \gamma \varphi \mathbb{V}[\tilde{v}]$$
$$q^* = \varphi^* \int_0^1 \mathbb{E}_j[\tilde{v}^*] dj + (1-\varphi^*) \int_0^1 \mathbb{E}_i[\tilde{v}] di - \gamma^* \varphi^* \mathbb{V}[\tilde{v}^*]$$

由于 η_i 和 η_j^* 均服从正态分布,可以得到:$\int_0^1 \mathbb{E}_i[\tilde{v}] = \mathbb{E}[\tilde{v}]$ 且 $\int_0^1 \mathbb{E}_j[\tilde{v}^*] dj = \mathbb{E}[\tilde{v}^*]$。因此,尽管单个投资者的预期是非理性的,如果所有的投资者都可以参与市场,那么加总后的预期仍然是理性的,此时的价格方程与前面理性预期模型的结果相同。然而,当本国市场存在卖空约束时，那么境内外投资者的需求函数分别为：

$$D_i = \max\left\{0, \frac{\mathbb{E}_i[\tilde{v}]-q}{\gamma V[\tilde{v}]}\right\}, \quad X_i = \frac{\mathbb{E}_i[\tilde{v}]-q^*}{\gamma V[\tilde{v}]}$$

$$D_j^* = \frac{\mathbb{E}_j[\tilde{v}^*]-q^*}{\gamma^* V[\tilde{v}^*]}, \quad X_j^* = \max\left\{0, \frac{\mathbb{E}_j[\tilde{v}^*]-q}{\gamma^* V[\tilde{v}^*]}\right\}$$

由于境外市场不存在卖空限制，其价格 q^* 不会发生变化。因此，决定价差的则是由施加卖空限制后本国市场价格的变化。那么存在 $\bar{\eta}=q-v$ 和 $\bar{\eta}^*=q-ev$，使得当 $\eta_i \leq \bar{\eta}$ 时，本国这类投资者的本国市场交易为零；当 $\eta_j^* \leq \bar{\eta}^*$ 时，境外这类投资者的跨境交易为零。从而可以得到本国市场的出清条件如下：

$$\int_0^1 \frac{\mathbb{E}_i[\tilde{v}|\eta_i > \bar{\eta}]-q}{\gamma V[\tilde{v}]} di + \int_0^1 \frac{\mathbb{E}_j[\tilde{v}^*|\eta_j^* > \bar{\eta}^*]-q}{\gamma^* V[\tilde{v}^*]} dj = 1$$

由此可得：

$$\int_0^1 \frac{\mathbb{E}_i[\tilde{v}]-q}{\gamma V[\tilde{v}]} di + \int_0^1 \frac{\mathbb{E}_j[\tilde{v}^*]-q}{\gamma^* V[\tilde{v}^*]} dj = 1 - D_\eta - X_\eta$$

其中，$D_\eta = \int_0^1 \frac{q-\mathbb{E}_i[\tilde{v}|\eta_i \leq \bar{\eta}]}{\gamma V[\tilde{v}]} di$，$X_\eta = \int_0^1 \frac{q-\mathbb{E}_j[\tilde{v}^*|\eta_j^* \leq \bar{\eta}^*]}{\gamma^* V[\tilde{v}^*]} dj$。最终可以得到价格如下：

$$q = \bar{q} + \gamma\varphi(D_\eta + X_\eta)V[\tilde{v}]$$

其中，$\bar{q} = \varphi \int_0^1 \mathbb{E}_i[\tilde{v}]di + (1-\varphi)\int_0^1 \mathbb{E}_j[\tilde{v}^*]dj - \gamma\varphi V[\tilde{v}]$，为本国存在卖空机制时的价格。

命题 4：**异质性预期假设下，本国市场上存在卖空限制的价格高于不存在卖空约束的价格，即 $q > \bar{q}$。**

证明：由 $\bar{\eta}=q-v$ 和 $\mathbb{E}_i[\tilde{v}|\eta_i \leq \bar{\eta}] \leq v+\bar{\eta}$ 可得 $\mathbb{E}_i[\tilde{v}|\eta_i \leq \bar{\eta}] \leq v+\eta_i \leq v+\bar{\eta}=q$，即 $\mathbb{E}_i[\tilde{v}|\eta_i \leq \bar{\eta}] \leq q$，从而有 $\int_0^1 \{q-\mathbb{E}_i[\tilde{v}|\eta_i \leq \bar{\eta}]\}di > 0$，进一步可得 $D_\eta > 0$；同理可得 $X_\eta > 0$。因此，由 $D_\eta > 0$ 和 $X_\eta > 0$ 可以得到 $q > \bar{q}$。命题得证。

因此，本国市场施加卖空约束将使价格提升，提升部分为 $\gamma\varphi(D_\eta + X_\eta)\mathbb{V}[\tilde{v}]$。由于本国市场是否施行卖空限制并不影响外国市场上的价格 q^*，因此，命题4的结论意味着本国市场放松卖空限制将缩小价差。前面的分析表明，金融完全开放时，即使存在信息不对称，模型中的一价定律将成立。然而，考虑投资者异质性预期以及本国市场存在卖空限制时，那么本国市场上的价格仍然高于境外市场的价格。因此，当金融完全开放，放宽卖空限制有助于进一步缩小价差。

四、实证分析

（一）研究方法和数据

我们借鉴Arquette等（2008年）定义A股相对于ADR和H股的溢价率，即：

$$\text{A-ADR溢价率}_{i,t} = \frac{\text{A股的隐含ADR价格}_{i,t} - \text{ADR价格}_{i,t}}{\text{A股的隐含ADR价格}_{i,t}}$$

$$\text{AH溢价率}_{i,t} = \frac{\text{A股价格}_{i,t} - \text{H股港币价格}_{i,t} \cdot \text{港币兑人民币汇率}_t}{\text{A股价格}_{i,t}}$$

其中，i指代股票，t指代时间，A股的隐含ADR价格的计算公式为：

$$\text{A股的隐含ADR价格}_{i,t} = \frac{\text{A股的人民币价格}_{i,t}}{\text{美元兑人民币即期汇率}_t} * \text{每份DR代表股份数}_{i,t}$$

参考现有文献（Arquette等，2008年；Beckmann等，2015年；Grossmann和Ngo，2020年）关于ADR溢价率影响因素的分析，我们采用如下基本模型进行实证研究，并在基本模型基础上引入政策变量做进一步分析。

$$\begin{aligned}\text{A-ADR溢价率}_{i,t} = & \alpha_0 + \alpha_1 \text{预期汇率变化}_t + \alpha_2 \text{市场情绪}_t + \\ & \alpha_3 \text{股息率}_{i,t} + \alpha_4 \text{流动性不足指标}_{i,t} + \\ & \alpha_5 \text{投机动机}_{i,t} + \alpha_6 \text{信息不对称}_{i,t} + \varepsilon_{i,t}\end{aligned} \quad (10)$$

其中，i指代股票，t指代时间（日度数据）。AH溢价率影响因素模型与A-ADR溢价率模型基本一致，变量定义上借鉴AH溢价率相关文献进行了适当调整，涵盖解释AH溢价率的流动性假说、信息不对称假说、需求假说等。解释变量的定义和对A-ADR溢价率的影响机理分析如下。

预期汇率变化$_t$（expected exchange rate change）是宏观层面指标，为远期合约汇率中隐含的汇率预期，等于远期汇率减即期汇率。对于人民币（离岸）或港币兑美元汇率，预期汇率变化$_t$减小表示本币升值预期。图5.2展示了1年期远期汇率的趋势，人民币离岸汇率在2015—2017年的贬值预期明显强于在岸汇率，1个月、3个月、6个月远期汇率的趋势相似。实证研究中参照Arquette等（2008年），采用1年期远期汇率。由于港币与人民币之间没有远期汇率，因此AH溢价率分析中不设预期汇率变动这一变量，汇率的影响主要通过美元指数体现。

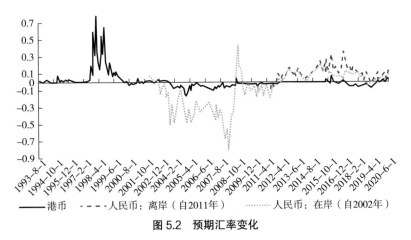

图5.2 预期汇率变化

资料来源：DataStream。

市场情绪$_t$（market sentiment）是中观股市层面变量，等于股市指数的市盈率或市销率之比（国内市场比美股市场，A股比H股）。股票指数的选择参考Arquette等（2008年），A股选取上证A股指数，H股选取恒生中国企业指数，美股选取标普500指数。考虑到一些股票的市盈率为负，会影响股指市盈率指标的有效性，文中主要采用市销率数据构建市场情绪指标。

股息率$_{it}$（dividend yield）是微观股票层面指标，采用 A 股上市公司的近 12 个月股息率数据。分析 AH 溢价率时，股息率变量（个股层面）采用 A 股近 12 个月股息率与 H 股的比值。

流动性不足指标$_{it}$是微观股票层面指标，采用 Amihud（2002 年）提出非流动性指标（illiquidity），衡量每 1 美元交易量对价格的影响程度，影响幅度越大表示该股票流动性越差。具体而言，股票 i 在 k 月的非流动性为：

$$Illiquid_{i,k} = \frac{1}{N_{i,t}} \sum_{d=1}^{N_{i,t}} \frac{|r_{i,d,k}|}{Dvol_{i,d,k}}$$

其中，$|r_{i,d,t}|$是股票 i 在 t 月 d 日回报率的绝对值，$Dvol_{i,d,t}$是相应的交易额（以百万美元计），$N_{i,t}$是 t 月中的交易日天数（非零交易量）。对于 AH 溢价率分析，个股层面的流动性不足指标采用 A 股、H 股的比值。由于该指标的数据频率为月度，实证研究中对同一个月份中每个交易日采用相同值，由此转化为日度数据。

投机动机$_{it}$（speculative motive）是个股层面指标，采用 Mei 等（2009 年）的定义：

$$\tau_{it}^A = \ln\left(1 + turnover_{it}^A\right), \tau_{it}^H = \ln\left(1 + turnover_{it}^H\right)$$

其中，$turnover_{it}^A$、$turnover_{it}^H$表示股票换手率。相关研究表明，A 股价格中的投机成分与换手率正相关（Mei 等，2009 年）。由于 ADR 的换手率数据不可得，A-ADR 溢价率分析中采用 $\tau_{i,t}^A$ 指代投机动机。不过，对于 H 股而言，换手率对投机成分的指示意义可能较弱，可以作为流动性指标。对于 AH 溢价率分析，投机动机指标采用 ADR 分析中相应指标的 A 股、H 股差值，即 $\tau_{i,t}^A$ 和 $\tau_{i,t}^H$ 的差值。

信息不对称$_{it}$（information asymmetry）是个股层面指标，参照 Beckmann 等（2015 年）、Grossmann 和 Ngo（2020 年），采用股票涨跌幅的月内标准差作为代理变量。由于涉及多个股票市场，我们采用 ADR

价格涨跌幅的标准差与 A 股价格涨跌幅的标准差之比，在 AH 溢价率分析中采用 A 股相对 H 股的价格涨跌幅标准差之比。

此外，本章考虑金融开放、制度改革等政策变量对 A-ADR 溢价率的影响。对于资本市场开放，常用的资本账户开放指数如 Chinn-Ito 指数和 IMF 发布的资本账户开放指数等的中国数据存在观测量少、更新滞后时间长、几乎无变动等问题，不适合本章研究。鉴于此，我们引入两个金融开放测度变量 $Openness1$ 和 $Openness2$，其中 $Openness1$ 是境外资产负债与 GDP 之比，$Openness2$ 是不含外汇储备的境外资产负债与 GDP 之比，二者均为年度数据（2020 年缺失值以 2019 年数据补齐，2002—2003 年缺失值以 2004 年值代替）。考虑 A 股和 H 股存在沪（深）港通等机制，在分析 AH 溢价率时额外引入沪港通开通的哑变量，即 $D_{SH\,Connect}$ 为 2014 年 11 月开通沪港通的时间哑变量。

制度改革方面，我们考虑 A 股允许融资融券对 A-ADR、AH 溢价率的影响。样本的 A 股获批准融资融券的日期有所差异，如表 5.1 所示。以这些日期为断点，定义政策哑变量 $D_{Short\text{-}sell}$，在允许融资融券的日期后取 1 值，否则取 0 值。

本章数据样本包括所有在美股主板和 A 股交叉上市（剔除 OTC 市场挂牌股票）、在 A 股和 H 股交叉上市的中国企业（主板和中小企业板），即 9 对 A-ADR 股票、116 对 AH 股票，其中 9 家同时在三地挂牌公司的详细信息（见表 5.1）。样本期从 1993 年 2 月—2020 年 6 月，但由于可得的人民币远期汇率数据最早始于 2002 年，因此实证分析中样本区间始于 2002 年。

股票层面的交易、市值、融资融券启动时间等数据来自 Wind 数据库，股票指数的市销率数据也来自 Wind 数据库。汇率、美元指数等数据来自 DataStream。资本市场开放度由作者根据国家统计局、外汇管理局相关数据测算。数据汇总后，构成非平衡面板数据。

表 5.2 展示了主要变量的描述性统计。从全样本角度上，A-ADR 溢价率平均在 30% 左右，AH 溢价率平均为 35%。人民币离岸汇率的贬值预期强于在岸汇率。A 股的市销率高于 ADR，而 ADR 的信息不对称程

第五章 A 股相对 H 股和 ADR 价差分析

表 5.1 ADR 样本股票列表

编号	简称	H 股（主板）		美股		A 股（主板）			企业属性	
		代码	上市日期	代码	上市日期	代码	上市日期	融资融券生效起始日	公司属性	所属行业
1	上海石化	0338	1993-7-26	SHI.N	1993-7-26	600688	1993-11-8	2013-9-16	中央国企	能源
2	广深铁路	0525	1996-5-14	GSH.N	1996-5-14	601333	2006-12-22	2013-1-31	中央国企	工业
3	东方航空	0670	1997-2-5	CEA.N	1997-2-4	600115	1997-11-5	2011-12-5	中央国企	工业
4	南方航空	1055	1997-7-31	ZNH.N	1997-7-30	600029	2003-7-25	2011-12-5	中央国企	工业
5	华能国际	0902	1998-1-21	HNP.N	1994-10-5	600011	2001-12-6	2013-1-31	中央国企	公用事业
6	中国石油	0857	2000-4-7	PTR.N	2000-4-6	601857	2007-11-5	2010-3-31	中央国企	能源
7	中国石化	0386	2000-10-19	SNP.N	2000-10-18	600028	2001-8-8	2010-3-31	中央国企	能源
8	中国铝业	2600	2001-12-12	ACH.N	2001-12-11	601600	2007-4-30	2010-3-31	中央国企	材料
9	中国人寿	2628	2003-12-18	LFC.N	2003-12-17	601628	2007-1-9	2010-3-31	中央国企	金融

注：A 股、H 股交叉上市的 116 对股票列表过长，此处未予列示。

度强于 H。中国公司 A 股的流动性弱于 H 股，投机动机总体上更强，这可能与股市投资者结构有关，A 股市场以个人投资者为主，而 H 股以机构投资者为主。单位根检验结果（表 5.3）表明相关时间序列数据和面板数据均平稳，可以用于面板回归分析。

表 5.2 变量的描述性统计（2002 年 1 月—2020 年 6 月）

变量	样本数	平均值	标准差	最小值	最大值
A-ADR 股票（9 只）					
A-ADR 溢价率（离岸汇率,%）	21 933	29.362	19.572	−35.475	76.956
A-ADR 溢价率（在岸汇率,%）	35 768	34.900	21.702	−48.630	85.049
预期汇率变动（离岸）	2 375	0.110	0.070	−0.081	0.370
预期汇率变动（在岸）	4 604	−0.077	0.204	−0.827	0.452
市场情绪（市销率之比）	4 741	1.100	0.616	0.430	3.580
股息率	37 505	1.745	1.829	0.000	14.144
流动性不足指标	37 368	0.158	0.353	0.002	4.982
投机动机	34 895	0.555	0.542	0.000	4.091
信息不对称	37 368	1.300	0.639	0.133	8.855
A-H 股票（116 只）					
AH 溢价率（%）	273 214	35.009	25.828	−68.317	92.409
AH 溢价率（9 只三地上市股票）	32 909	33.923	21.291	−30.948	85.447
市场情绪（A-H）	4 565	0.702	0.216	0.248	1.383
股息率（A-H）	246 756	0.657	0.389	0.000	13.829
流动性不足指标（A-H）	297 571	1.238	6.541	0.000	476.513
投机动机（A-H）	273 410	0.243	0.590	−3.401	4.285
信息不对称（A-H）	299 504	1.028	1.303	0.000	123.212
总市值（自然对数）	302 574	6.128	1.607	1.782	11.223
其他变量					
美元指数（JP Morgan）	4 826	109.422	9.899	92.279	132.947

注：A-ADR 溢价率（离岸汇率），用 Wind 上的离岸人民币汇率 USDCNH（来源：ICAP），数据始于 2012-04-30；A-ADR 溢价率（在岸汇率），用 Wind 上的即期美元兑人民币汇率数据（来源：中国货币网），数据始于 1981-01-02。

表5.3 单位根检验（2002年1月—2020年6月）

时间序列数据		
变量	Dickey-Fuller 统计量	p-value
美元指数的对数值	−16.318	0.000
预期汇率变动（人民币离岸）	−9.959	0.000
预期汇率变动（人民币在岸）	−14.227	0.000
预期汇率变动（港币）	−15.542	0.000
市场情绪（A–ADR）	−13.614	0.000
市场情绪（A–H）	−2.759	0.064

面板数据				
变量	Fisher 统计量	p-value	Im-Pesaran-Shin 统计量	p-value
A-ADR溢价率（离岸汇率,%）	−0.265	0.605	−4.245	0.000
A-ADR溢价率（在岸汇率,%）	2.149	0.016	−5.679	0.000
股息率（A股）	10.832	0.000	−9.278	0.000
流动性不足指标（A股）	18.930	0.000	−16.140	0.000
投机动机（A股）	83.574	0.000	−34.914	0.000
信息不对称（A-ADR）	26.546	0.000	−20.489	0.000
AH溢价率	15.963	0.000	−20.173	0.000
股息率（A-H）	52.477	0.000	—	—
流动性不足指标（A-H）	109.280	0.000	−73.554	0.000
投机动机（A-H）	264.617	0.000	−120.000	0.000
信息不对称（A-H）	80.880	0.000	−77.850	0.000
ln总市值	4.497	0.000	−5.965	0.000

注：面板数据单位根检验中，Fisher统计量选取自Modified inv. chi-squared。面板单位根检验的原假设H0：所有面板都包含单位根，Fisher-type检验的备择假设Ha：至少一个面板平稳，Im-Pesaran-Shin检验的备择假设Ha：有一些面板平稳。

（二）A-ADR溢价率的影响因素分析

基于式（10）计量模型可以得到关于A-ADR溢价率影响因素分

析结果，如表 5.4 所示[①]。第一，预期汇率变化对 A-ADR 溢价率存在正向影响。预期汇率变动值越小，即投资者预期人民币升值，则以美元计价的 ADR 价值增加，A-ADR 溢价率减小，与本章理论模型的结论以及 Arquette 等（2008 年）对 A-ADR 折价率的研究结果一致。在引入其他变量以后，预期汇率变化依然显著为正。第二，A 股的市场情绪越高涨，则 A-ADR 溢价率越高，与 Arquette 等（2008 年）的研究结果一致。第三，由于股息相关税收制度的差异，以及股息有利于降低持有成本，派息率高的股票对美国投资者的吸引力相对更大，从而推高 ADR 价格，缩小 A-ADR 溢价率，与 Arquette 等（2008 年）、Grossmann 和 Ngo（2020 年）一致。第四，缺乏流动性的股票价格中往往包含流动性溢价补偿成分（Amihud，2002 年），A 股中流动性不足的股票更不被 ADR 投资者关注，相应 ADR 的流动性更弱，A-ADR 溢价率增大。第五，ADR 投资者的信息不对称程度（相对标的股票的国内投资者）越高，则 A-ADR 溢价率越高，这与 Beckmann 等（2015 年）关于信息不对称在很大程度上导致了 ADR 错误定价的结论一致。第六，美元指数[②]对 A-ADR 溢价率的影响显著为正，与张雪春等（2020 年）的研究结果一致。引入美元指数后，预期汇率变动的影响减弱，模型的解释能力增强。

与本章理论模型的结论一致，政策变量对溢价率的影响显著为负，且有助于提升模型解释能力。金融开放有助于降低 A-ADR 溢价率，这对 *Openness*1 和 *Openness*2 两个指标都成立。引入金融开放变量，强化

---

① 为了检验解释变量之间是否存在多重共线性问题，我们进行了 VIF（Variance Inflation Factor）检验，结果显示各变量的 VIF 小于 3，模型的 VIF 均值小于 2，意味着不存在严重多重共线性，可能原因是面板数据本身弱化了多重共线性。后文对 AH 溢价率回归的 VIF 检验中模型的 VIF 均值都小于 3，仅沪港通开通哑变量的 VIF 值在 5 左右，存在一定程度的共线性问题；鉴于此，后续 AH 溢价率最优模型仍选择以 *Openness*1 指代金融开放程度。

② 美元指数波动体现的是与美元挂钩的投资者在任何跨币种投资中面临的共性风险，而预期汇率变动体现的是特定的币种风险。

表 5.4 A-ADR 溢价率的影响因素分析

变量	(1)	(2)	(3)	(4)	(5)	(6)
预期汇率变动（在岸汇率）	22.612***（0.583）	17.049***（0.564）	20.331***（0.595）	17.352***（0.654）	22.222***（0.593）	24.324***（0.614）
市场情绪（市销率之比）	12.077***（0.183）	15.115***（0.182）	15.528***（0.183）	15.104***（0.182）	12.880***（0.200）	13.376***（0.203）
股息率	-3.841***（0.053）	-3.936***（0.051）	-3.933***（0.051）	-3.938***（0.051）	-4.015***（0.050）	-4.006***（0.050）
流动性不足指标	16.032***（0.287）	14.042***（0.276）	12.656***（0.287）	13.927***（0.303）	11.014***（0.297）	10.194***（0.303）
投机动机	7.162***（0.195）	5.901***（0.187）	6.218***（0.187）	5.905***（0.187）	4.699***（0.191）	5.039***（0.193）
信息不对称	4.417***（0.145）	3.703***（0.139）	3.621***（0.139）	3.693***（0.139）	3.335***（0.138）	3.303***（0.138）
美元指数	—	60.663***（1.030）	44.227***（1.426）	60.016***（1.249）	65.297***（1.035）	52.307***（1.455）
$Openness1$	—	—	-26.559***（1.600）	—	—	—
$Openness2$	—	—	—	-1.286（1.405）	—	-20.388***（1.609）
$D_{Short-sell}$	—	—	—	—	-7.368***（0.284）	-6.775***（0.288）
常数项	17.092***（0.316）	-268.526***（4.857）	-165.200***（7.885）	-264.212***（6.769）	-281.699***（4.836）	-201.321***（7.970）
观测值数	34 132	34 132	34 132	34 132	34 132	34 132
Adj-R^2	0.413	0.467	0.471	0.467	0.477	0.480

注：括号中为标准差。"*""**""***"分别表示在 10%、5%、1% 的水平下显著。

了预期汇率变动对溢价率的正向影响，同时也弱化了美元指数的作用。这可能反映了我国金融开放与汇率改革协同推进的特点。

融资融券制度也促进 A-ADR 溢价率缩小。影响机制主要包括两种，一是融资融券增强了 A 股流动性，强化了基本面因素的影响，弱化了投机动机和信息不对称的影响［表 5.4 第（5）列］，增强了 A 股价格发现功能，推动 A 股价格接近其价值。二是放开标的股票融资融券也有利于缓解 ADR 价格偏离价值的程度（Blau 等，2012 年），使 A 股价格和 ADR 价格趋于接近。

鉴于人民币离岸汇率和在岸汇率存在差异，我们继续以离岸汇率计算 A-ADR 溢价率，并进行相应的影响因素分析。回归结果如表 5.5 所示，解释变量的影响效应与表 5.5 一致。引入美元指数后，预期汇率变动的影响由正转负，可能是由于二者存在较强的共线性，因此在政策变量影响分析中剔除美元指数变量。从离岸、在岸汇率角度分析，离岸汇率的预期变动对 A-ADR 溢价率的影响系数为 10.970［表 5.5 第（1）列］预期（离岸）汇率变动本身的标准差为 0.0696，因此预期汇率变动一个标准差将使 A-ADR 溢价率变化 0.764 个百分点。对比表 5.4 第（1）列，预期（在岸）汇率变动一个标准差将使 A-ADR 溢价率变化 4.617 个百分点。这从侧面反映了在岸汇率波动幅度早期受管制的实情，导致投资者对在岸汇率波动的敏感性强于离岸汇率。

（三）AH 溢价率分析

本节基于 116 对 A 股、H 股交叉上市股票的 AH 溢价率分析，在更丰富的样本基础上提出补充发现，并研究 A-ADR 和 AH 溢价影响因素的异同。鉴于 ADR 样本企业均为大型国有企业，而 116 家 H 股企业的差异较大，因此在回归中引入企业规模的自然对数值作为控制变量。为便于对比 A-ADR 溢价，对 9 家 A 股、H 股、美股同时挂牌企业的 AH 溢价进行分析。

表 5.5 A-ADR 溢价率的影响因素分析（离岸汇率）

变量	（1）	（2）	（3）	（4）	（5）	（6）
预期汇率变动（离岸汇率）	10.970***（1.737）	-30.916***（1.501）	15.040***（1.473）	46.374***（1.608）	16.910***（1.772）	23.390***（1.489）
市场情绪（市销率之比）	11.809***（0.689）	39.695***（0.639）	26.068***（0.605）	24.088***（0.631）	6.788***（0.762）	19.385***（0.654）
股息率	-2.807***（0.059）	-2.860***（0.049）	-2.921***（0.050）	-2.899***（0.052）	-2.815***（0.059）	-2.935***（0.049）
流动性不足指标	50.330***（1.405）	82.099***（1.207）	72.309***（1.216）	63.786***（1.255）	38.570***（1.602）	56.416***（1.359）
投机动机	14.477***（0.307）	12.272***（0.255）	12.863***（0.261）	14.221***（0.271）	14.283***（0.305）	12.560***（0.257）
信息不对称	4.428***（0.197）	3.271***（0.163）	5.052***（0.167）	5.133***（0.175）	4.316***（0.196）	4.908***（0.165）
美元指数	—	113.881***（1.187）	—	—	—	—
$Openness1$	—	—	-161.496***（1.831）	—	—	—
$Openness2$	—	—	—	-174.415**（2.344）	—	—
$D_{\text{Short-sell}}$	—	—	—	—	-8.113***（0.541）	-11.285***（0.456）
常数项	11.419***（0.623）	-538.910***（5.762）	160.210***（1.768）	170.166***（2.204）	22.613***（0.971）	178.933***（1.898）
观测值数	19 812	19 812	19 812	19 812	19 812	19 812
Adj-R^2	0.315	0.532	0.508	0.465	0.323	0.523

注：括号中为标准差。"*""**""***"分别表示在 10%、5%、1% 的水平下显著。

实证分析结果如表 5.6 所示。主要变量对 AH 溢价率的影响效应与前文基本一致，金融开放、融资融券同样增强了 A 股价格发现功能，有助于降低 AH 溢价率。不过，主要变量的影响幅度存在较大差异。市场情绪变动一个标准差对 AH 溢价率的影响约为 6.481 百分点，小于 A 股市场情绪对 A-ADR 溢价率的影响（约 7.270 百分点），可能表明 ADR 投资者对股票市场整体情况更敏感；个股流动性对 A-ADR 溢价率的影响强于对 AH 溢价率的影响，可能体现了 ADR 投资者对流动性溢价的更高要求。信息不对称指标一个标准差的变动对 AH 溢价率的影响约为 0.889 百分点，小于相应的 A-ADR 溢价率受影响幅度（约 7.584 百分点），可能说明了 A 股与 H 股之间信息不对称程度弱于 A 股与美股，且信息不对称的边际影响也相对较弱。此外，9 家三地上市企业股票的 AH 溢价率对市场情绪、金融开放和融资融券放开更为敏感。相比全样本 116 只股票，9 家三地上市企业股票的 AH 溢价率对股息率的敏感性较低，股息率增长一个标准差约拉低 9 家企业 AH 溢价率缩小 8.251 个百分点（全样本 116 只股票为 12.427 个百分点）。

在 *Openness*1 指标以外，考虑沪港通开通哑变量对 AH 溢价率的影响。如表 5.6 所示，哑变量 $D_{\text{SH Connect}}$ 的回归系数显著为负，且模型的解释能力略强于 *Openness*1 指标，尤其是对 9 家三地上市企业股票的 AH 溢价率来说，表明沪港通开通确实增强了股市的价格发现能力，缩小了 AH 溢价率。而图 5.1 所示的恒生 AH 溢价率指数在 2014 年 12 月以后的跃升，主要是由美元指数、市场情绪等因素的系统性变化导致的，相应解释变量在该时点前后的均值和方差差异显著可以支撑这个判断。这一解释丰富了现有文献关于沪港通影响价差的研究结论（Nishimura 等，2018 年；Chan 和 Kwok，2015 年）。

第五章 A 股相对 H 股和 ADR 价差分析

表 5.6 AH 溢价率的影响因素分析

变量	116 家企业				9 家三地上市企业			
	（1）	（2）	（3）	（4）	（5）	（6）	（7）	（8）
美元指数	12.560*** (0.357)	-7.075*** (0.519)	23.521*** (0.746)	9.123*** (0.553)	-14.276*** (1.012)	-39.147*** (1.363)	21.032*** (1.924)	-4.220*** (1.437)
市场情绪（A、H 市销率之比）	25.521*** (0.193)	28.388*** (0.199)	27.371*** (0.222)	29.904*** (0.198)	28.885*** (0.458)	32.639*** (0.474)	35.369*** (0.545)	37.558*** (0.459)
股息率之比	-34.971*** (0.095)	-34.198*** (0.096)	-34.825*** (0.096)	-32.540*** (0.097)	-28.984*** (0.248)	-28.011*** (0.248)	-27.661*** (0.254)	-22.174*** (0.258)
流动性不足指标（A-H）	-0.008* (0.005)	-0.012** (0.005)	-0.011** (0.005)	-0.036*** (0.005)	-0.708*** (0.035)	-0.793*** (0.035)	-0.825*** (0.035)	-1.067*** (0.034)
投机动机	0.262*** (0.061)	0.537*** (0.061)	0.233*** (0.061)	-0.462*** (0.062)	0.041 (0.204)	0.329 (0.202)	-0.578*** (0.205)	-1.956*** (0.197)
信息不对称	0.634*** (0.040)	0.590*** (0.039)	0.698*** (0.040)	0.650*** (0.039)	-1.480*** (0.177)	-1.504*** (0.175)	-1.014*** (0.177)	-1.649*** (0.167)
ln 总市值	-5.597*** (0.024)	-5.598*** (0.024)	-5.574*** (0.024)	-5.014*** (0.025)	-2.681*** (0.071)	-2.595*** (0.070)	-2.646*** (0.071)	-2.400*** (0.067)
*Openness*1	—	-34.395*** (0.662)	—	-29.616*** (0.657)	—	-41.930*** (1.560)	—	-26.406*** (1.511)

续表

变量	116家企业				9家三地上市企业			
	(1)	(2)	(3)	(4)	(5)	(6)	(7)	(8)
$D_{\text{SH Connect}}$	—	—	-2.612***	—	—	—	-8.737***	—
			(0.156)				(0.406)	
$D_{\text{Short-sell}}$	—	—	—	-6.496***	—	—	—	-12.614***
				(0.083)				(0.222)
常数项	12.644***	136.490***	-39.270***	53.719***	120.806***	275.339***	-47.375***	95.470***
	(1.655)	(2.897)	(3.514)	(3.052)	(4.746)	(7.421)	(9.127)	(7.749)
观测值数	243 484	243 484	243 484	243 484	31 857	31 857	31 857	31 857
Adj-R^2	0.601	0.605	0.601	0.615	0.452	0.464	0.460	0.514

注：括号中为标准差。"*""**""***"分别表示在10%、5%、1%的水平下显著。

（四）汇率改革影响 A-ADR、AH 溢价率对汇率预期和美元指数的敏感性

1994 年人民币官方汇率与外汇调剂价格正式并轨以来，我国一直实行以市场供求为基础的、单一的、有管理的浮动汇率制。2005 年 7 月 21 日，我国对完善人民币汇率形成机制进行改革，实行以市场供求为基础、参考一篮子货币进行调节、有管理的浮动汇率制度。2015 年 8 月 11 日，中国人民银行再次对人民币汇率形成机制进行改革，进一步增强了市场机制在汇率形成机制中的作用。2005—2015 年两次汇率改革期间，人民币兑美元汇率升值 26% 以上、实际有效汇率升值 58%（Das，2019年）。2015 年"8·11"汇改以来，人民币汇率进入贬值通道，市场的贬值预期强烈，尤其是 2015—2018 年，离岸人民币的贬值预期明显强于在岸人民币（见图 5.2）。在此背景下，人民币兑美元汇率"7"成为重要的投资者心理阈值。

对比汇改以来、汇率"破七"后的在岸和离岸人民币汇率对 A-ADR 溢价率的影响，可以检验我国汇率改革政策的效果。如表 5.7 所示，"8·11"汇改以来，在岸汇率对 A-ADR 溢价率的影响大幅增强，美元指数的影响减弱［对比表 5.4 第（2）列］，在 2019 年离岸和在岸人民币汇率相继"破七"以来，在岸汇率的影响进一步增强，可以更有力地解释 A-ADR 溢价。这一结论反映了我国资本市场发展和汇率改革的积极成效[①]。一是随着金融开放的推进，A 股和美股之间的联系增强，人民币

[①] 为观察汇率和金融开放对 A-ADR 溢价率影响程度的动态变化，我们以 36 个月的时间窗口滚动测算预期汇率变动、美元指数和 *Openness*1 指标的回归系数（月度频率），仅保留系数显著的结果，相应的 adj-R^2 均大于 0.4。结果显示，在岸汇率的预期变动对 A-ADR 溢价率的影响在 2015 年 8 月、2019 年下半年等时点显著增强，与"8·11"汇率改革和汇率"破七"的时间大致吻合；在这两个时点前后，美元指数的影响明显弱化，印证了人民币汇率作为资本市场价格的有效性增强的结论。从动态影响看，金融开放缩小 A-ADR 溢价率的效果在 2010 年以前较为稳定，在 2013—2014 年最为显著，但 2017 年以来金融开放的边际效应有所弱化。

兑美元汇率作为重要的资本市场价格对美国市场的影响随之增强。二是"8·11"汇改后，在岸人民币汇率的双向浮动弹性逐步增强，投资者对汇率变动的适应性相应增强。三是在汇率跌"破七"这一重要心理阈值后，投资者对汇率变化更加敏感。

表 5.7 基于 A-ADR 溢价率分析汇率改革效果

变量	2015年8月11日汇改以来		2019年8月5日市场汇率"破七"以来	
	（1）	（2）	（3）	（4）
预期汇率变动（在岸汇率CNY）	35.602***（3.417）	—	81.865***（8.332）	—
预期汇率变动（离岸汇率CNH）	—	3.754（2.452）	—	76.410***（7.998）
市场情绪（市销率之比）	4.065***（1.509）	6.245***（1.671）	75.834***（6.941）	96.444***（6.176）
股息率	−1.863***（0.052）	−1.888***（0.053）	−1.538***（0.068）	−1.522***（0.070）
流动性不足指标	71.460***（2.513）	73.496***（2.534）	69.174***（2.842）	70.808***（2.903）
投机动机	7.332***（0.360）	7.418***（0.365）	−13.923***（0.987）	−13.410***（1.001）
信息不对称	2.750***（0.176）	3.333***（0.173）	−1.165***（0.244）	−0.510**（0.240）
美元指数	52.862***（4.063）		76.055***（9.343）	
常数项	−229.292***（19.671）	23.547***（0.917）	−366.300***（43.349）	−12.200***（3.032）
观测值数	10 610	10 610	1 962	1 962
Adj-R^2	0.250	0.231	0.415	0.382

注：括号中为标准差。"*""**""***"分别表示在10%、5%、1%的水平下显著。

对 AH 溢价率的分析进一步验证了汇率改革的有效性。考虑汇率改革影响 AH 溢价率对美元指数敏感性的分析结果如表 5.8 所示。在 2014 年年底沪港通开通的背景下，"8·11"汇改降低了 AH 溢价率对美元指数的敏感性，表明中国香港市场投资者逐渐适应人民币兑港元汇率的波动[①]。汇改对全样本股票 AH 价差的影响幅度小于对 9 家三地上市企业的影响幅度，可能体现了不同投资者对股票的差异化汇率溢价要求。虽然 2019 年 8 月人民币兑美元汇率跌"破七"以后，AH 溢价对美元指数的敏感性有所上升，但美元指数对 9 家三地上市企业 AH 溢价率的影响幅度约为"8·11"汇改影响的 2/3，表明人民币汇率改革的成效已经基本夯实，汇率弹性进一步加强。

表 5.8 汇率机制转换影响 AH 溢价率对美元指数的敏感性

变量	全样本		9 家三地上市企业	
	（1）	（2）	（3）	（4）
美元指数	14.865***	−59.088***	4.430**	−53.916***
	（0.677）	（1.498）	（1.756）	（3.019）
市场情绪（市销率之比）	25.648***	8.941***	30.956***	16.171***
	（0.195）	（0.329）	（0.483）	（0.649）
股息率之比	−34.962***	−48.811***	−28.520***	−53.634***
	（0.095）	（0.163）	（0.250）	（0.408）
流动性不足指标	−0.009*	−0.068***	−0.740***	−0.019
	（0.005）	（0.004）	（0.035）	（0.060）
投机动机	0.236***	0.277***	−0.568***	−1.570***
	（0.062）	（0.075）	（0.209）	（0.284）
信息不对称	0.637***	2.454***	−1.640***	−0.173
	（0.040）	（0.073）	（0.177）	（0.209）
ln 总市值	−5.592***	−3.386***	−2.689***	−0.437***
	（0.024）	（0.029）	（0.071）	（0.070）
$D_{\text{"8·11"汇改}}$ ·美元指数	−0.111***		−0.984***	
	（0.028）		（0.076）	
$D_{2019\text{年汇率"破七"}}$ ·美元指数	—	0.738***	—	0.639***
		（0.023）		（0.049）

[①] 滚动回归结果显示，美元指数对 AH 溢价率的影响随时间推移波动较大，在 2008 年全球金融危机爆发后明显增强，但在沪港通、深港通开通的时间节点前后明显弱化。金融开放缩小 AH 溢价率的效果在 2017 年以前较为显著，此后边际弱化。

续表

变量	全样本		9家三地上市企业	
	（1）	（2）	（3）	（4）
常数项	−542.392*** （10.642）	167.179*** （25.907）	33.217*** （8.228）	318.354*** （14.538）
观测值数	243 484	102 491	31 857	10 306
Adj-R^2	0.601	0.674	0.455	0.676

注：$D_{\text{"8·11"汇改}}$是2015年8月11日汇改以来的时间哑变量，$D_{\text{2019年汇率"破七"}}$是2019年8月5日美元兑人民币市场汇率"破七"以来的时间哑变量（基于2015年8月11日—2020年6月30日的样本）。括号中为标准差。"*""**""***"分别表示在10%、5%、1%的水平下显著。

（五）跨市场价差影响因素的相对重要性分析

为了进一步分析主要变量对溢价率解释能力的相对强度，我们参照 Harmon 和 Walker（1995 年），Shea（1997 年），Artavanis 等（2015 年）等研究，基于最优模型计算各解释变量的偏 R^2（partial R^2）。具体而言，在最优模型基础上，通过逐个剔除解释变量，保留其他变量，记录简化模型的拟合情况，再比较简化模型和最优模型的误差平方和（SSE）[①]。偏 R^2 的值越大，表示相应变量越重要。

总体看，在决定 A 股相对溢价方面，微观因素的重要性大于中观和宏观因素的重要性。如表 5.9 所示，对 A-ADR 溢价率解释能力最强的因素主要包括股息率、金融开放、投机动机、流动性。这表明 A 股区别于一般经济体股票，相对于 ADR 的高溢价主要与中国资本市场的特殊性有关。金融市场的有序开放、A 股投资者较强的投机动机、股票的流动性不强，都是造成 A 股溢价的重要原因。从基于离岸汇率计算的 A-ADR

---

① 偏 R^2 之和不必然等于模型的 R^2。由变量 x（其他变量记为 A）解释的增量部分可表示为：$R^2_{x|A} = \dfrac{SSR(x|A)}{SSE(A)} = \dfrac{SSE(A) - SSE(A,x)}{SSE(A)}$。

溢价影响因素看，投资者最看重金融开放。对 AH 溢价而言，股息率和金融开放程度的贡献最大，而市场情绪和融资融券的重要性强于投资者投机动机和非流动性指标等因素，后者的偏 R^2 甚至小于 0.02。中观因素在解释 AH 溢价率中的相对重要程度强于 A-ADR 溢价率，可能反映了 A 股和 H 股市场间较强的跨市场羊群效应。

自"8·11"汇率改革以来，预期汇率变动的偏 R^2 从超过 0.04 降低到不足 0.002，其重要程度明显降低，再度印证了我们对汇率改革政策积极效果的判断，即汇率改革的效果已经夯实，且境外投资者日益适应人民币汇率的波动。

表 5.9 主要解释变量的偏 R^2

变量		A-ADR 溢价率				AH 溢价率	
		在岸汇率		离岸汇率		116 家 AH 上市企业	9 家三地上市企业
		2005 年 8 月以来	"8·11" 汇改以来	2005 年 8 月以来	"8·11" 汇改以来		
宏观	预期汇率变动	0.044	0.001	0.042	0.002	—	—
	美元指数	0.020	0.001	—	—	0.000	0.005
	金融开放	0.067	0.074	0.329	0.096	0.259	0.281
中观	市场情绪	0.120	0.002	0.048	0.005	0.030	0.116
	$D_{融资融券}$	0.035	—	0.032	—	0.031	0.127
微观	股息率	0.183	0.114	0.166	0.116	0.386	0.159
	流动性指标	0.029	0.060	0.075	0.062	0.016	0.012
	投机动机	0.041	0.038	0.165	0.105	0.007	0.000
	信息不对称	0.025	0.014	0.035	0.011	0.002	0.009

注：鉴于金融开放数据的可得性，本表样本区间为 2004—2019 年。

五、结论和政策含义

本章通过对比 A 股、H 股及 ADR 之间个股溢价率，发现 H 股和 ADR 之间价差极低，显示中国香港和美国市场高度融合，而 A 股相对于 H 股和 ADR 存在显著溢价，说明内地与境外市场存在分割。市场分割通过宏观、中观、微观层面多类因素影响了投资者的估值，进而影响了 AH 和 A-ADR 溢价。这些因素包括宏观层面的预期汇率变动和市场开放程度，中观层面的市场情绪，以及微观层面的股息率、流动性不足、投机动机、信息不对称等，其中，微观因素的重要性大于中观和宏观因素的重要性。值得关注的还包括以下几个方面：一是个股股息率在所有溢价分析结果中基本都是决定性因素，主要原因是国际投资者最重视的基本面因素；二是市场情绪在解释 AH 溢价率中的重要程度强于 A-ADR 溢价率，可能反映了 A 股、H 股之间的跨市场羊群效应等非理性行为强于 A 股、美股之间；三是境外投资者对内地金融市场的开放程度较为敏感，对人民币汇率变动的接受程度增强。

从价差影响因素的相对重要性看，中国内地股市仍不成熟。A 股区别于一般经济体股票对应的 ADR 高溢价主要与资本市场开放、A 股投资者的投机动机、A 股股票缺乏流动性有关。从 116 对 A-H 股票对的分析结果看，金融开放和市场情绪也是 AH 溢价的重要影响因素，反映了中国股市在金融开放程度、投资者理性程度等方面的不足。

实证的结果可以用来检验汇率制度改革和金融市场开放的政策效果。"8·11"汇改以来，在岸汇率的预期变化对 A-ADR 溢价率的影响大幅增强，发挥了资本市场价格基础的作用，而美元指数的影响有所弱化，印证了我国汇率市场化改革的显著成效。同时，预期（在岸）汇率变动在影响因素中的优先度降低，反映了境外投资者对我国汇率的市场化波动接受度有所增强。此外，个股数据同样验证了张雪春等（2020年）的结论，即沪深港通后 AH 溢价的跳升是由汇率等因素导致，而沪深港通增强了 A 股的价格发现能力。

实证结果同时说明，以下举措有利于提升 A 股价格发现功能，缩小 A 股相对于 ADR 和 H 股的溢价率：一是提升人民币汇率灵活程度和稳定的汇率预期；二是融资融券等加强 A 股市场规则向国际规则靠拢的措施；三是提升 A 股市场与国际市场资金联通以及中国金融市场的开放程度；四是发展长期机构投资者，弱化 A 股投资者的投机动机；五是合理设定境内外股息率，提升中资企业 A 股和 ADR 的投资价值。

未来，由于地缘政策环境变化，A 股与 H 股的 ADR 价差很可能呈现不同的特点甚至趋势，越来越多的中概股可能被迫从美国退市并在中国香港上市，值得学术界关注。尤其是，交叉上市的定价机制或许能产生跨市场的外部性，交叉上市的股票价格会高于在单个市场上市的价格，那么在两个市场上市就是企业的内生最优选择。

第六章

从 H 股、A 股对 ADR 的波动溢出效应看中概股回归

本章基于 2001—2020 年股指数据和 29 家在中国香港、美国交叉上市中国公司数据，研究了跨市场的波动溢出效应，为中概股回归提供实证支撑。研究结果显示，H 股（A 股）和 ADR 之间存在双向波动溢出效应，净溢出效应在国内股市波动性上升、经济政策不确定性较大时更显著；H 股向场外市场 ADR 的净溢出效应强于主板市场 ADR，而 A 股对二者的净溢出的差异不显著；更高的分析师或研报关注度，或者聘用境外会计师事务所，都会降低 H 股（A 股）的净溢出效应。当前中美金融关系存在较大不确定性，建议鼓励合格的中概股公司回归 H 股，充分发挥 H 股对 ADR 的引导作用，将中国香港打造为中概股境外上市集散中心。

一、引子

2020 年 5 月 20 日美国参议院全票通过《外国公司问责法案》（The Holding Foreign Companies Accountable Act，又称《中概股法案》），该法案禁止连续三年未能遵守美国上市公司会计监督委员会审计要求的公司在美国证券交易所交易，要求上市公司披露是否为外国政府所有或控制。该法案的执行有三年过渡期。时任美国总统特朗普 2020 年 12 月 18

日签署了该法案,中概股将面临更高的合规成本及退市风险[①]。中概股掀起回归浪潮的同时,仍有一批中国公司赴美国上市。2020年6月以来,京东、网易、百胜中国、万国数据、新东方、中通快递赴香港第二上市,共募资1 138.91亿港元,占港股2020年IPO募资总额的28.6%。与此同时,2020年共有32家中国公司赴美国上市,融资金额超过133.74亿美元。

各界对中概股回归有一些讨论,但主要以理论层面的利弊分析为主,缺乏对于交叉上市公司股价跨境相互作用机制的研究和数据支撑。本章以交叉上市中资公司股票收益率的溢出效应为切入点,通过实证分析29只交叉上市股票收益率的波动溢出效应,提出了H股股价波动影响ADR价格的经验证据,并进一步研究包括公司治理在内的影响因素,为中概股回归H股的积极意义和实施提供证据和参考。

本章的意义体现在:第一,研究题目具有极强的时效性,为当前中概股回归提出了决策依据;第二,从指数和个股层面提出了中国公司H股(A股)对ADR溢出效应的经验证据,并结合公司治理特征就溢出效应的异质性特征进行剖析。

二、文献综述

(一)跨市场或跨资产类别的溢出效应

跨市场溢出效应主要关注来自一个股票市场的冲击如何影响其他市场的表现。理论研究方面,由于投资者信息不完全,若使用来自其他市场价格变化的信息,就会产生股票市场之间的溢出效应或传染效应,体现了跨市场信息对风险估值和投资组合多样化的影响(King和

[①] 2021年1月11日,中国移动、中国电信、中国联通三家电信公司在纽交所停牌,启动退市程序。

Wadhwani，1990年）。Pretorius（2002年）提出了股票市场联动的三种解释，即传染效应（信息等）、经济一体化（贸易等）和股票市场特征（市场波动性、行业相似性等）。实证研究侧重于发达经济体之间或者发达经济体与新兴经济体之间的溢出效应（Eun和Shim，1989年；Kim等，2016年；Prasad等，2018年）。Koutmos和Booth（1995年）揭示了溢出效应的非对称机制，即负面冲击的溢出效应强于正面冲击。关注跨资产类别溢出效应的研究旨在揭示经济受冲击后的风险传播路径（Diebold和Yilmaz，2012年；胡秋灵和马丽，2011年）。

股市波动溢出效应的研究方法主要有两种。一是基于广义自回归条件异方差（GARCH）系列模型，以ARCH项的系数反映波动溢出效应，且多使用股票指数数据（Ahmed和Huo，2019年；梁琪等，2015年）。二是基于Diebold（2009年）和Yilmaz（2012年）的向量自回归（VAR）模型预测误差方差分解方法构建溢出指数。此外，制度转换（Regime Switching）和随机波动（Stochastic Volatility）模型也用于研究溢出效应（Zheng和Huo，2013年）。鉴于第二种方法可获得时间序列数据，便于进一步进行分析，本章采用第二种方法。

（二）股市溢出效应的影响因素

股市波动率、市场情绪、宏观经济、经济政策不确定性等因素影响股市溢出效应。根据King和Wadhwani（1990年）的市场传染模型，波动溢出效应的市场传染系数是波动率的递增函数。Prasad等（2018年）对净溢出的时间序列和面板回归的分析发现，跨市场的相对波动率、股票市场成交量的相对值等是波动溢出的主要驱动因素。Eiling和Gerard（2015年）认为，股票市场发展和贸易开放对新兴股票市场的联动发挥重要作用。郑挺国和刘堂勇（2018年）基于股指的研究显示，国际股市间的总波动溢出效应呈上升趋势，国际股市间的波动溢出效应可以较好地由经济基本面和市场传染进行解释，且溢出效应与经济政策不确定性正相关。Su（2020年）的研究表明，宏观经济变量和情绪变量对波动溢出效应的长期、中期和短期成分的影响存在差异，低频成分是波动性溢出的主要驱动因素，短期波动溢出效应对市场事件的冲击非常敏感。关于中国的研究方面，Zhou等（2012年）研究了中国股市和世界主要经济体股市的溢出效应，认为次贷危机期间中国对其他经济体存在正向溢出效应，尤其是中国香港和中国台湾。徐晓光（2017年）研究发现，沪港通提高了内地与中国香港股市的行业间双向波动溢出，且主要是南向波动溢出，而市盈率、规模和投资者情绪变化等内地市场因素也会影响股市间的波动溢出。

此外，公司治理会影响股市投资者决策，从而影响股价。Chung和Zhang（2011年）研究发现机构投资者更愿意投资治理良好的企业。雷光勇等（2012年）基于2006—2009年A股数据研究表明，公司治理质量越高，通过影响公司经营战略的连续性与稳定性，有利于增强投资者信心，从而影响股票价格。梁上坤等（2020年）对2007—2016年A股上市公司的研究发现，公司治理特征（董事会断裂带）可能加剧了股价崩盘风险。

（三）中概股回归相关问题

中概股自20世纪90年代初开始陆续在美国上市，截至2020年6月1日，在美股挂牌或曾经挂牌的中概股362只，其中248只仍在美股挂牌交易。我国企业主要采用ADR方式在美国上市，可以避开美国法律对于在美国直接发行股票时的注册手续、财务报表、信息披露等方面的严格要求（饶慧民，1999年）。中概股质量分化明显，一些中概股暴露出经营不规范、财务造假隐瞒、公司治理不完善、利用中美跨境监管漏洞等问题，影响了中概股整体信誉（戴丹苗和刘锡良，2016年）。2010年中概股爆发信任危机，引发中概股退市潮，部分中概股遭集体诉讼并支付高额赔偿金。2020年以来，以瑞幸咖啡、好未来教育集团财务造假事件为导火索，中概股危机重现。

中概股回归我国股市可以显著提高上市公司业绩和估值，将有助于促进股市长期发展（李昊，2017年）。不过，中概股回归H股的便利性强于A股。一方面，一些中概股股权结构VIE模式使其回归A股难度大。VIE模式主要是通过协议而非传统的股权来实现对境内企业的控制，具有双重道德风险（刘纪鹏和林蔚然，2015年）。VIE模式上市公司回归A股需拆除VIE架构或者分拆部分业务借壳上市（彭涛，2016年），再或者发行中国存托凭证。另一方面，港交所2018年开始实施允许同股不同权、未盈利生物科技企业上市的新政，加之香港市场有较好的投资者基础，以及沪深港通的制度设计，香港市场已经成为新经济公司上市、中概股公司二次上市或再上市的首选目的地之一。此外，ADR与H股是可替代的金融资产。一般情况下，H股股价略低，主要反映投资者对股息率和流动性的偏好以及信息不对称的影响。

总体而言，现有文献已经取得了一些重要成果，但相关研究主要停留在理论分析层面，基于数据的经验证据有所不足。本章则弥补了这一重要不足，提出了相关经验证据，并进一步探讨了宏观经济、股市、情绪和公司治理等因素对其的影响。

三、样本选取与研究设计

（一）研究方法

首先，本章采用TVP-VAR方法[①]构建波动溢出指数。Diebold（2009年）和Yilmaz（2012年）开创性地基于VAR模型的预测方差分解构建波动溢出指数（DY指数），以衡量市场间总体和方向性溢出效应

[①] 由于本章在构建溢出效应指数的方法上没有创新，限于篇幅，此处不赘述方法步骤，感兴趣的读者可查阅Diebold（2009年）、Yilmaz（2012年）、Antonakakis和Gabauer（2017年）、郑挺国和刘堂勇（2018年）等的文献。

的动态变化。Antonakakis 和 Gabauer（2017 年）参照 DY 指数，构建了基于 TVP-VAR 模型的波动溢出指数，通过纳入时变截距项和随机波动，刻画了系数的动态变化以及数据的条件异方差特征，克服滚动窗口 VAR 方法在样本损失、窗宽选择、异常值影响等方面的局限性。郑挺国和刘堂勇（2018 年）认为，这可以避免估计结果受波动率本身的趋势变化以及条件异方差性的影响，使不同时期的估计结果更具可比性。

其次，本章采用面板数据分析方法，研究 H 股、A 股和 ADR 波动溢出效应的影响因素。结合 Fernández-Rodríguez 等（2016 年）、Prasad 等（2018 年），Su（2020 年）等的文献，本章考虑如下几种可能影响 H 股和 ADR 波动溢出效应的因素：一是宏观经济变量，主要是 CPI、经济政策不确定性指数；二是股市变量，即股市相对波动率 RelStockVol；三是情绪变量，采用隐含波动率指数（VIX）来衡量投资者对未来市场波动的担忧。研究的全样本为 29 家交叉上市的公司。此外，受数据可得性限制，本章对三地上市的 13 家公司子样本考虑公司治理对跨市场波动溢出效应的影响。实证分析过程中，鉴于样本公司数少、每家公司的观测值多，我们采用固定效应面板回归模型。

（二）样本选择与资料来源

本章从中国公司相关指数和个股数据两个层面开展研究。指数层面，H 股指数采用恒生中国企业指数，H 股对应的 ADR 指数采用 BNY Mellon Hong Kong Classic ADR 指数（简称为 HK ADR Index），数据分别来源于 Wind 和 DataStream，其中 HK ADR Index 数据始于 2015 年 1 月 8 日。作为对照，我们同时分析了 A 股和 ADR 指数间的溢出效应，A 股指数采用沪深 300 指数，A 股对应的 ADR 指数采用 S&P/BNY Mellon China Select ADR 指数（简称为 CN ADR Index），数据分别来源于 Wind 和 S&P Dow Jones Indices 网站，数据样本始于 2011 年 1 月 3 日。从图 6.1 可见，国内指数和其对应的 ADR 指数走势具有极强的一致性。恒生中国企业指数与 HK ADR Index 的相关系数为 0.62，二者涨跌幅的相关系数为 0.58，波动率（21 个工作日标准差）的相关系数为 0.66；沪深 300 指数与 CN ADR Index 的相关系数为 0.81，二者涨跌幅、波动率的相关系数分别为 0.39 和 0.47。

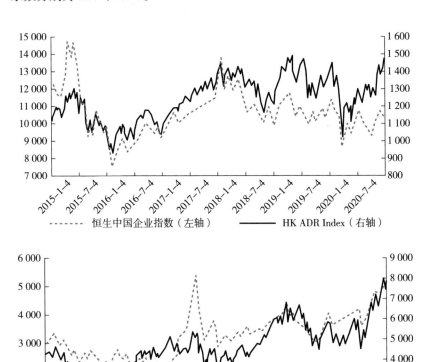

图 6.1　股票指数：ADR、港股和 A 股

资料来源：Wind，DataStream。

个股层面，选取 29 家在中国香港和美国交叉上市的中国公司于 2001 年 1 月—2020 年 12 月的 20 年日度数据，样本公司如表 6.1 所列。个股股价数据，中国香港、美国的股票指数数据、CPI 等宏观资料来源于 Wind。

EPU 数据为月度频率，来源于 Baker 等（2016 年）[①]。VIX 资料来源于芝加哥交易所。样本中 13 家三地上市公司的公司治理资料来源于 CSMAR 数据库。变量定义和资料来源如表 6.2 所示。

表 6.1 H 股、美股双重上市企业列表

序号	公司简称	H 股		美股		A 股	
		代码	上市日期	代码	挂牌日期	代码	上市日期
1	上海石化	0338	1993-7-26	SHI	1993-7-26	600688	1993-11-8
2	广深铁路	0525	1996-5-14	GSH	1996-5-14	601333	2006-12-22
3	东方航空	0670	1997-2-5	CEA	1997-2-4	600115	1997-11-5
4	南方航空	1055	1997-7-31	ZNH	1997-7-30	600029	2003-7-25
5	华能国际	0902	1998-1-21	HNP	1994-10-5	600011	2001-12-6
6	中国石油	0857	2000-4-7	PTR	2000-4-6	601857	2007-11-5
7	中国石化	0386	2000-10-19	SNP	2000-10-18	600028	2001-8-8
8	中国铝业	2600	2001-12-12	ACH	2001-12-11	601600	2007-4-30
9	中国人寿	2628	2003-12-18	LFC	2003-12-17	601628	2007-1-9
10	中国移动	0941	1997-10-23	CHL	1997-10-22	—	
11	中国联通	0762	2000-6-22	CHU	2000-6-21	—	
12	中海油	0883	2001-2-28	CEO	2001-2-27	—	
13	中国电信	0728	2002-11-15	CHA	2002-11-14	—	
14	百济神州	6160	2018-8-8	BGNE	2016-2-3	—	
15	阿里巴巴	9988	2019-11-26	BABA	2014-9-19	—	
16	网易	9999	2020-6-11	NTES	2000-6-30	—	
17	京东	9618	2020-6-18	JD	2014-5-22	—	
18	青岛啤酒	0168	1993-7-15	TSGTY	1996-2-1	600600	1993-8-27
19	江西铜业	0358	1997-6-12	JIXAY	2003-10-7	600362	2002-1-11
20	兖州煤业	1171	1998-4-1	YZCAY	1998-3-27	600188	1998-7-1
21	中国平安	2318	2004-6-24	PNGAY	2005-3-28	601318	2007-3-1

---

① Baker 等（2016 年）利用文本分析方法对一国经济政策整体不确定性程度进行度量，提出 EPU 指数（Economic Policy Uncertainty Index），相关数据更新并发布于 http://www.policyuncertainty.com/。

续表

序号	公司简称	H股 代码	H股 上市日期	美股 代码	美股 挂牌日期	A股 代码	A股 上市日期
22	中电控股	0002	1980-1-2	CLPHY	1997-11-3	—	—
23	创科实业	0669	1990-12-17	TTNDY	1994-1-1	—	—
24	中国海外发展	0688	1992-8-20	CAOVY	2008-11-3	—	—
25	联想集团	0992	1994-2-14	LNVGY	1995-3-28	—	—
26	香港电视	1137	1997-8-4	HKTVY	1999-11-2	—	—
27	首都机场	0694	2000-2-1	BJCHY	2008-11-3	—	—
28	中芯国际	0981	2004-3-18	SMICY	2004-3-17	—	—
29	腾讯控股	0700	2004-6-16	TCEHY	2008-10-20	—	—

注：样本中剔除了已从美股退市的9家公司（如鞍钢股份）、港美交叉上市的外资公司9家（如汇丰控股），以及交叉上市时间较短的中国公司。本表包括美国主板（序号1—14）和场外市场（序号18—29）ADR，其中广深铁路于2020年11月16日从纽交所退市，退到场外市场，股票代码调整为GSHHY。

表6.2 变量列表

变量类别	变量	定义	来源	数据描述
	r^H、r^{ADR}、r^A	股价涨跌幅	Wind	面板数据（日度）
	σ^H、σ^{ADR}、σ^A	股价涨跌幅的年化波动性	作者测算	
被解释变量				
	DY^{vol}[H-ADR]	H股对ADR的净波动溢出效应	作者测算	面板数据（日度）
	DY^{vol}[A-ADR]	A股对ADR的净波动溢出效应		
解释变量				
宏观变量	$dCPI$	中国香港和美国的CPI差值	Wind	月度数据
	EPU	经济政策不确定性指数	Baker等（2016年）	月度数据，中国香港数据截至2020年11月

续表

变量类别	变量	定义	来源	数据描述
股市变量	RelStockVol	股市相对波动（21个交易日窗口）。对 H-ADR，为恒生中国指数波动率除以 HK ADR Index 波动率；对 A-ADR，为沪深300指数波动率除以 CN ADR Index 波动率	Wind	日度数据，（HK）2015-1-8—2020-12-31，（CN）2011-1-3—2020-12-31
情绪变量	VIX	标准普尔500指数期权的隐含波动率	芝加哥交易所	日度数据，2001-1-2—2020-12-31
公司治理变量	$D_{独董地点}$	独立董事与上市公司工作地点一致性哑变量。1=相同，0=不同，缺失值=不能确定。多位独立董事，则按会计专业的独立董事工作所在地为准	CSMAR	年度面板数据，自公司上市至2019年
	$D_{四大审计}$	审计师是否来自境内四大会计师事务所		
	$D_{境外审计}$	审计师是否来自境外会计师事务所		
	$N_{分析师}$	被分析师关注度。一年内，多少个分析师（团队）对该公司进行过跟踪分析		
	$N_{研报}$	被研报关注度。一年内，多少份研报对该公司进行过跟踪分析		

注：σ^H 等股价涨跌幅的年化波动性根据 Diebold 和 Yilmaz（2012年），为 $\hat{\sigma}_{it} = 100\sqrt{365 \cdot \tilde{\sigma}_{it}^2}$，其中 $\tilde{\sigma}_{it}^2 = 0.361\left[ln\left(P_{it}^{max}\right) - ln\left(P_{it}^{min}\right)\right]^2$。

主要变量的描述性统计如表6.3所示。从全样本看，ADR 向 H 股或 A 股的溢出效应强于逆向溢出效应。结合溢出效应的动态变化可以发现，这主要是由于 ADR 向 H 股或 A 股溢出效应的极端情况明显大于逆向溢出效应。单位根检验显示，主要变量均平稳，可以用于面板回归分析。表6.3展示了股价收益率和方差数据的统计特征，ADR 的收益率在沪港通开通前高于 A 股、H 股，但 ADR 收益率的波动性也远高于 A 股、H 股。

表 6.3 变量的描述性统计（2001—2020 年）

变量	观测值数	均值	标准差	最小值	最大值	单位根检验
面板数据						
DY^{vol}[H-ADR]	97 135	−2.187	4.051	−49.064	12.545	26.479***
DY^{vol}[A-ADR]	47 214	−0.891	3.296	−33.251	19.781	32.069***
时间序列						
DY^{vol}[H-ADR] 指数	1 488	−0.644	3.224	−9.033	7.930	−2.951**
DY^{vol}[A-ADR] 指数	2 525	−0.356	2.474	−12.045	6.174	−4.602***
RelStockVol	1 488	1.349	0.399	0.408	2.971	−4.303***
lnVIX	5 032	2.905	0.382	2.213	4.415	−5.915***
lnEPU（香港地区）	239	4.781	0.535	3.136	6.053	−7.724***
lnEPU（中国）	240	4.614	0.696	3.166	6.495	−4.066***
dCPI（香港地区）	240	−0.308	2.613	−6.100	4.900	−3.164**
dCPI（中国）	240	0.274	1.724	−3.800	4.700	−3.243**
公司治理（年度面板数据）						
$D_{独董地点}$	203	0.473	0.500	0	1	—
$D_{境外审计}$	215	0.930	0.255	0	1	—
$N_{分析师}$	204	19.284	11.132	1	49	—
$N_{研报}$	204	43.324	32.308	1	168	—

注：lnVIX 表示 VIX 的自然对数值，其他变量类似。面板数据的单位根检验采用 Fisher-type unit-root test，表中所列统计量为 Modified inv. chi-squared。时间序列数据的单位根检验采用 Dickey-Fuller test。

表 6.4 股价收益率和方差的描述性统计

数据样本	均值			方差		
	H	ADR	A	H	ADR	A
指数						
全样本	0.051	0.028	0.044	1.886	1.132	1.652
（a）2007—2014-11-16	0.027	—	0.030	2.216	—	1.887
（b）2014-11-17—2020-05-19	0.002	0.011	0.044	1.392	1.104	1.571
（c）2020-05-20—2020-12-31	0.099	0.170	0.209	1.197	1.338	1.291

续表

数据样本	均值			方差		
	H	ADR	A	H	ADR	A
均值或方差检验						
（a）&（b）	0.024	—	−0.014	−0.824***	—	−0.315***
（b）&（c）	−0.096	−0.159	−0.165	−0.195**	0.234***	−0.280***
个股面板数据						
全样本	0.073	0.105	0.066	2.900	7.252	3.108
（1）2006年以前	0.116	0.170	0.118	3.291	7.875	3.650
（2）2007—2014-11-16	0.073	0.130	0.050	3.010	9.563	3.194
（3）2014-11-17—2020-05-19	0.019	0.015	0.035	2.291	2.370	2.504
（4）2020-05-20—2020-12-31	0.162	0.133	0.127	2.772	2.816	2.157
均值或方差检验						
（1）&（2）	−0.043	−0.040	0.068	−0.281***	1.687***	−0.456***
（2）&（3）	−0.054**	−0.115*	0.015	−0.719***	−7.193***	−0.690***
（3）&（4）	0.143***	0.118**	−0.092	0.481***	0.447***	−0.347***

注：均值检验为t检验，即检验a和b两个样本平均数的差异是否显著。方差检验为方差齐性检验，即检验变量在a和b组间方差是否相等。"*""**""***"分别表示在10%、5%、1%的水平下显著。

四、实证结果与分析

（一）H股对ADR溢出效应：指数分析

基于股票价格指数的溢出效应如图6.2所示。均值溢出效应以美股向H股和A股单向溢出为主，波动溢出效应则呈现明显的双向溢出特征。A股和H股对ADR的溢出效应呈现不同的动态特征。2020年5月20日中概股法案通过后，ADR向H股的溢出效应逐渐弱化，并转变为

H股向ADR净波动溢出，而A股则没有呈现出这样的特征。

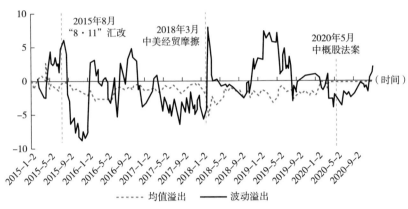

(a) H股对ADR的净溢出效应

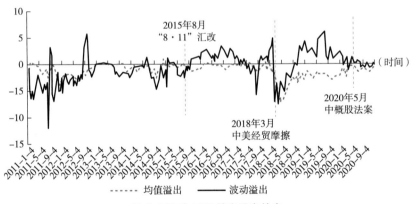

(b) A股对ADR的净溢出效应

图6.2　股票价格指数的净溢出效应

基于股票指数的分析（见表6.5）显示，H股（A股）更高的股市波动性、中国经济政策不确定性，与H股向ADR的净波动溢出效应呈显著的正相关关系。控制年份效应后，CPI的系数变得不显著。这些股市和经济因素对A股向ADR的净波动溢出效应的解释力度强于H股。

表6.5 股票指数的波动溢出效应影响因素

变量	H→ADR		A→ADR	
	（1）	（2）	（3）	（4）
dCPI	0.320***	0.041	0.101**	−0.051
	（0.053）	（0.071）	（0.048）	（0.048）
lnEPU	1.165***	−0.054	1.785***	0.754***
	（0.183）	（0.171）	（0.089）	（0.141）
RelStockVol	−0.236	1.962***	0.277**	0.371***
	（0.236）	（0.230）	（0.112）	（0.100）
lnVIX	−0.437*	−0.176	−2.039***	−0.280*
	（0.250）	（0.292）	（0.152）	（0.150）
常数	−5.180***	−4.093***	−4.053***	−6.887***
	（1.195）	（1.188）	（0.577）	（0.840）
观测值数	1 465	1 465	2 503	2 503
Adjusted-R^2	0.052	0.333	0.176	0.536
年份效应	×	√	×	√

注：括号中为标准差。"*""**""***"分别表示在10%、5%、1%的水平下显著。下同。

（二）H股和A股对ADR溢出效应：面板数据分析

面板数据的分析结果如表6.6所示。第一，股市相对波动性（RelStockVol）与溢出效应呈显著正相关关系，在29对H-ADR股票和13对A-ADR股票以及样本子区间均显著，表明较高的国内股市相对波动性传导至ADR，导致净波动溢出效应显著增强，与Prasad等（2018年）的研究结果一致。第二，隐含波动率（VIX）与我国股市的净波动溢出呈显著正相关关系。VIX指数上升意味着投资者对股市的恐慌或担忧加剧，溢出效应加强。这反映了市场情绪指标有助于解释股市短期波动溢出效应，与Su（2020年）的实证结果一致。不过，2020年5月20日美国参议院通过中概股法案以来，VIX的影响弱化，表明投资者可能对中概股背景等其他信息更敏感。第三，国内经济政策不确定性（EPU）与净

表 6.6 H 股和 A 股向 ADR 的波动溢出效应影响因素

被解释变量：DY^{vol}[H-ADR] 或 DY^{vol}[A-ADR]

变量	H→ADR			A→ADR		
	全区间	中概股法案以来	中概股法案以来	全区间	中概股法案以来	中概股法案以来
dCPI	0.158***	-0.174***	-0.174***	-0.025	-0.025	-0.456***
	(0.012)	(0.017)	(0.017)	(0.021)	(0.021)	(0.043)
lnEPU	0.213***	0.365***	0.365***	0.147***	0.147***	-0.451
	(0.042)	(0.081)	(0.081)	(0.039)	(0.039)	(0.323)
RelStockVol	0.601***	0.231***	0.231***	0.504***	0.504***	1.042***
	(0.055)	(0.088)	(0.088)	(0.050)	(0.050)	(0.209)
lnVIX	0.539***	0.003	0.003	0.277***	0.277***	-0.469
	(0.058)	(0.167)	(0.167)	(0.067)	(0.067)	(0.327)
D_{OTC}	—	—	1.875*	—	-0.259	-1.203
			(1.125)		(0.443)	(1.218)
常数	-5.729***	-4.488***	-5.264***	-2.808***	-2.728***	4.105*
	(0.546)	(0.907)	(1.003)	(0.332)	(0.352)	(2.492)
观测值数	35 626	3 733	3 733	29 922	29 922	1 947
股票个数	29	29	29	13	13	13
Adj-R^2	0.011	0.040	0.040	0.004	0.004	0.099

注：Adj-R^2 基于固定面板效应的组内 R^2。括号中为标准差。"*""**""***"分别表示在 10%、5%、1% 的水平下显著。

溢出效应正相关，不确定性水平下降则经济政策的净溢出效应弱化。第四，以 CPI 为代表的宏观经济变量对溢出效应的影响具有时变特征。

相比主板市场 ADR，在美股场外市场[①]（D_{OTC}）交易的 ADR 受 H 股的波动溢出更强，而受 A 股的波动溢出差异不显著。这在中概股法案通过前后具有一致性。换言之，在当前中美金融关系动荡的大环境下，我国可以利用 H 股对 ADR（尤其是场外市场交易的 ADR）的显著溢出效应，借在美国上市的中概股退市或赴香港第二上市之机，将我国香港打造为中概股境外上市集散中心，既可以强化 H 股对中国公司 ADR 价格波动性的引导作用，又便利内地投资者借助沪深港通提高优质中概股持股权益。

（三）公司治理对波动溢出效应的影响

如表 6.7、表 6.8 所示，公司治理相关特征与股票收益率的跨市场波动溢出效应呈现显著的相关性。第一，独立董事与上市公司工作地点一致性与 H 股波动溢出无显著相关性，但与 A 股波动溢出呈现显著负相关性。由于三地上市公司的股票或 ADR 都基于共同的经营主体，这种差异可能反映了 A 股和 H 股投资者对公司治理中独立董事作用持不同观点。第二，由境外会计师事务所进行审计的公司，H 股或 A 股向 ADR 的净波动溢出效应越弱。反之，如果中概股公司的审计师为境内机构，则国内股票向 ADR 的溢出效应较强。这可能与境内会计师事务所向美国证监会提交审计底稿需中国证监会批准的实践有关[②]。第三，市场关注度（$N_{\text{分析师}}$、$N_{\text{研报}}$）越高、信息透明度越高的公司，ADR 投资者决策受 H

---

① 场外市场对上市公司的要求较低，包括挂牌标准、信息披露等。场外市场的流动性较差。符合资格的上市公司可以申请从场外市场转到主板市场挂牌。

② 中美监管机构在上市公司审计底稿方面存在分歧。2002 年的《萨班斯 - 奥克斯利法案》赋予 PCAOB 对审计底稿进行审查的权力。但我国《证券法》《关于加强在境外发行证券与上市相关保密和档案管理工作的规定》等法律规定，审计机构不可将在中国境内开展的审计工作的相关文件和记录转移出境，跨国企业与中国相关业务的审计报告和账簿也需留存在境内。

股或 A 股波动性的影响较弱。这进一步细化了前文关于 H 股向场外市场 ADR 的溢出效应更强的发现。

对照表 6.7，公司治理特征对 H 股波动溢出效应的解释能力明显强于 A 股。换言之，即便短期内难以提升股票的市场关注度，或者难以调整公司的治理结构，从美股回归我国股市的公司相比回归 A 股，赴香港上市可以更大程度上发挥对 ADR 价格波动的引导作用。

表 6.7　公司治理对 H 股波动溢出效应的影响

被解释变量：DY^{vol}[H-ADR]

变量	（1）	（2）	（3）	（4）
$dCPI$	0.277*** （0.023）	0.292*** （0.023）	0.113*** （0.024）	0.146*** （0.023）
$lnEPU$	0.478*** （0.066）	0.444*** （0.066）	0.358*** （0.065）	0.370*** （0.065）
$RelStockVol$	−0.401*** （0.085）	−0.361*** （0.085）	−0.909*** （0.086）	−0.885*** （0.085）
$lnVIX$	2.034*** （0.136）	2.145*** （0.137）	2.149*** （0.134）	2.208*** （0.134）
$D_{独董地点}$	0.116 （0.091）	—	—	—
$D_{境外审计}$	—	−1.003*** （0.131）	—	—
$\ln N_{分析师}$	—	—	−2.304*** （0.095）	—
$\ln N_{研报}$	—	—	—	−1.953*** （0.080）
常数	−9.721*** （0.629）	−9.025*** （0.629）	−1.903*** （0.684）	−1.705** （0.691）
观测值数	15 301	15 301	15 301	15 301
股票数	13	13	13	13
Adj-R^2	0.052	0.055	0.087	0.088

注：括号中为标准差。"*""**""***"分别表示在 10%、5%、1% 的水平下显著。

表 6.8　公司治理对 A 股波动溢出效应的影响

被解释变量：DY^{vol}[A-ADR]

变量	（1）	（2）	（3）	（4）
$dCPI$	0.457***	0.415***	0.366***	0.397***
	（0.035）	（0.035）	（0.034）	（0.034）
$lnEPU$	−0.100*	−0.183***	0.801***	0.830***
	（0.060）	（0.059）	（0.066）	（0.064）
$RelStockVol$	−0.101	0.025	−0.112	−0.045
	（0.077）	（0.077）	（0.075）	（0.075）
$lnVIX$	0.369***	0.593***	0.434***	0.521***
	（0.124）	（0.123）	（0.121）	（0.120）
$D_{独董地点}$	−0.176**	—	—	—
	（0.087）			
$D_{境外审计}$	—	−2.382***	—	—
		（0.124）		
$N_{分析师}$	—	—	−2.733***	—
			（0.099）	
$N_{研报}$	—	—	—	−2.545***
				（0.082）
常数	−1.354**	0.319	1.585***	2.515***
	（0.579）	（0.576）	（0.548）	（0.528）
观测值数	15 264	15 264	15 264	15 264
股票数	13	13	13	13
Adj-R^2	0.016	0.039	0.064	0.077

注：括号中为标准差。"*""**""***"分别表示在 10%、5%、1% 的水平下显著。

（四）其他讨论

1. A-H 波动溢出效应

H 股向 ADR 的波动溢出效应中可能有一部分来源于 A 股，即 A 股可以直接或间接（通过 H 股）向 ADR 溢出，另一部分来源于香港地区经济或股市，即前文分析的主要影响因素。也就是说，H 股向 ADR 的波动溢出可能大于或小于 A 股。

虽然 A-H 溢出效应不是本章研究重点，我们仍然基于沪深 300 指数和恒生中小企业指数测算了动态的波动溢出效应，如图 6.3 所示。A 股和 H 股的股价收益率波动呈现双向溢出特征，2002 年以来 H 股向 A 股的波动溢出持续时间较长的时期主要有三个，即 2008 年全球金融危机、2014 年沪港通试点开始至 2015 年年底、2018 年 A 股纳入 MSCI 前后。此外，2014 年以来，A 股和 H 股之间双向的总波动溢出效应明显强于以往，体现了沪深港通开通以来，两地股市更加畅通的资金往来和信息交流。

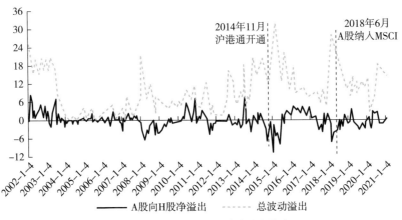

图 6.3 A-H 净溢出和总波动溢出效应

2. 稳健性检验

个股层面，选取周度数据，调整股票收益率波动率的定义，得到的分析结果呈现较强的稳健性。具体而言，我们参照 Diebold 和 Yilmaz（2009 年）构建股票实际收益率序列，即 $r_{i,t}=(1+i_{i,t})/(1+\pi_t)-1$，其中周度名义收益率 $i_{i,t}=\ln(P_{i,t})-\ln(P_{i,t-1})$，$\pi_t=\sqrt[4]{CPI_t}$，$CPI$ 为美国或中国香港的月度 CPI 环比；周度的股票收益率波动序列参照 Diebold 和 Yilmaz（2009 年），即：

$$\tilde{\sigma}^2 = 0.511(H_t-L_t)^2 - 0.019\big[(C_t-O_t)(H_t+L_t-2O_t)-2(H_t-O_t)(L_t-O_t)\big] - 0.383(C_t-O_t)^2$$

其中，H_t、L_t 分别为周内最高、最低价的自然对数，O_t 是周一开盘价的自然对数，C_t 是周五收盘价的自然对数。

五、结论与政策建议

本章基于股票指数和交叉上市公司面板数据的研究显示，国内股价与 ADR 价格存在双向波动溢出效应，H 股（A 股）对 ADR 的波动溢出效应随着我国股市波动性上升、国内经济政策不确定性上升而增强，意味着中国企业的 H 股或 A 股价格受到冲击或不确定性高时会显著提高 ADR 的波动率，即国内股价对 ADR 价格有引导作用；上市公司的分析师、研报关注度越高，或者聘用境外会计师事务所，有利于降低 ADR 投资者的信息不对称程度，缓和其对 H 股（A 股）波动的敏感性；H 股向场外市场 ADR 的净溢出效应强于主板市场 ADR，而 A 股对二者的净溢出的差异不显著。

研究结果表明，中概股公司回归香港地区上市，有助于提升我国股市对 ADR 的引导作用，提升我国监管机构话语权，降低中概股公司的声誉风险，同时便利内地投资者借助沪深港通提高优质中概股持股权益。一是充分发挥 H 股向 ADR 的波动溢出效应，强化国内股价影响 ADR 价格的机制，降低 ADR 投资者的信息不对称程度，降低中概股公司的声誉风险。二是借助香港地区的国际金融中心地位，便利监管合作，主动强化上市公司治理相关制度的落实，提升我国监管机构话语权，提高国际市场对中概股及中国股市的信任度。此外，本章研究结果对留在美股挂牌的中国公司也有参考价值，如提升市场关注度、聘用境外会计师事务所等。

第七章

未来方向

A 股相对于同股同权的港股和按一定比例转换的 ADR 存在平均 30% 以上的持续溢价,且溢价率在 2014 年年底启动沪港通后出现系统性跳升,形成"中国股票市场之谜"。在加快形成双循环新发展格局的背景下,我国应扩大人民币资本项目可兑换程度,健全 A 股市场与国际市场资金联通机制,进一步提升人民币汇率灵活程度,增强中国与国际金融市场融合度,提升境内股票市场的价格发现能力;在香港地区发行以人民币计价的中概股股票为突破口,建立分层有效的稳定的金融体系,推动国际循环为国内循环创造更好环境。

一、深入推进金融开放与汇率改革,提升 A 股市场价格发现能力

(一)"中国股票市场之谜"

我国股票市场经过 30 年的发展,已经成为世界第二大股市市场,但仍未完全与国际金融市场接轨。迄今,我国已经有逾 1 500 家企业在境外(包括香港地区)上市,其中约 140 家企业在境内外交叉上市。市场机构及政策制定者一直对我国交叉上市公司的股票价格有两个疑惑:一是境内股票价格高于甚至远高于境外股价;二是 2014 年年底启动沪港通

后,内地与香港股市联通性提高了,但交叉上市的A股H股溢价不仅没有缩小,反而出现了系统性跳升。

我们选取截至2020年6月底的116对在A股和H股交叉上市(主板和中小企业板)、9对[①]在A股和美股主板交叉上市的中国企业股票。2002年以来,A-ADR溢价率平均在30%左右,AH溢价率平均为35%,而15对在H股和美股主板交叉上市企业的ADR-H溢价率仅为0.1%左右。H股和ADR之间价差极低,显示中国香港和美国市场高度融合,而A股相对于H股和ADR存在显著溢价,说明内地与境外市场存在分割。市场分割通过宏观、中观、微观层面多类因素影响投资者的估值,进而影响了AH和A-ADR溢价。

(二)金融开放和汇率改革促进A-ADR和AH价差收敛

交叉上市企业的股票价格差异主要源于不同市场的资本流动和汇率制度安排(宏观层面)、交易机制及市场流动性差异(中观层面)、个股流动性及信息不对称(微观层面)等。美国和我国香港股市的金融开放程度、汇率安排、交易制度和市场工具更有利于价格发现、股票交易和风险管理。

从价差影响因素的相对重要性看,中国股市仍不成熟。A股及美股交叉上市股票价格差异区别于一般经济体股票对应的ADR高溢价主要与资本市场开放、A股投资者的投机动机和股票缺乏流动性有关。市场情绪在解释AH溢价率中的重要程度强于A-ADR溢价率,反映了中国股市在投资者理性程度等方面的不足。A股海外投资者(约3%)和机构投资者(20%)占比远低于H股(分别为46%和60%以上)和美国股市(分别为16%和62.4%),交易的投机性较强,换手率高,投资期

---

① 按H股上市时间顺序为:上海石化、广深铁路、东方航空、南方航空、华能国际、中国石油、中国石化、中国铝业、中国人寿。

限较短，制约股市价格发现能力的提升。

从缩小跨市场价差角度，金融市场开放和汇率制度改革都取得了积极的政策效果。我们构建了一个两国、两阶段理论模型研究表明，金融开放程度提高和本币汇率的升值预期都能缩小股票价差；信息不对称的程度越低，则价差越小。实证研究进一步提供了经验证据。

第一，金融开放缩小跨市场价差。我们引入三个金融开放测度变量，即境外资产负债与 GDP 之比、不含外汇储备的境外资产负债与 GDP 之比和 2014 年 11 月沪港通开通的哑变量。静态和滚动窗口的面板数据分析显示，金融开放缩小 A-ADR、AH 溢价率的效果在 2017 年以前较为显著，2017 年后边际弱化；沪深港通开通后 AH 溢价的跳升是由汇率等因素导致，沪深港通增强了 A 股的价格发现能力。

第二，汇率改革夯实了人民币汇率的价格作用。2015 年"8·11"汇改以来，在岸汇率的预期变化对 A-ADR 溢价率的影响大幅增强，发挥了资本市场价格基础的作用，而美元指数对 A-ADR 和 AH 溢价率的影响相应弱化，印证了我国汇率市场化改革的显著成效。同时，预期人民币汇率变动在影响因素中的优先度降低，反映了境外投资者对我国汇率的市场化波动接受度有所增强。

（三）政策建议

受国际地缘政治环境变化尤其是中美贸易摩擦加剧的影响，越来越多的中概股可能被迫从美国退市并在中国香港或中国境内上市。进一步发展 A 股市场，推动 A 股与国际金融市场接轨，有利于吸引海外投资者，推动国际循环为国内循环创造更好的环境。以下举措有利于提升 A 股价格发现功能，缩小 A 股相对于 ADR 和 H 股的溢价率，增强我国资本市场的国际影响力。

一是提升 A 股市场与国际市场资金联通，以及中国金融市场的开放程度。应加快推出国际板、健全注册制，扩大人民币资本项目可兑换程度，便利海外投资者，尤其是出台让海外投资机构更方便购买进入国际指数的A股的具体措施。进一步健全金融业开放的制度规则，实现制度性、系统性开放，完善宏观审慎管理，使监管能力与开放水平相适应，完善风险防控体系。

二是提升人民币汇率灵活程度，稳定汇率预期。坚持人民币汇率形成机制改革与金融市场开放相互配合、协调推进。积极推动国际货币金融体系改革，适当开展货币互换，推动人民币在供应链上下游的国际使用，提升国际市场对人民币汇率双向波动的适应性。

三是合理设定股息率，发展境内长期机构投资者，完善上市公司治理和退出机制，增强股票流动性，弱化投机动机和市场情绪对股价的影响，增强境内股票市场的价格发现能力。

二、在香港地区发行以人民币计价的中概股股票为突破口，建立分层有效的稳定金融体系

在中美战略竞争的背景下，为了防止美国基于美元霸权对我国进行"卡脖子"，有必要稳妥推进人民币国际化与资本项目开放。如何充分利用好香港地区国际金融中心地位以及沪港通机制，非常重要。我们建议，利用中概股回归契机，推动其在香港和内地同时发行以人民币计价的股票，内地投资者可通过沪港通使用人民币购买人民币计价的中概股，助力资本项目的双向开放以及形成离岸人民币的"蓄水池"。同时，在沪港通中进行专户管理，监控人民币出境及回流的节奏，并保证出境的人民币只能用于购买以人民币计价的中概股，不能用于投资境外人民币衍生品等其他资产，做到风险可控。相对于目前的人民币国际化和资本项目开放方式，我们的建议有以下几个方面好处。

第一，目前是不对称的资本项目开放，更多鼓励资金流入，对资金流出控制比较严，QDII额度放开，如果没有合适的投资标的，居民也不愿增加投资；而我们的方案是可控地引导居民对外投资，并对其熟悉

的企业股票投资，能减轻境内资产泡沫压力，且不会对外汇储备及汇率造成冲击。为防止跨境资金进出造成冲击，我国目前采取不对称的资本项目开放，资金出境管理较严格。但当前境外资金因长期看好中国经济持续涌入，不对称的开放容易诱发境内资产价格泡沫。我们的方案中，境内资金可较为方便地进入香港市场购买人民币资产，平衡的双向开放有助于化解境内资产泡沫压力。同时，以购买香港市场人民币资产的资金出境方式，不会造成我国外汇储备的减少以及人民币汇率的波动，而且基于沪港通机制可对出境的人民币进行专户管理，做到风险可控、稳妥推进。目前的沪港通机制人民币投资要换成港币，汇回来也一样，会对汇率和外汇储备有影响；而以人民币直接投资香港的人民币计价的资产，不会对汇率和外汇储备产生影响。

第二，目前为维持人民币汇率相对稳定，央行对离岸市场的管理主要是通过发央票抽取人民币，这样必然会降低境外机构持有人民币的意愿，也不利于人民币国际化。而我们的方案有利于形成一个不会对人民币汇率产生影响的离岸人民币"蓄水池"。推动人民币国际化，需要形成境内银行间债券市场、弹性汇率下的外汇储备兑换、离岸资产市场三大人民币"蓄水池"，予以助力。目前，人民银行为维持人民币汇率，对香港离岸人民币市场的管理主要是通过发央票把人民币抽回来，导致境外的人民币资金实际是无法使用的。当前要解决的关键问题是在不影响汇率的情况下，如何形成可投资的离岸人民币的"蓄水池"。我们的方案中，推动境内人民币出境投资以人民币计价的中概股，可增加离岸市场的人民币存量。同时，这个人民币资产市场发展壮大后，会逐步吸引境外投资者参与，从而形成离岸人民币的"蓄水池"，促进人民币的国际化。

第三，我们的方案可减轻香港金融体系对美元的过度依赖，缓解联系汇率制度的压力。早期，香港主要作为自由贸易港，转口贸易量很大，而转口贸易中 70% 以上是美元计价的，因此实行与美元挂钩的联系汇率制度。现在除了贸易之外，金融在香港市场中的重要性越来越大。

而在港股市场上，以内地企业（含 H 股、大红筹、小红筹）为主，数量占比在 50% 左右，市值占比在 70% 以上，实际对应的是人民币资产。但目前这些内地的资产也以港元计价，实质上是以美元估值的。美国已经取消我国香港的特殊经济地位，未来也有可能出台相关金融制裁措施，进一步打击香港国际金融中心地位。我们的方案中，在香港地区逐步形成更大体量的以人民币计价的金融资产，可弱化美元对香港金融体系的影响，有利于稳定香港联系汇率。

第四，我们的方案能更好地帮助境内互联网科技及金融科技企业融资，解决中概科技股从美国回归的后顾之忧。中美竞争背景下，科技是核心。中概股多是境内优质的互联网科技和金融科技企业，是我国可能取得突破的科技领域。在美国上市的中概股面临的外部环境已不友好。中概股总市值达 2 万亿美元，相当于港股总市值的 37% 以及 A 股总市值的 19%，妥善地考虑好中概股回归后的融资安排非常重要。中概股同步以人民币计价在两地上市，既可解决大型科技企业的大体量融资问题，又能拉平境内外金融资产价格，提高境内金融市场效率。

第三篇

债券市场

第八章

债券市场开放历程

20 世纪 80 年代以来,我国债券市场持续深化改革、扩大开放,制度框架逐步完善,2016 年起跻身世界第二大债券市场。目前,我国债券市场主要包括银行间市场、交易所、商业银行柜台三个子市场。其中,银行间市场是我国债券市场的主体,属于大宗交易市场(批发市场),参与者是各类机构投资者,债券存量约占全市场的 90%。交易所属于集中竞价交易的零售市场,也有大宗交易方式。商业银行柜台属于零售市场,是银行间市场的延伸。

在持续深化开放过程中,我国债券市场的境内外参与主体日益丰富,境外发行人和投资者参与境内债券市场("引进来")程度加深,境内发行人和投资者参与境外市场("走出去")的便利性提升。截至 2022 年 4 月末,中国债券市场余额为 138.2 万亿元,共有 1 035 家境外机构投资者进入中国债券市场,总持债规模为 3.9 万亿元。

一、境外投资者和发行人"引进来"

(一)境外投资者

随着债券市场开放的推进,境外机构投资者参与我国债券市场的广度逐步拓宽。2000 年 4 月 30 日,人民银行发布《全国银行间债券市场债券交易管理办法》，允许经营人民币业务的外国银行分行进入中国银行间债券市场（CIBM）。2005年，泛亚债券指数基金成为银行间债券市场引入的第一家境外机构投资者。此后，一些在华外资银行的法人银行或分行陆续成为银行间市场交易商协会的会员，包括汇丰、渣打、花旗、摩根大通等。2008年5月，摩根大通银行（中国）有限公司获得银行间债市做市商资格，成为首家获得做市商资格的外资银行。2009年1月，银监会批准外商独资银行和中外合资银行在银行间债券市场交易及承销（非金融）企业债券融资工具，境内企业债券市场对外资银行开闸。截至2021年11月29日，银行间债券市场现券做市商名单中有11家在华外资法人银行或分行，其中，做市类型为综合类的包括德意志银行、法国巴黎银行、汇丰银行、摩根大通银行、星展银行、渣打银行6家在华外资法人银行，做市类型为信用债专项的包括东亚银行、花旗银行、瑞穗银行、三菱东京日联银行4家在华外资法人银行和美国银行有限公司上海分行。

随着债券市场改革开放深化，境外机构投资者进入银行间债券市场和交易所市场的标准统一，便利性进一步增强。2022年5月，人民银行、证监会、外汇局发布第4号公告，进一步便利境外机构投资者投资中国债券市场。具体而言，获准进入银行间债券市场的境外机构投资者，可以投资交易所债券市场，不需要经过重复申请；研究探索建立健全兼容多级托管的包容性制度安排；允许同一境外机构投资者账户内资金在境内进行双向划转等。

此外，境外投资者投资我国债券市场相关免税政策，有利于吸引境外投资者。2018年11月，财政部、税务总局《关于境外机构投资境内债券市场企业所得税、增值税政策的通知》规定，自2018年11月7日起至2021年11月6日止，对境外机构投资境内债券市场取得的债券利息收入暂免征收企业所得税和增值税[①]。2021年12月，财政部、税务总

---

① 详细内容可参见：http://www.chinatax.gov.cn/n810341/n810755/c3912855/content.html。

局《关于延续境外机构投资境内债券市场企业所得税、增值税政策的公告》规定，延长境外机构投资者投资境内债券市场免征企业所得税和增值税政策至2025年年末，更好地便利和鼓励境外投资者参与银行间债券市场①（类承曜，2021年）②。

目前，境外投资者可通过直接或间接方式进入我国债券市场，一是直接入市模式，包括QFII、RQFII直接进入银行间市场和交易所市场，以及以全球通方式直接进入银行间债券市场。二是多级托管的香港"债券通"间接入市模式。此外，离岸市场渠道可进入银行间债券市场，但规模较小。目前，全球通模式是境外投资者投资我国债券市场的主要模式。

1. QFII和RQFII投资银行间债券市场和交易所债券市场

QFII和RQFII准入门槛较高，主要是具有中长期投资需求的大型机构投资者。QFII制度是2002年11月8日由证监会和人民银行联合下发《合格境外机构投资者境内证券投资管理暂行办法》开始推出。2006年8月，证监会、人民银行、外汇局发布《合格境外机构投资者境内证券投资管理办法》，允许合格投资者在批准的投资额度内，投资于证监会批准的人民币金融工具。2011年12月，证监会、人民银行、外汇局发布《基金管理公司、证券公司人民币合格境外机构投资者境内证券投资试点办法》，丰富了境外机构的参与类型，规范试点机构的账户管理、资金汇出入、资产配置、银行间债券市场投资和信息报送等行为。2013年3月，人民银行、证监会、外汇局发布《人民币合格境外机构投资者境内证券投资试点办法》，人民银行发布《关于合格境外机构投资者投资银行间债券市场有关事项的通知》，允许符合要求的QFII投资于境内银行间债券市场。2018年6月，外汇局发布《合格境外机构投资者境内证券投资外汇管理规定》，取消QFII资金汇出比例限制和QFII、RQFII

---

① 详细内容可参见：http://www.chinatax.gov.cn/chinatax/n362/c5172717/content.html。
② 类承曜. 债券市场对外开放：从历史到未来[J]. 中国外汇，2021（22）：8—12.

有关锁定期要求,允许 QFII、RQFII 开展外汇套期保值。2019 年 9 月,取消 QFII 和 RQFII 投资额度以及 RQFII 试点国家和地区的限制,境外投资者参与境内金融市场的便利性大幅提升。2020 年 9 月,证监会、人民银行、外汇局发布《合格境外机构投资者和人民币合格境外机构投资者境内证券期货投资管理办法》,证监会同步发布配套规则《关于实施〈合格境外机构投资者和人民币合格境外机构投资者境内证券期货投资管理办法〉有关问题的规定》(2020 年 11 月 1 日起施行),QFII、RQFII 资格和制度规则整合,降低准入门槛,大幅扩大投资范围。截至 2020 年 5 月底外汇局停止更新时,已批准 QFII 295 家,投资额度 1 162.59 亿美元;已批准 RQFII 230 家,投资额度 7 229.92 亿元。

2. 全球通模式直接投资银行间债券市场(即 CIBM direct)

全球通模式最早应用于境外央行类机构、人民币清算行等机构,近年来扩大至所有合格投资者,直接投资于银行间债券市场。为配合跨境贸易人民币结算试点,人民银行 2010 年 8 月发布《关于境外人民币清算行等三类机构运用人民币投资银行间债券市场试点有关事宜的通知》,允许三类机构[①],在核准的额度内,以其开展央行货币合作、跨境贸易和投资人民币业务获得的人民币资金,投资银行间债券市场。2015 年 7 月,人民银行《关于境外人民币业务清算行、境外参加银行开展银行间债券市场债券回购交易的通知》,允许已获准进入银行间债券市场的境外人民币业务清算行和参加行开展债券回购交易。境外央行或货币当局、国际金融组织、主权财富基金(即"境外央行类机构")入市简化为备案制,取消额度限制,并且投资范围从现券扩展至回购、借贷、远期、利率互换、远期利率协议等交易(徐忠等,2017 年)[②]。2016 年 2 月,人

---

① 境外中央银行或货币当局、港澳人民币业务清算行和跨境贸易人民币结算境外参加银行等。
② 徐忠,张雪春,曹媛媛,汤莹玮,万泰雷. 以对外开放促进金融市场改革发展 [J]. 新金融评论,2017(05):135—160.

民银行发布《关于进一步做好境外机构投资者投资银行间债券市场有关事宜公告》，允许境外金融机构及其发行的投资产品，以及养老基金、慈善基金、捐赠基金等中长期机构投资者，通过备案方式投资银行间债券市场，自主决定投资规模，即境外机构投资者可以直接进入银行间债券市场。中国外汇交易中心的数据显示，截至2022年6月底，以法人为统计口径，已有518家境外机构投资者通过银行间债券市场渠道入市。

3. 通过"债券通"的"北向通"投资银行间债券市场

"债券通"模式依靠基础设施互联和多级托管来便捷地"一点接入"，交易效率高，有利于吸引大量中小型境外机构投资者。国际投资者能够在不改变业务习惯、同时有效遵从内地市场法规制度的前提下，便捷高效地配置人民币债券资产（徐忠等，2017年）。2017年6月，人民银行发布《内地与香港债券市场互联互通合作管理暂行办法》，对开展内地与香港债券市场互联互通合作（即"债券通"）进行规范。2017年7月，中国人民银行和香港金融管理局发布联合公告，启动"债券通"。"债券通"包括"北向通"（2017年7月3日开通）及"南向通"（2021年9月24日开通）。人民银行数据[①]显示，截至2021年9月中旬，"北向通"的境外投资者持债规模约1.1万亿元，累计成交12.3万亿元。全球前100大资产管理机构中，已有78家参与"北向通"。截至2022年6月底，以法人为统计口径，已有757家境外机构投资者通过"债券通"模式入市。

4. 境外投资者参与离岸债券市场

境外投资者可以通过自贸区和澳门MOX[②]参与离岸债券市场。自贸区债券是指面向中国（上海）自由贸易试验区内已开立自由贸易等账

[①] 详细内容可参见：http://www.pbc.gov.cn/goutongjiaoliu/113456/113469/4341465/index.html。
[②] 中华（澳门）金融资产交易股份有限公司。

户的区内及境外机构投资者发行的企业债券。投资者范围包括自贸区内和境外的国际机构投资者，投资者可以在国际证券托管机构开立的账户实现"一点式"接入，可通过自贸区电子平台或自贸区柜台市场开办机构进行投资。自贸区债券市场是介于境内市场和传统离岸市场之间的市场。澳门 MOX 模式是 2019 年 7 月中央结算公司与澳门 MOX 合作创设，投资者在澳门开立账户，并通过澳门 MOX 在中央结算公司开立的明细账户进行交易。

（二）境外发行主体

境外机构在中国发行以人民币计价的债券（即熊猫债）始于 2005 年。2005 年 2 月，人民银行、财政部、发改委和证监会发布《国际开发机构人民币债券发行管理暂行办法》，允许符合条件的国际开发机构在境内发行人民币债券。2005 年 10 月 9 日，国际金融公司和亚洲开发银行在银行间债券市场分别发行人民币债券 11.3 亿元和 10 亿元，成为首批外资机构发行主体。这一时期，由于金融开放程度不足，境外机构在中国债券市场融资的便利性不够高，且发债主体仅限于开发性金融机构，熊猫债发行规模较小，2005—2010 年累计发行 50 亿元[①]。2010 年 9 月 16 日，人民银行、财政部、发改委、证监会发布《国际开发机构人民币债券发行管理暂行办法》，允许发行人将发债所筹集的人民币资金直接汇出境外使用，并可从境外调入人民币资金用于人民币债券还本付息，使资金用途拓宽至境外。2014 年 11 月，德国戴姆勒公司成为首个发行熊猫债的实体企业。之后，熊猫债发行主体拓展到外国政府、商业银行、非金融企业和产业企业，债券市场对外开放力度加大。

2015 年以来，熊猫债发行便利性提升，发行规模迅速增长。其中，

---

① 2005 年 10 月，国际金融公司和亚洲开发银行在银行间债券市场分别发行 11.3 亿元和 10 亿元人民币债券。2006 年，国际金融公司发行 8.7 亿元熊猫债。2009 年，亚洲开发银行发行 10 亿元熊猫债。2010 年，日本三菱东京日联银行发行 10 亿元熊猫债。

2015年熊猫债发行规模达130亿元,2016年发行规模达1 262亿元。2016年3月,熊猫债登陆交易所债券市场。2018年9月,人民银行、财政部发布《全国银行间债券市场境外机构债券发行管理暂行办法》,原《国际开发机构人民币债券发行管理暂行办法》废止。新规定进一步明确了境外机构(在全国银行间债券市场发行债券的外国政府类机构、国际开发机构、在境外合法注册的金融机构法人和非金融企业法人)在银行间债券市场发债所应具备的条件和申请注册程序等,并就监管主体、发行主体、中介机构、信息披露和会计准则等事项进行了规范,进一步提升了熊猫债券监管的协调性和统一性,以及发行制度的透明度。2021年12月2日,人民银行、外汇局发布《境外机构境内发行债券资金管理规定(征求意见稿)》,鼓励境外机构境内发债募集资金以人民币形式跨境收付及使用,熊猫债迎来发展机遇。Wind数据显示,截至2022年8月2日,熊猫债累计发行金额5 977.36亿元,存量规模2 236.46亿元,占同期我国债券市场存量规模138.53万亿元的0.16%。

此外,为配合国家"一带一路"倡议,2018年3月,沪深交易所制定了《关于开展"一带一路"债券试点的通知》,规定相关政府类机构、企业及金融机构等主体可以在沪深交易所发行"一带一路"债券融资。"一带一路"债券试点借助我国债券市场融资能力强的优势,在支持"一带一路"项目建设中发挥积极作用。

在境内发行的以外币计价的债券较少。2016年8月,世界银行在中国银行间市场发行以人民币结算、以SDR计价的债券,发行规模为5亿SDR。

二、境内发行人和投资者"走出去"

(一)境内主体境外发债

2000年3月,国家计划委员会(以下简称"国家计委")、人民银行发布《关于进一步加强对外发债管理意见的通知》，建立了我国境内主体境外发债的管理制度，境内机构发行外债由国家计委进行资格审核，由国家计委和外汇局进行发债项目审批。2003年的《外债管理暂行办法》进一步规范了举借外债行为，对举借外债和对外担保、外债资金使用、外债偿还和风险管理、外债监管等事项进行了规定，有利于提高外债资金使用效益。

2015年以来，随着我国外债管理政策改革，我国境内主体对外发债的管理制度从审批制向备案制转变，便利性明显增强。2015年9月，发改委发布《关于推进企业发行外债备案登记制管理改革的通知》，取消企业发行外债的额度审批，实行备案登记制管理。在试点基础上，人民银行2016年4月发布《关于在全国范围内实施全口径跨境融资宏观审慎管理的通知》，将全口径跨境融资宏观审慎管理政策推广至全国范围。2017年，外汇局发布《国家外汇管理局关于进一步推进外汇管理改革完善真实合规性审核的通知》，允许债务人将内保外贷项下资金调回境内使用。相关政策进一步便利境内机构跨境融资，促进境内主体境外发债规模快速增长。2020年3月，人民银行、外汇局发布《关于调整全口径跨境融资宏观审慎调节参数的通知》，将全口径外债的宏观审慎调节参数由1上调至1.25。

目前，我国境内主体在离岸市场发行债券的类型主要是中资外币债、离岸人民币债券（以点心债为主），以及自贸区债券。

1. 中资外币债

中资外币债是中资企业在境外发行的以外币计价的债券，涉及美元、欧元、港币以及新元等币种，以中资美元债券为主。近年来，中资外币债规模的迅速扩大与境外宏观环境、境内外发债成本差异（汇率与利差）和境内债券发行监管政策密切相关。中资美元债又称"功夫债"（Kungfu Bond），其发行规模在2015年（企业发行外债实行备案登记制)、2017年(允许资金调回境内使用)后迅速增长[①]。Wind 数据显示，截至 2022年6月30日，中资美元债券余额9 914亿美元，其中，金融行业债券余额约3 510亿美元，房地产行业债券余额约1 771亿美元，是占比最大的两个行业；中资欧元债券余额约195亿美元，中资港币债券余额约540亿美元，中资新币债券余额约19亿美元。

2. 离岸人民币债券

为利用沉淀在香港地区的人民币资金，活跃香港债券市场，2007年6月，人民银行和发改委发布《境内金融机构赴香港特别行政区发行人民币债券暂行管理办法》，允许符合条件的境内金融机构到香港发行人民币债券(即"点心债")。2012年5月，发改委发布了《关于境内非金融机构赴香港特别行政区发行人民币债券有关事项的通知》，允许境内企业发行"点心债"，同时对发行条件、审批流程、资金用途等相关事项进行了规范，有力推动了香港人民币债券市场的发展。2015年5月，国务院发布《关于推进国际产能合作和装备制造合作的指导意见》，支持国家开发银行、中国进出口银行和境内商业银行在境外发行人民币债券并在境外使用，取消在境外发行人民币债券的地域限制。

近年来，离岸人民币债券的发行主体和地域范围日益扩大，涵盖在新加坡发行的"狮城债"、在德国发行的"歌德债"、在法国发行的"凯旋债"、在日本发行的"富士山债券"等。离岸人民币债券市场的发展，不仅有利于在岸和离岸债券市场的良性互动，也有助于促进人民币国际化。

3. 自贸区债券

自贸区债券发行主体多元化，包括境内外金融机构、主权机构和非

[①] 由于部分房地产企业、地方政府融资平台等大幅举债导致杠杆率增加过快，发改委和财政部于2018年5月发布《关于完善市场约束机制严格防范外债风险和地方债务风险的通知》，加大事中事后监管力度。

金融企业等，募集资金用于符合国家产业政策及相关业务领域的项目、补充营运资金等，资金使用灵活。登记机构为中央结算公司，可选择港交所、MOX 等地上市。2016 年 12 月 8 日，上海市政府面向上海自贸区区内及境外机构投资者，成功发行了 30 亿元地方政府债券，是上海自贸试验区成立后首只在区内发行的债券。2019 年 11 月 8 日，南京东南国资投资集团有限责任公司发行 10 亿元自贸区债券。2021 年，上海地产（集团）有限公司于 5 月 14 日和 10 月 18 日在上海自贸试验区成功发行两期离岸债券。截至 2021 年年末，上海自贸区离岸债券已发行 10 只，发行规模约合 120 亿元。

此外，2009 年，根据中央推动金融业对外开放和支持香港经济社会发展的总体部署，财政部开始在香港地区向国际市场发行以人民币、美元计价的主权债券，稳步扩大发行规模，不断优化期限结构。同时，为促进成交价格反映市场真实供求关系，财政部在香港银行间市场和交易所市场选择执行机构，向二级市场提供双边报价，引导促进市场交易。境外主权债券的期限品种不断丰富，为国内机构境外融资提供了定价基准，也受到全球投资者的欢迎。境外主权债券的成功持续发行和相关机制安排，有助于改善中国主权债务的币种结构和外债的期限结构，降低境内机构境外融资成本，加大债券市场对外开放的深度和广度。2018 年 11 月以来，人民银行常态化在香港地区发行离岸央行票据，有利于丰富香港市场人民币投资产品和流动性管理工具，也推动形成香港离岸收益率曲线，促进人民币国际化进程。2019 年 7 月，财政部在澳门首次发行国债 20 亿元，受到离岸市场欢迎，有利于加快推进澳门债券市场发展，对于澳门的人民币业务发展具有重要意义。总体而言，近年来，在离岸市场发行的人民币国债、金融债券和企业债券不断增加，发行方式和发行地点日益多样化，推动离岸人民币市场发展。

（二）投资者"走出去"

目前，机构投资者投资境外债券的途径主要是 QDII 和 RQDII，以及"债券通"中的"南向通"。QDII 和 RQDII 也可以通过"南向通"开展境外债券投资。

1. QDII 和 RQDII

QDII 是指取得相关部门批准或许可开展境外证券等投资的境内机构，包括但不限于：商业银行、证券公司、基金管理公司、保险机构、信托公司等。QDII 可以自有资金或募集境内机构和个人资金，投资于法规及相关部门允许的境外市场及产品（银行自有资金境外运用除外）。

QDII 方面。2004 年 6 月，保监会发布《关于保险外汇资金投资境外股票有关问题的通知》。2004 年 8 月，保监会、人民银行发布《保险外汇资金境外运用管理暂行办法》。2006 年 4 月，人民银行发布第 5 号公告，允许符合条件的银行集合境内机构和个人的人民币资金，在一定额度内购汇投资于境外固定收益类产品。2006 年 4 月，人民银行、银监会和外汇局发布《商业银行开办代客境外理财业务管理暂行办法》发布，允许境内机构和居民个人委托境内商业银行在境外进行金融产品投资，有助于拓宽境内居民投资渠道，促进国际收支基本平衡。2007 年 7 月，证监会发布《合格境内机构投资者境外证券投资管理试行办法》，规定境内机构投资者 QDII 资格由证监会审批，投资额度向外汇局备案，资金由境内银行托管，并委托境外投资顾问、证券服务机构代理买卖证券。2007 年、2008 年分别发行了 4 只和 5 只 QDII 基金。随后，受 2008 年金融危机影响，QDII 发展缓慢。

RQDII 方面。2014 年 11 月，人民银行发布《关于人民币合格境内机构投资者境外证券投资有关事项的通知》，规定人民币合格投资者可以用自有人民币资金或募集境内机构和个人人民币资金，投资于境外金融市场的人民币计价产品（银行自有资金境外运用除外），拓宽了人民币资金的双向流通渠道（徐忠等，2017年）。2015年年末，鉴于人民币汇率大幅波动，RQDII相关业务暂停。2018年5月，人民银行办公厅发布《关于进一步明确人民币合格境内机构投资者境外证券投资管理有关事项的通知》，明确RQDII境外证券投资宏观审慎管理和信息报送等事项。

截至2022年4月底，已批准QDII 174家，投资额度1 575.19亿美元。与QDII额度的审批制不同，RQDII以实际募集规模为准。除QDII和RQDII外，境内投资者还可以通过合格境内有限合伙人（QDLP）和合格境内投资企业（QDIE）投资于境外市场。

2."债券通"（"南向通"）

2021年9月15日，中国人民银行和香港金融管理局联合公告，宣布"南向通"于2021年9月24日上线。内地投资者暂定为人民银行2020年度公开市场业务一级交易商中的41家银行类金融机构（不含非银行类金融机构与农村金融机构）。QDII和RQDII也可以通过"南向通"开展境外债券投资。交易对手方暂定为香港金融管理局指定的"南向通"做市商。"南向通"模式可投资范围目前仅限于境外发行并在香港债券市场交易流通的券种。"南向通"跨境资金净流出额上限不超过年度总额度和每日额度。目前，"南向通"年度总额度为5 000亿元等值人民币，每日额度为200亿元等值人民币。开通"南向通"，有利于完善我国债券市场双向开放的制度安排，进一步拓展了国内投资者在国际金融市场配置资产的空间；有利于巩固香港联结内地与世界市场的桥头堡与枢纽地位，助力香港融入国家发展大局，维护香港地区的长期繁荣稳定。

三、债券市场指数

（一）中国债券市场被纳入全球三大债券指数

随着中国债券市场不断开放，全球主要债券指数陆续将中国债券市场纳入其指数。2017年3月1日，彭博发布两项以人民币计价的中国债券与其全球指数相结合的全新固定收益指数，即"全球综合+中国指数"（Global Aggregate + China Index）和"新兴市场本地货币政府债券+中国指数"（EM Local Currency Government + China Index），是首次将在岸人民币债券纳入全球指数系列。2017年3月6日，花旗银行宣布，中国在岸债券已经符合纳入花旗相关的新兴市场及地区政府债券指数的条件，包括新兴市场政府债券指数（Emerging Markets Government Bond Index，EMGBI）、亚洲政府债券指数（Asian Government Bond Index，AGBI）和亚太政府债券指数（Asia Pacific Government Bond Index，APGBI）。同时，鉴于中国市场庞大的体量，花旗将新推出EMGBI-Capped和AGBI-Capped指数，其中，中国债券的权重分别在最高10%和最高20%（徐忠等，2017年）。2019年4月，彭博在20个月内，逐步把以人民币计价的中国国债和政策性银行债纳入彭博巴克莱全球综合指数（Bloomberg Barclays Global Aggregate Index，BBGA）。2020年2月，摩根大通把9只中国政府债券纳入摩根大通旗舰全球新兴市场政府债券指数系列（Government Bond Index - Emerging Markets Series，GBI-EM）。富时罗素于2018年11月将中国国债纳入富时世界国债指数的市场观察名单，于2021年10月，人民币国债正式纳入富时罗素世界国债指数（FTSE World Government Bond Index，WGBI），并将在接下来的36个月内分步提高权重，其权重在2024年9月完全纳入后预计将达5.25%左右。随着我国债券被纳入全球三大债券指数，带动大量海外资金进一步增持中国债券。

（二）人民币债券指数体系成为国际债券市场投资的参考基准

2016年10月，3个月期中债国债收益率曲线被纳入SDR利率篮子。2018年5月2日，受世界银行委托，中债金融估值中心有限公司（以下简称"中债估值中心"）发布两只利率指数，以衡量持有人民币资产的收益水平。其中，中债-SDR 人民币 3 个月固定期限利率指数（ChinaBond SDR CNY 3-Month Constant Maturity Index）衡量按人民币 3 个月固定期限国债收益率进行投资所获回报的变动趋势，中债–金融机构人民币超额存款准备金利率指数（ChinaBond Financial Institutions CNY Excess Reserves Interest Rate Index）衡量按金融机构人民币超额存款准备金利率进行投资的累计收益情况。

2018 年 10 月，中债估值中心与境外信息商 IHS Markit 在上海联合发布中债 iBoxx 指数，遵照国际证监会组织（IOSCO）和欧盟基准监管（BMR）的标准，聚焦境外投资者高度关注的政府债及政策性银行债券（李波，2021 年）[①]。此外，中债估值中心编制系列中债绿色债券指数，使用中债基准的人民币债券指数基金陆续在境外上市。中债价格指标体系有利于促进债券公允价格形成和市场透明度的提升。

四、债券市场开放评估

我国债券市场在 2016 年之前的开放进程较慢。随着 2016 年取消对境外投资者的配额限制，2017 年推出"债券通"，债券市场开放提速。近年来，相关政策进一步推出、落地生效，债券市场开放取得重大进展。

投资者方面。我国债券市场的准入和投资范围扩大，程序简化，市场内部连通性加强。境外投资者可以通过三个渠道进入银行间债券市场，即 CIBM direct、QFII 和 RQFII，以及"债券通"。投资范围不仅包括现券，还包括债券回购、借贷、远期、利率互换、远期利率协议等交易。技术问题，如基于 DVP 的结算、大宗交易和结算日期已解决。2022 年发布的连接银行间债券市场和交易所债券市场的规则，推动了持有中国境内债券的境外投资者快速增加。截至 2022 年 3 月底，国际投资者在银行间债券市场持有的债券规模为 3.88 万亿元，占总发行量的 3.3%。

---

① 李波. 以主渠道活力推动债券市场对外开放 [J]. 债券，2021（08）：72—78.

此外，投资者结构更加多元化。三大国际指数供应商都在其指数中加入了中国政府债券，体现出对中国债券市场开放进程的广泛认可。同时，我们也要看到，境外投资者持有的中国债券占比仍然很小，且国际投资者持有的大部分债券是政府和政策性银行债务。

发行人方面。发行人包括主权国家、多边开发银行、金融机构和非金融公司等。境外发行人可以在中国发行以人民币计价的熊猫债券和以特别提款权计价的木兰债券。熊猫债市场定位为国际化市场，其发行机制不断完善，拥有广泛的国际投资者基础，涵盖境外央行类机构。近年来，熊猫债市场的深度与广度进一步拓展。为响应经济绿色低碳转型的需要，交易商协会推出了绿色债券、可持续发展熊猫债券和碳中和熊猫债券等。截至 2022 年 3 月底，熊猫债券发行总额约为 4 210 亿元。截至 2021 年年底，熊猫债券约 25% 由境外投资者持有，是外国投资者中持有比例最高的在岸债券产品。

中介机构方面。外国金融机构可以根据监管要求承销政府债券、金融债券和非金融公司债券。我国 2017 年开放信用评级行业。目前，标准普尔和惠誉评级在中国设立了全资子公司，并开展债券评级业务。通过引进国外专业金融服务机构产生鲇鱼效应，使国内机构更加重视改善其服务质量和合规管理，有利于构建高效、透明的债券市场。

流动性方面。我国债券市场流动性近年来提升较快，但仍受许多因素的制约。从市场流动性来看，2021 年，中国债券市场现货交易额为 243.9 万亿元，债券回购和借贷交易分别同比增长 8.9% 和 37.7%。从周转率来看，中国国债与美国国债的流动性差距正在缩小，中国债券市场的换手率已超过日本、韩国和新加坡。同时，也要认识到，我国债券的投资者持有至到期较多，债券市场流动性的提升仍然存在较大空间。宜进一步优化我国国债收益率曲线，充分发挥其基准作用；优化二级市场做市支持机制，完善债券价格发现功能；改进债券借贷管理，以满足市场参与者的多元化交易需求，切实提高债券市场流动性。

债券指数方面。相比中国债券纳入国际主要债券指数，中国编制的债券指数对国际债券市场投资的影响力相对不足。一方面，中国债券纳入国际主要债券指数提高了中国债券市场的国际影响力，吸引境外投资者参与中国债券市场。另一方面，中国编制的指数也应成为全球投资者的重要投资基准，这是债券市场开放的应有之义。

总体而言，中国债券市场的高水平双向开放将持续推进。中国是世界第二大经济体，经济保持稳定增长，债券市场发展势头强劲，全球投资者可以通过投资中国的金融市场，分享中国经济增长的成果，同时分散风险。2021年，中国政府重申了进一步推动金融业更高水平开放的承诺，政策的透明度进一步增强，投资者预期更加稳定。债券市场改革和创新持续推进，风险对冲工具日益丰富，市场化、法治化、国际化程度日益增强，境外机构进入中国金融市场的渠道更加畅通，市场环境更加友好。

第九章

在岸和离岸债券收益率联动关系及相关政策效果

一、引子

为满足企业国际业务需要，我国企业早在 2000 年前后就开始在离岸市场发债。全球金融危机后，发达经济体持续低利率，企业境外债券融资成本较低。我国也数次放松管制鼓励企业境外发债[①]，中资企业离岸债券已成为国际债券市场重要的投资品种。2020 年 6 月末，中资企业境外发行债券余额近 1.1 万亿美元（90% 为美元债）。同时，我国债券的较高收益率、较低违约率与主要债券市场的低关联度等特征，吸引了大批国际投资者。2010 年，允许境外三类机构、RQFII 和 QFII 投资银行间债券市场。2017 年"债券通"启动后，国际投资者可以在基本不改变原有交易结算制度安排的情况下，投资境内债券市场所有类型债券，使国内国际债券市场日益一体化。截至 2020 年 6 月末，共有 60 多个国家和地区的近 900 家境外法人机构进入中国债券市场，其中，通过"债券通"入市的境外机构超过 550 家，账户数量达 2 012 个，覆盖全球 33 个国家和地区。

由于 QDII、RQDII、QDLP、QDIE、QFII、RQFII、"债券通"等制

---

① 2015 年 9 月，发改委将企业外债发行管理由审批制改为备案制，简化备案流程。之后，人民银行和外汇局于 2016 年、2017 年针对企业外债资金汇回、资金使用等推出了一系列便利化措施。

度日益完善，我国债券市场的国际化水平不断提升。2017年以来，我国外汇储备规模始终稳定在3.1万亿美元左右，人民银行事实上退出了外汇市场的常态化干预。2019年8月5日，离岸人民币兑美元汇率"破七"最低至7.1057元，在岸人民币兑美元即期汇率最低至7.0424元，标志着市场主体突破了汇率的心理阈值、外汇市场适应性增强。

本章研究中资企业离岸、在岸债券收益率的联动机制及其在不同金融开放时期的演变，可以反映我国债券市场对外开放及相关政策效果，为扩大我国债券市场对外开放、推动人民币国际化以及防范化解金融风险提供参考和理论依据。为分析政策效果，我们区分三个不同时期，即"债券通"推出前、"债券通"推出后和人民币汇率"破七"后。为研究联动机制，我们以利率平价理论为基础，采用VECM-BEKK-GARCH模型，引入美元指数和套息因素等全球冲击的主要影响因素作为控制变量，研究离岸与在岸债券市场之间的长期协整关系、均值溢出效应和波动溢出效应以及全球冲击的作用。

二、离岸在岸债券相关文献综述

（一）离岸与在岸债券收益率的关系和影响因素

利率平价理论是分析我国离岸在岸债券市场联动关系的基础。根据利率平价理论，所有货币资产在不同国家的预期收益都应相同，否则将存在套利空间，而市场的套利机制最终将使各国的同类货币资产预期收益率趋同。不过，利率平价条件往往不成立，主要是由于市场摩擦和交易成本使不同国家资产存在明显的异质性。一是完全市场条件很难满足，包括不存在信息不对称、交易成本和市场摩擦等。二是受汇兑投资等实际费用、市场分割及政府对投资的限制，即使资本自由流动，投资者也很难在全球范围内无差异地分散其投资组合。

同一债券发行主体的离岸与在岸债券收益率理论上应当差异不大。

但是，我国离岸、在岸债券市场仍存在较大差异，一定程度上影响了利率平价条件的成立。境内市场的流动性和有效性不足是重要的制约因素之一。中国债券市场交易主体以风险偏好较低且长期持有资产配置的银行为主（易纲，2020年）。受严格市场准入限制，我国金融衍生品市场发展相对滞后，资产支持证券市场仍待完善（徐忠，2018年）。买断式回购市场、标准债券远期、信用违约互换等创新工具发展有限，市场交易并不活跃，债券市场流动性较低。此外，我国债券市场评级虚高，不能反映债券的真正风险。尤其是在过去刚性兑付预期下，信用债的信用利差主要体现为期限溢价而非信用风险溢价。

汇率是企业债券收益的重要影响因素之一。Miyajima等（2015年）认为，汇率波动是境外投资人投资一国债券市场的决定性因素，汇率风险也会加剧债券市场的流动性风险。McCauley等（2014年）发现，当境外投资者使用无本金交割远期外汇市场（NDF）对冲新兴市场国家本币债券的汇率风险时，NDF的周转率得到明显提升。此外，与汇率密切相关，美元币值（美元指数）影响企业境外债券收益率。经验证据显示，通常情况下，高等级美元离岸债券收益率（近似于无风险且收益较高的美元替代资产）与美元指数正相关，而高收益美元离岸债券与美元指数关系并不确定（Gambacorta等，2020年）。全球金融危机后，美元指数走强是抵补利率平价失效的重要影响因素（Du等，2018年；Jiang等，2018年）。

套息交易是企业离岸债券收益率的重要影响因素（Hardy和Saffie，2019年；Banerjee等，2020年）。在资本可自由流动的条件下，金融机构在外汇市场和货币市场进行套利是利率平价成立必要的微观基础。非金融企业和个人在不同市场、不同资产间的套息交易（Carry Trade），对不同国家利率与汇率之间的长期均衡关系具有显著影响（Engle，2014年）。Huang等（2018年）还发现，受产业政策限制的高风险企业更有动力从事投机性的套息交易，扩大境外债券发展规模。Ding等（2019年）指出，国有企业（主要是城投企业）套息更为明显，境外债券发行并不能显著提升其投资水平，但房地产企业由于境内外融资政策限制较多，境外债券融资促进了投资增长，套息交易特征不明显。Verdelhan（2018年）同时考虑了美元因素和套息因素对离岸债券收益率的影响，尤其认为美元因素是解释各国汇率波动的重要因素，是各国汇率系统性变化的共同成分。

（二）联动关系实证研究方法

金融市场联动是指金融资产价格的同方向变动（Barberis 等，2005年）。离岸和在岸债券市场之间联动是指二者收益率波动关系，即一方市场价格变化会导致另一方市场价格波动。如果我国离岸在岸债券收益率联动关系增强，意味着我国市场开放程度提高，与国际市场的联动增强，在岸市场受套息因素和汇率因素的影响也会变大。因此，离岸在岸债券市场的联动关系可以作为评估市场开放程度的依据。

相关实证研究方法包括统计分析、面板回归分析，以及基于广义条件异方差自回归（GARCH）的收益率和波动性溢出分析等。一是统计分析。Bunda 等（2009 年）选用彭博 18 个新兴市场国家 1997—2008 年的债券市场收益的日度数据计算滚动相关系数（rolling correlation coefficients），发现新兴市场或成熟市场的冲击会在国家和市场之间相互传染。二是面板回归分析。Christiansen（2014 年）采用摩根大通 1—10 年期的 17 个欧洲国家政府债券的日度数据进行了面板回归，发现加入欧元区的国家政府债券之间的联动性比尚未加入的国家政府债券之间的联动性更大，先加入的又比后加入的国家联动性更紧密，没有出现危机的国家比发生危机的国家更显著。三是基于 GARCH 的收益率和波动性溢出分析。Égert 和 Kočenda（2007 年）采用 DCC-GARCH 模型对英国、法国和德国三个发达国家以及捷克、波兰和匈牙利三个新兴市场国家之间的联动关系进行研究，发现发达国家市场之间的相关性较大，而新兴市场国家之间的相关性则较小。

现有关于中国金融市场的研究大多采用基于 GARCH 的收益率和波动性溢出分析。汇率市场方面，丁剑平等（2020 年）采用 VECM-BEKK-GARCH 研究了离岸在岸人民币汇率波动溢出效应中美元因素和套利因素的作用。股票市场方面，Huo 和 Ahmed（2017 年）采用 GARCH 模型对上证综指、恒生指数的高频数据进行分析，发现沪港通开通后，两市指数的协整关系从不显著变为显著；上海对香港市场的溢出效应远超出并快于反方向的影响。Ma 等（2019 年）根据 DCC、ADCC 和 GO-GARCH 模型对 2013—2016 年的沪指、深指、恒指、S&P 500 Index 分析，分离了市场自由化和其他因素导致的市场联动。债券市场方面，文献多数侧重国债收益率的研究。周先平等（2015 年）对离岸在岸人民币债券市场研究发现在岸国债和金融债都对离岸市场有单向均值溢出效应。冯永琦和王丽莉（2016 年）从债券利率期限结构的角度，采用 DCC-GARCH-BEKK（1，1）模型研究离岸在岸中债国债收益率的波动溢出效应，发现十年期国债收益率之间的波动溢出效应最强。

此外，结构性断点的确定方法逐渐倾向于由方法自动确定。传统的结构断点检测是以知道具体的时间节点为前提的（Chow，1960 年）。Andrews（1993 年）拓展了邹检验（Chow test），认为结构断点并不需要提前知道确切的时间节点。Engel 和 Hamilton（1990 年）根据方差的变化鉴别汇率动态波动的时间拐点。

总体看，现有文献研究境内外市场联动的方法较为成熟，对可能的影响因素也进行了较为充分的探讨。不过，现有文献在研究我国债券市场离岸、在岸联动，尤其是信用债方面存在欠缺。鉴于此，本章选择中资企业离岸、在岸信用债相关指数的日度数据，借鉴文献 VECM-BEKK-GARCH 模型开展研究，充分考虑了美元因素和套息因素等影响因素，通过 VECM 来描述离岸、在岸债券收益率之间的长期均衡关系的同时，再根据 GARCH-BEKK 模型的对角矩阵找到反映各自市场之间的波动溢出效应。同时，本章尝试验证在我国资本账户尚未完全开放的情况下，"债券通"、人民币汇率"破七"对债券收益率以及中国债券市场与国际市场的融合程度的影响。

三、离岸在岸债券收益率联动实证分析

（一）模型设定和数据

1. 企业境内外债券收益率

目前，我国债券市场在信用评级、投资政策和市场深度等方面与国际债券市场尚未完全接轨。为了避免离岸在岸债券市场之间结构性差异带来的影响，我们主要选用信用等级较高的境外投资级中资美元债券收益率与国内高等级债券收益率进行实证研究。具体来说，选取美银美林投资级中资企业美元债指数收益率作为投资级中资企业美元债收益率指标（*IVUSD*）。由于美银美林中资投资级美元债平均久期为 5 年左右，对应境内则选取中短期票据 AAA 级 5 年期中债估值收益率，作为与投资级中资美元债对标的境内高等级信用债收益率指标（*IVCN*）（见表 9.1）。

表 9.1 境内外债券收益率描述性统计

变量	均值	标准差	偏度	峰度	正态性检验	观测值
2016-01-06—2020-03-13						
IVUSD	3.4569	0.5570	0.6025	−0.7368	231.41**	947
IVCN	4.1133	0.6421	0.2283	−0.9150	73.608**	947

注："**"表示 5% 的显著性水平。
资料来源：美银美林，中债（日度）。

2. 汇率成本及其他控制变量

我们引入美元指数和套息因素等全球冲击的主要影响因素作为控制变量。美元指数方面，我们以美联储公布的名义美元指数（2006 年 1 月 = 100）作为美元指数（*USDindex*），在经济正常时期应与投资级中资美元收益率呈显著负相关关系。套息因素方面，借鉴 Bruno 和 Shin（2017 年）

以及 Ding 等（2019 年）的研究，选用外汇期权隐含波动率调整后的境内外货币市场利差（即隔夜质押回购利率与联邦基金利率之差除以隔夜外汇期权隐含波动率[①]）作为套息指数（*CarryIndex*）。

根据抵补利率平价（CIRP）理论，简单动态回归模型可描述为：

$$y_t^* = \alpha + \beta_1 y_t + \beta_2 \Delta s_{t+1} + \beta_X X_t + \varepsilon_t \quad (1)$$

其中，y_t^* 为境外投资级中资企业美元债收益率指标选取美银美林投资级中资企业美元债指数收益率；y_t 为境内高等级信用债收益率指标选取中短期票据 AAA 级 5 年期中债估值收益率；Δs_{t+1} 为双边汇率对应的境内外无风险利差，用远期汇率 NDF[②] 与即期汇率 CNY[③] 之差；X_t 为控制变量，包含美元因素和套息因素。

（二）债券收益率波动的结构性断点

本部分采用两种方法来分析我国境内外债券收益率波动的问题，即主要以 Engel 和 Hamilton（1990 年）的马尔可夫制度转换模型和 Quandt-Andrews Chow 断点检验来检测样本期潜在的结构性变化，以确定债券收益率波动的结构性断点。

1. 马尔可夫转换模型

为了分析我国境内外债券收益率波动，我们采用 Engel 和 Hamilton（1990 年）的马尔可夫制度转换模型并借鉴 Ventosa-Santaulària 等（2015 年）的方法，根据债券收益率方差的变化，找出并分析我国境内外债券收益率波动的时间节点。机制转换回归模型可以描述为：

[①] 由于外汇期权隐含波动率只能获得 2016 年 1 月以来的数据，因而本章的样本也是从 2016 年 1 月开始。

[②] 本章选取 1 年期人民币无本金交割远期 NDF。

[③] 选取人民币兑美元即期汇率。

$$y_t^* = \begin{cases} \mu_0 + \beta_1 y_t + \beta_2 \Delta s_{t+1} + \varepsilon_t, & if\ s_t = 0 \\ \mu_1 + \beta_1 y_t + \beta_2 \Delta s_{t+1} + \varepsilon_t, & if\ s_t = 1 \end{cases} \quad （2）$$

即，$\varepsilon_t \sim N[0, \sigma^2]$ 是服从正态分布的残差；y_t 是债券收益率时间序列的变化数据；s_t 是未观测到的随机变量。均值可以写成以下函数形式：$\mu(s_t) = \begin{cases} \mu_0\ if\ s_t = 0 \\ \mu_1\ if\ s_t = 1 \end{cases}$；$\beta_i$ 是参数向量；ε_t 遵循高斯白噪声。在这个马尔可夫转换模型中，假设未观测到的随机变量 s_t 服从一阶马尔可夫链，在机制 i 和机制 j 之间的任意时期状态变量的概率被定义为：

$$p_{ij} = p[s_{t+1} = i\ |\ s_t = j] \quad （3）$$

若有两种机制的话，任意时期状态变量的概率 p_{ij} 可以由下列矩阵来表示：

$$P = (p_{ij}); or\ P = \begin{pmatrix} & s_t = 0 & s_t = 1 \\ s_{t+1} = 0 & p_{11} & 1 - p_{22} \\ s_{t+1} = 1 & 1 - p_{11} & p_{22} \\ \sum & 1 & 1 \end{pmatrix} \quad （4）$$

这里，p_{ij} 为机制 i 向机制 j 转换的概率。

我们以债券收益率为基础，使用非线性模型——马尔可夫模型来研究不同结构状态下境内外债券收益率（投资级中资企业美元债收益率和境内高等级信用债收益率）、无风险利差之间的关系。表9.2和图9.1显示了2016年1月6日—2020年3月13日双态马尔可夫模型的实证结果。

从表9.2中可以看出，两种机制的标准差是不对称的。机制0的标准差较大，而机制1的标准差较小。与此同时，两种机制下的常数项显著为正，境内外债券收益率存在明显的利差。每种机制的持续性都很强，当市场处于某种机制下时，下一期仍处于同一机制的概率很高，接近于98%。2017年3月21日—2017年8月17日被模型识别为机制1，该时期持续时间较长。估计结果表明，此时期境内外债券收益率利差较小，波动也相对较小。这段时期我国债券市场需求强烈的主要原因是人民币升值预期。通常来说，如果一国货币存在明显的升值预期，国际投资者对以该国货币计价的金融资产需求上升（Frankel，2012 年；Eichengreen 等，2016 年）。随着离岸人民币升值预期（国内利率上升预期）的加大，境外投资者对点心债和中国债券市场的需求进一步加大。

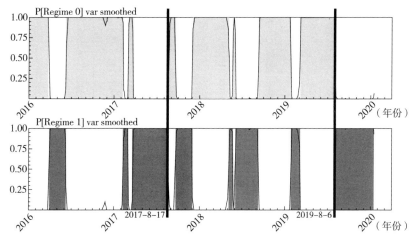

图 9.1 债券收益率在两种状态下的方差平滑概率
（2016 年 1 月 6 日—2020 年 3 月 13 日）

从表 9.2 还可以看出，在样本估计中，机制 1 还涵盖了 2019 年 8 月 6 日—2020 年 1 月 14 日的时期，说明 2019 年 8 月 6 日以后债券收益率的标准差变动也较平稳。在 2019 年 8 月 5 日早上 9:33，我国在岸人民币兑美元"破七"，报 7.0056，当日人民币中间价跌破 6.9225 关口[①]。从市场驱动的价格（在岸即期）人民币"破七"和政策驱动的价格（中间价）之间的差别来看，"破七"最重要的是心理价位和市场行为，都充分反映了我国汇率改革的重点是让市场供求在人民币汇率形成方面发挥更大的作用，从而增强人民币汇率的灵活性，有效促进金融双向开放。

---

① 2019 年 8 月 2 日中美贸易摩擦不断升级，美国政府威胁对剩余 3 000 亿美元中国进口商品加征关税，美元兑人民币再次跌到了"七"附近。随后的周一，8 月 5 日美元兑人民币交易价格"破七"，8 日美元兑人民币中间价"破七"。本章另一个显著的时间节点是 2019 年 8 月 6 日，说明汇率波动引起的市场反应较为迅速。

表9.2 马尔可夫转换模型对债券收益率的估计结果（2016-01-06—2020-03-13）

马尔可夫模型参数

变量	β_1	β_2	μ_0	μ_1	σ_0	σ_1	p_{11}	p_{22}
$IVUSD_t$	0.0335***	-0.0078	4.0907***	2.9788***	0.3282***	0.0576***	0.9848***	0.9798***
	(0.0000)	(0.6320)	(0.0000)	(0.0000)	(0.0103)	(0.0025)	(0.0053)	(0.0071)

状态分类

机制0 天数 平均概率	机制1 天数 平均概率
2016-01-06—2016-03-24 52 0.999	2016-03-30—2016-06-07 44 0.982
2016-06-08—2017-02-07 133 0.989	2017-02-08—2017-03-01 16 0.935
2017-03-02—2017-03-20 13 0.957	2017-03-21—2017-08-17 95 0.987
2017-08-18—2017-09-18 20 0.903	2017-09-19—2017-11-29 47 0.984
2017-11-30—2018-05-07 98 0.979	2018-05-08—2018-05-23 11 0.930
2018-05-24—2018-06-01 7 0.848	2018-06-04—2018-09-10 68 0.987
2018-09-11—2019-01-25 86 0.985	2019-01-28—2019-03-05 21 0.943
2019-03-06—2019-08-05 98 0.992	2019-08-06—2020-01-14 103 0.989
2020-01-15—2020-03-13 35 0.981	

注：因变量 $IVUSD_t$ 是中资企业美元债收益率，$IVCN_t$ 是境内高等级信用债收益率，ΔS_{t+1} 是双边汇率对应的境内外无风险利差，汇率均采用对数差分乘以100，P_{11} 和 P_{22} 显示的是方差转换概率（Variance Transition probabilities）。（ ）中为标准误差。"***"表示1%的显著性水平。

资料来源：中国外汇交易中心（CFETS），美银美林，中债。

2. 结构性断点

根据马尔可夫转换模型，上文分别找到了两个平稳波动时期的时间节点：2017年8月17日和2019年8月6日。在两个日期前后，企业境内外债券收益率波动较小且持续时期较长。对应具体事件分别是2017年7月3日我国香港推出的"债券通"正式上线，以及2019年8月5日人民币在岸即期汇率"破七"。为进一步考察两个时间节点的准确性，本部分采用Quandt-Andrews断点检验来检测以上两个时间节点的显著性。首先，用带HAC误差项的OLS对方程（1）进行回归。其次，对三个样本时期（全样本方程、样本方程A和样本方程B）的以上两个时间节点日期进行Quandt-Andrews断点检验，结果如表9.3所示：

表9.3 两个时间节点的Chow断点检验结果

时间节点	2017-08-17	2019-08-06
—	全样本方程（Equation Whole Sample）：2016-01-06—2020-03-13	
F统计量	75.468 4	25.115 8
概率Prob.	0.000 0***	0.000 0***
对数似然比	204.169 0	72.944 8
—	样本方程A： 2016-01-06—2019-08-05	样本方程B： 2017-08-18—2020-03-13
F统计量	298.451 2	190.960 3
概率Prob.	0.000 0***	0.000 0***
对数似然比	605.989 4	404.043 2

注："***"表示1%的显著性水平。

从表9.3中可以看出，2017年8月17日和2019年8月6日两个时间节点的Chow断点检验结果都十分显著，并且两个子样本（样本方程A和样本方程B）的断点检验结果也十分显著。

综上所述，通过采用上述两种方法和多样本数据分析的结果，可以得出如下结论：第一，两种方法都显示2017年8月17日和2019年8月6日是显著的结构性断点。第二，2017年3月21日—2017年8月17日，这刚好与我国推出"债券通"[①]的前后过程时期相吻合,说明我国在推出"债券通"的过程中债券收益率的波动较小。在此之前,或者说在推出"债券通"之前,债券收益率的波动较大。此后,即推出"债券通"之后,债券收益率的波动变得更加灵活,更趋于市场化。第三,2019 年 8 月 6 日刚好与我国人民币"破七"的时间相对应,通常情况下汇率出现下跌预期会出现外资撤离的情况,但是 2019 年 8 月 6 日—2020 年 1 月 15 日的境内外债券收益率呈现较为稳定的波动状态。人民币"破七"以后标志着中国政府履行了改革人民币汇率制度的承诺,人民币市场汇率的变动确实变得更加灵活,汇率随市场供求而波动反而对稳定债券收益率具有一定的促进作用。

(三) VECM-BEKK-GARCH 模型

VECM 模型如下:

$$Y_t = BZ_t + E_t \quad (5)$$

且

$$Y_t = \begin{pmatrix} DIVUSD_t \\ DIVCN_t \end{pmatrix}; Z_t = \begin{pmatrix} 1 \\ ect_{t-1} \\ \Delta s_{t+1} \\ \Delta y_{t-1} \\ \dots \\ \Delta y_{t-p} \\ Control_t \end{pmatrix} \quad (6)$$

[①] 2017 年 7 月 2 日(星期六),中国人民银行与香港金融管理局发布公告,批准香港与内地"债券通"于 2017 年 7 月 3 日(周一)上线运行。2017 年 3 月 15 日,国务院总理李克强在会见十二届全国人大五次会议的中外记者时表示,准备今年在香港和内地试行"债券通"。注:"债券通"实际上线是 2017 年 7 月 3 日,本文的结构性断点是 8 月 17 日,马尔可夫转换模型只能判定债券收益率动态波动状态,无法确定波动状态与事件之间的具体联系。根据《2017 年中国货币政策大事记》显示,7 月 3 日至 8 月 17 日,并未推出任何有关债券市场的新政策。同时,从"债券通"境外持有量看,2017 年 8 月比 7 月环比增持 160%,表明"债券通"的交易量增长在 8 月份才逐渐显现。

其中，Y_t 为因变量；$\Delta ect_{t-1} = DIVUSD_t - \beta DIVCN_t$ 为误差修正项；Δs_{t+1} 为双边汇率对应的境内外无风险利差，用远期汇率 NDF[①] 即期汇率 CNY 之差；p 为变量滞后阶数；$Control_t$ 为控制变量，包含美元因素和套息因素；E_t 为随机误差矩阵。

根据 Engle 和 Kroner（1995 年）的 BEKK-GARCH 模型，如下：

$$H_t = CC' + A\mu_{t-1}\mu'_{t-1}A' + B'H_{t-1}B \quad (7)$$

其中，$H_t = \begin{bmatrix} h_{11,t} & h_{12,t} \\ h_{21,t} & h_{22,t} \end{bmatrix}$ 条件方差协方差矩阵，用来表示境内外债券收益率残差项的条件方差；$A = \begin{bmatrix} \alpha_{11} & \alpha_{12} \\ \alpha_{21} & \alpha_{22} \end{bmatrix}$ 为 ARCH 项系数矩阵，用来衡量滞后阶残差项对本期条件方差的影响；$B = \begin{bmatrix} \beta_{11} & \beta_{12} \\ \beta_{21} & \beta_{22} \end{bmatrix}$ 为 GARCH 项系数矩阵，用来衡量滞后阶条件方差对本期条件方差的影响；CC' 为截距矩阵，$C = \begin{bmatrix} c_{11} & 0 \\ c_{21} & c_{22} \end{bmatrix}$ 为下三角矩阵表示方程常数项。

在方差方程中，矩阵 A、矩阵 B 反映了境内外债券收益率之间的波动溢出效应。矩阵 A 对角元素反映境内外的 ARCH 效应，用来衡量滞后一期的残差项对本期条件方差的影响；矩阵 B 对角元素反映境内外市场的 GARCH 效应，用来衡量滞后一期的条件方差对本期条件方差的影响。展开条件方差可以得到：

$$h_{11,t} = c_{11}^2 + \sum_{j=1}^{n}\sum_{i=1}^{n}\alpha_{i1}\alpha_{j1}\mu_{i,t-1}\mu_{j,t-1} + \sum_{j=1}^{n}\sum_{i=1}^{n}\beta_{i1}\beta_{j1}h_{ij,t-1} \quad (8)$$

$$h_{12,t} = c_{11}c_{12} + \sum_{j=1}^{n}\sum_{i=1}^{n}\alpha_{i1}\alpha_{j2}\mu_{i,t-1}\mu_{j,t-1} + \sum_{j=1}^{n}\sum_{i=1}^{n}\beta_{i1}\beta_{j2}h_{ij,t-1} \quad (9)$$

$$h_{22,t} = c_{22}^2 + \sum_{j=1}^{n}\sum_{i=1}^{n}\alpha_{i2}\alpha_{j2}\mu_{i,t-1}\mu_{j,t-1} + \sum_{j=1}^{n}\sum_{i=1}^{n}\beta_{i2}\beta_{j2}h_{ij,t-1} \quad (10)$$

其中，$h_{11,t}$ 是境外债券收益率的方差，$h_{12,t}$ 为境内外债券收益率的协方差，$h_{22,t}$ 为境内债券收益率的方差。

矩阵 A 中对角线元素反映 ARCH 波动溢出效应（波动聚集性），次

---

① 我们选取 1 年期人民币无本金交割远期 NDF。

对角线元素 α_{12} 反映境外债券收益率对境内债券收益率的冲击传导，α_{21} 反映境内债券收益率对境外债券收益率的冲击传导。矩阵 B 的主对角线元素反映境内外市场的波动持续效应。β_{12} 反映境外债券收益率对境内债券收益率的波动传导，β_{21} 反映境内债券收益率对境外债券收益率的波动传导。矩阵 A 和矩阵 B 的非对角元素决定了境外债券收益率和境内债券收益率之间的波动溢出效应。

结合上文对数据结构性变化的判断，我们按照 2017 年 8 月 17 日和 2019 年 8 月 6 日这两个时间节点将数据样本进行分段：第一个时期是 2016 年 1 月 6 日—2017 年 8 月 17 日，称为"债券通"推出前；第二个时期是 2017 年 8 月 18 日—2019 年 8 月 5 日，称为"债券通"推出后；第三个时期是 2019 年 8 月 6 日—2020 年 3 月 13 日，称为人民币"破七"后。

首先，为保证模型结果的有效性，我们对水平数据进行了单位根检验，发现均为非平稳序列，因此分别对数据进行了如下处理：美银美林投资级中资企业美元债指数收益率和中债的中短期票据超 AAA 和 AAA 级 5 年期平均中债估值收益率都做了差分处理；对双边汇率对应的境内外无风险利差做了对数差分处理；对美元因素中的美元指数做了对数差分处理；对套息因素做了差分处理。处理后的数据在 1% 的显著水平下均通过了 ADF 检验。

其次，根据 AIC 准则[①]，找到 VAR 模型中的最优滞后阶数是 4 阶，由于协整模型对变量的水平数据都进行了一阶差分，所以我们确定协整模型的最优滞后阶数是 3 阶。

随后，我们对三个样本时期分别进行了协整关系检验（Johansen Cointegration Test），结果发现境内外债券收益率之间都至少存在一个协整关系，两者存在长期均衡关系。因此，我们采用 VECM 模型得到残差

---

① 结果显示，SC（Schwarz information criterion）和 HQ（Hannan-Quinn information criterion）的结果都显示最优滞后是 2 阶；AIC（Akaike information criterion）、LR（LR test statistic）和 FPE（Final prediction error）都显示最优滞后是 4 阶，我们选取 AIC 的结果。

修正项（error correction term）的序列进行 BEKK-GARCH 估计，结果如下所示。

1. 长期协整关系

我们对三个不同时期的我国企业境内外债券收益率之间的 VECM 协整方程进行估计，并加入美元因素和套息因素等控制变量，估计结果见表9.4。

表 9.4　三个时期 VECM 协整方程估计结果

名称	原方程		控制变量方程	
结果	$dIVUSD$		$dIVCN$	
"债券通"推出前（2016-01-06—2017-08-17）				
协整方程	$IVUSD-0.6320^* \times IVCN$（0.087 4）		$IVUSD-0.6402^* \times IVCN$（0.085 9）	
Adj. R-squard	0.022 6	0.284 8	0.088 9	0.291 8
"债券通"推出后（2017-08-18—2019-08-05）				
协整方程	$IVUSD-0.8671^* \times IVCN$（0.053 1）		$IVUSD-0.8673^* \times IVCN$（0.052 8）	
Adj. R-squard	0.026 1	0.167 8	0.022 8	0.170 4
人民币"破七"后（2019-08-06—2020-03-13）				
协整方程	$IVUSD-0.8282^{***} \times IVCN$（0.006 9）		$IVUSD-0.8271^{***} \times IVCN$（0.007 5）	
Adj. R-squard	0.140 7	0.145 8	0.131 6	0.149 5

注：控制变量方程是指在原方程基础上加入了美元因素和套息因素的结果。"*"表示 10% 的显著性水平、"***"表示 1%。

从表 9.4 中可以看出，原方程和引入控制变量后的方程估计结果无显著差异，说明不论是否加入控制变量，境内外债券收益率的长期协整关系都较稳定。从三个不同时期的研究结果上看，在"债券通"推出前的原方程估计结果中，我国企业境内外债券收益率之间的长期均衡关系可以表述为 $IVUSD=0.6320 \times IVCN$。在"债券通"推出前，境外债券收益率与境内债券收益率的长期均衡联动程度较低，关联系数仅为 0.632，说明境内外债券市场一体化程度较低。

但随着"债券通"推出后，原方程估计结果中，我国企业境内外债券收益率之间的长期均衡关系可以表述为 $IVUSD = 0.8671 \times IVCN$。境内外债券收益率的系数明显高于"债券通"推出前,达到 0.8 以上。在人民币"破七"后,境内外债券收益率的长期均衡关系为 $IVUSD = 0.8282 \times IVCN$,虽然系数略有下降,但显著程度明显提高。这说明"债券通"的开通增加了资本流动的程度,而人民币"破七"进一步弱化了具体的汇率目标,汇率形成更加尊重市场供求,我国在逐步开放金融市场的过程中,企业境内外债券收益逐渐趋于同步变化态势,这也表明"债券通"运行以来,中国债券市场与国际金融市场的融合程度有了质的飞跃。

2. "债券通"推出前

我们对三个不同时期的我国企业境内外债券收益率的 GARCH-BEKK 模型进行估计,第一时期"债券通"推出前的估计结果见表 9.5。

表 9.5 "债券通"推出前的 GARCH-BEKK 模型估计结果

变量	原方程		控制变量方程	
"债券通"推出前的均值方程				
	$dIVUSD$	$dIVCN$	$dIVUSD$	$dIVCN$
Constant	0.001 4 (0.002 6)	−0.001 2 (0.001 9)	0.001 3 (0.002 1)	−0.000 3 (0.001 9)
$dIVUSD_1$	−0.084 0* (0.050 7)	−0.020 0 (0.048 1)	−0.059 4 (0.050 6)	−0.045 0 (0.032 6)
$dIVUSD_2$	0.079 9* (0.046 2)	0.133 2** (0.052 8)	0.054 9 (0.050 5)	0.080 6 (0.052 9)
$dIVUSD_3$	0.095 2** (0.043 1)	−0.060 9 (0.043 6)	0.107 8** (0.045 8)	−0.001 0 (0.047 1)
$dIVCN_1$	0.126 4*** (0.030 9)	0.361 5*** (0.048 8)	0.103 0** (0.048 2)	0.327 9*** (0.063 3)
$dIVCN_2$	−0.048 5 (0.033 1)	0.004 5 (0.045 2)	−0.056 2 (0.047 1)	0.052 7 (0.053 4)
$dIVCN_3$	−0.099 7*** (0.038 8)	−0.018 6 (0.043 5)	−0.038 0 (0.030 7)	−0.036 5 (0.043 9)

续表

变量	原方程		控制变量方程	
"债券通"推出前的均值方程				
S_t	0.009 7	−0.017 7**	−0.000 8	−0.014 4*
	（0.008 8）	（0.008 1）	（0.008 3）	（0.007 9）
ect	−0.008 3***	0.002 0	−0.005 4	0.002 7
	（0.003 0）	（0.002 9）	（0.003 4）	（0.002 5）
$dlUSDIndex$	—	—	1.402 0***	0.418 3
			（0.332 2）	（0.426 4）
$dCarryIndex$	—	—	−0.037 0	0.078 7*
			（0.034 3）	（0.040 6）
"债券通"推出前的条件方差方程				
α_{11}	0.196 9**（0.085 6）		−0.276 2***（0.098 1）	
α_{12}	0.326 6***（0.098 3）		0.084 2（0.104 5）	
α_{21}	−0.113 7**（0.052 4）		0.025 4（0.071 2）	
α_{22}	0.475 3***（0.103 3）		0.651 6***（0.106 0）	
β_{11}	0.930 7***（0.024 5）		0.955 1***（0.027 8）	
β_{12}	0.093 2*（0.052 8）		0.194 7***（0.031 1）	
β_{21}	0.069 7（0.043 2）		−0.005 3（0.045 7）	
β_{22}	0.721 4***（0.000 0）		0.605 6***（0.086 7）	

注：控制变量方程是指在原方程基础上加入了美元因素和套息因素的结果。"*"表示10%的显著性水平、"**"表示5%、"***"表示1%。α_{12}是指境外债券收益率对境内债券收益率的ARCH波动效应；α_{21}是指境内债券收益率对境外债券收益率的ARCH波动效应；β_{12}是境外债券收益率对境内债券收益率的GARCH波动效应；β_{21}是境内债券收益率对境外债券收益率的GARCH波动效应。

表9.5显示"债券通"推出前的GARCH-BEKK模型估计结果。从均值方程的估计结果来看，境外债券收益率受到境内债券收益率的显著影响，同样境内债券收益率也受到境外债券收益率的影响。当滞后一期的境内债券收益率上升1%，则境外债券收益率变动率上升0.126%。当滞后两期的境外债券收益率上升1%，则境内债券收益率变动率上升0.133%。为了检测自变量滞后期对因变量的联合显著性，我们采用Wald

检验对均值方程的系数进行联合检验，结果详见表9.6的溢出效应联合检验结果。联合检验结果显示，境内外债券收益率之间存在双向均值溢出效应，说明境内外债券收益率的走势会相互引导。在引入控制变量后，发现境外债券收益率受美元因素影响显著，境内债券收益率则在一定程度上受套息因素影响，同时均值溢出效应明显减弱。

表9.6　三个时期溢出效应联合检验结果

H₀假设	"债券通"推出前		"债券通"推出后		人民币汇率"破七"后	
	原方程	控制变量方程	原方程	控制变量方程	原方程	控制变量方程
均值方程联合检验结果						
境内对境外债券收益率不存在均值溢出效应	24.599 4***	7.782 4*	6.678 0*	7.657 0*	3.431 7	3.402 1
境外对境内债券收益率不存在均值溢出效应	8.404 3**	3.937 3	1.816 5	1.147 6	13.322 4***	18.302 3***
条件方差方程联合检验结果						
境内对境外债券收益率不存在波动溢出效应	5.399 5*	0.428 7	0.623 7	0.570 0	6.647 0**	1.000 4
境外对境内债券收益率不存在波动溢出效应	12.511 9***	39.167 9***	1.235 0	1.552 3	7.184 5**	9.071 1**

注：表中结果均为Wald检验的卡方统计量。"*"表示10%的显著性水平、"**"表示5%、"***"表示1%。

从表9.5的条件方差方程的估计结果来看，境内外债券收益率之间存在显著的双向波动溢出效应。同样，表9.6的条件方差方程联合检验结果也显示存在显著的双向波动溢出效应，说明境内外的异常冲击都会对彼此的条件波动率产生影响；但是在引入控制变量后，境内债券市场对境外市场的波动溢出效应消失,说明美元因素和套息因素吸收了境内向境外市场的波动传导。

从表 9.5 中 ARCH 波动效应的系数来看,境外债券市场受到冲击时,市场波动效应会传导至境内的债券市场,即境外市场受到冲击会提高境内市场的波动率。但在引入控制变量(美元因素和套息因素)后,境内外市场之间的 ARCH 型溢出效应(聚集性)都消失了,说明美元因素和套息因素可以吸收境内外市场间的冲击传导。从 GARCH 波动效应的系数来看,境外对境内市场有 GARCH 型溢出效应,而境内对境外则不显著;但是在引入控制变量后,境外对境内债券收益率的 GARCH 波动效应则得到了增强,说明境外对境内债券市场的波动(持续性)效应并没有即刻被吸收,美元因素和套息因素的影响市场还需要一定的反映时间。

3. "债券通"推出后

表 9.7 显示的是第二时期"债券通"推出后,我国企业境内外债券收益率的 GARCH-BEKK 模型估计结果。

表 9.7 "债券通"推出后的 GARCH-BEKK 模型估计结果

变量	原方程		控制变量方程	
	\"债券通\"推出后的均值方程			
	$dIVUSD$	$dIVCN$	$dIVUSD$	$dIVCN$
Constant	0.0012 (0.0014)	−0.0008 (0.0011)	0.0015 (0.0016)	−0.0006 (0.0012)
$dIVUSD_1$	0.0296 (0.0973)	0.0433 (0.0387)	0.0296 (0.0939)	0.0388 (0.0385)
$dIVUSD_2$	−0.05712 (0.0906)	−0.0244 (0.0387)	−0.0586 (0.0970)	−0.0076 (0.0358)
$dIVUSD_3$	−0.1040 (0.0861)	0.0071 (0.0275)	−0.1040 (0.0842)	0.0010 (0.0305)
$dIVCN_1$	−0.1191** (0.0492)	0.3863*** (0.0496)	−0.1191** (0.0468)	0.3550*** (0.0516)

续表

变量	原方程		控制变量方程	
"债券通"推出后的条件方差方程				
$dIVCN_2$	0.059 4 (0.063 3)	0.025 1 (0.047 2)	0.057 9 (0.067 5)	0.051 7 (0.053 7)
$dIVCN_3$	−0.017 0 (0.063 0)	0.105 6** (0.048 3)	−0.017 0 (0.069 0)	0.090 6* (0.051 9)
S_t	−0.001 5 (0.007 3)	0.006 4 (0.006 7)	−0.001 7 (0.006 6)	0.004 3* (0.006 1)
ect	−0.004 0** (0.001 8)	−0.001 0 (0.001 4)	−0.003 8* (0.002 2)	−0.000 9 (0.001 5)
$dlUSDIndex$	—	—	−0.216 7 (0.292 9)	0.459 6* (0.258 5)
$dCarryIndex$	—	—	0.011 7 (0.032 6)	0.043 4* (0.022 8)
"债券通"推出后的条件方差方程				
α_{11}	0.433 9** (0.109 5)		0.442 2*** (0.143 5)	
α_{12}	−0.067 3 (0.067 5)		−0.072 4 (0.067 2)	
α_{21}	0.057 2 (0.081 9)		0.044 1 (0.090 2)	
α_{22}	0.418 4*** (0.080 6)		0.456 6*** (0.078 6)	
β_{11}	0.857 4*** (0.032 0)		0.852 7*** (0.044 2)	
β_{12}	0.019 9 (0.030 0)		0.021 4 (0.034 9)	
β_{21}	−0.053 0 (0.073 1)		−0.058 8 (0.078 2)	
β_{22}	0.798 1*** (0.047 2)		0.791 9*** (0.045 7)	

注：控制变量方程是指在原方程基础上加入了美元因素和套息因素的结果。"*"表示10%的显著性水平、"**"表示5%、"***"表示1%。α_{12}是指境外债券收益率对境内债券收益率的 ARCH 波动效应；α_{21}是其反相解释；β_{12}是境外债券收益率对境内债券收益率的 GARCH 波动效应；β_{21}是其反相解释。

从表 9.7 的均值方程中可以看出，境内市场对境外市场的债券收益率有显著影响，而境内市场并不受境外市场的影响。在引入控制变量以后，境内市场依然对境外市场的债券收益率有影响，并且美元因素和套息因素都对境内债券收益率有一定的影响；境内债券市场也受双边汇差的影响。

同时，均衡误差只对境外债券收益率有显著影响，说明境内外债券收益之差扩大时，是通过境外收益率的自发调整来重构境内外市场的均衡关系。同样，从表9.6的联合检验结果来看，均值方程中不论是否引入控制变量，境内对境外债券收益率都存在均值溢出效应，反之则不然；条件方差方程中结果显示，境内外债券收益率之间均不存在波动溢出效应。

以上结果都说明"债券通"推出后，境内市场更能决定债券收益率的走势，企业境内债券投资收益受美元因素、套息因素和汇率成本的影响。对比"债券通"推出前，美元因素只能对境外债券收益率产生影响，境内市场只有套息因素影响。而在"债券通"推出后，境内市场成为主导，美元因素和套息因素代表的全球冲击开始影响境内债券收益率。当全球风险增加、汇率成本上升时，境内债券市场可能会进一步承压。

4. 人民币汇率"破七"后

2019年8月，人民币汇率"破七"是我国汇率灵活度提升的标志性事件。表9.8显示的是第三时期人民币汇率"破七"后，我国企业境内外债券收益率的GARCH-BEKK模型估计结果。

表9.8　人民币汇率"破七"后的GARCH-BEKK模型估计结果

变量	原方程		控制变量方程	
人民币汇率"破七"后的均值方程				
	$dIVUSD$	$dIVCN$	$dIVUSD$	$dIVCN$
Constant	−0.008 1** (0.003 8)	−0.001 5 (0.001 9)	−0.005 2 (0.003 7)	−0.001 2 (0.001 7)
$dIVUSD_1$	−0.014 1 (0.114 8)	0.005 5 (0.024 5)	0.026 6 (0.102 6)	−0.000 2 (0.026 0)
$dIVUSD_2$	0.055 6 (0.077 2)	0.016 2 (0.031 6)	0.070 8 (0.075 9)	0.003 2 (0.025 3)
$dIVUSD_3$	0.021 1 (0.095 1)	0.080 7*** (0.023 6)	0.029 4 (0.076 4)	0.086 5*** (0.024 5)
$dIVCN_1$	−0.215 7 (0.149 3)	0.163 3* (0.086 5)	−0.169 9 (0.116 8)	0.205 8** (0.096 2)

续表

变量	原方程		控制变量方程	
人民币汇率"破七"后的均值方程				
$dIVCN_2$	0.009 7 (0.114 0)	0.090 2 (0.074 0)	−0.070 1 (0.105 3)	0.042 0 (0.064 9)
$dIVCN_3$	0.220 7 (0.156 7)	0.235 7*** (0.048 8)	0.076 1 (0.120 5)	0.216 5*** (0.065 5)
S_t	0.019 9 (0.018 0)	0.008 5 (0.006 2)	0.016 4 (0.018 5)	0.006 1 (0.005 6)
ect	−0.068 4 (0.047 4)	0.043 1 (0.018 9)	−0.094 7** (0.041 8)	0.045 6** (0.022 5)
dlUSDIndex	—	—	−2.691 8** (1.323 6)	−0.489 3 (0.332 4)
dCarryIndex	—	—	−0.064 1 (0.054 5)	−0.001 8 (0.009 0)
人民币汇率"破七"后的条件方差方程				
$α_{11}$	0.616 5** (0.212 2)		0.741 0*** (0.139 0)	
$α_{12}$	−0.019 3 (0.055 4)		−0.033 1 (0.034 1)	
$α_{21}$	0.716 8** (0.295 6)		0.425 8 (0.472 0)	
$α_{22}$	1.155 0*** (0.229 2)		1.183 0*** (0.324 9)	
$β_{11}$	0.732 5*** (0.212 4)		0.639 9*** (0.091 5)	
$β_{12}$	0.083 0** (0.038 2)		0.096 5*** (0.033 6)	
$β_{21}$	−0.198 3 (0.269 5)		−0.113 1 (0.183 5)	
$β_{22}$	0.408 2** (0.165 9)		0.462 4** (0.196 0)	

注：控制变量方程是指在原方程基础上加入了美元因素和套息因素的结果。"*"表示10%的显著性水平、"**"表示5%、"***"表示1%。$α_{12}$是指境外债券收益率对境内债券收益率的ARCH波动效应；$α_{21}$是其反相解释；$β_{12}$是境外债券收益率对境内债券收益率的GARCH波动效应；$β_{21}$是其反相解释。

从表9.8的均值方程结果看，不论是否加入控制变量，境外市场对境内债券市场收益率都有显著影响。在引入控制变量后，均衡误差对境内外债券市场都具有显著影响，说明境内外债券市场收益之差扩大时，两个市场都会主动进行价格水平的调整来回归长期均衡水平，侧面说明在人民币汇率"破七"后,进一步弱化了具体的汇率目标,汇率形成更加尊重市场供求,债券市场的市场化程度也得到了明显增强。与"债券通"推出后相比,人民币汇率"破七"后境内债券市场对美元因素、套息因素和汇率成本的影响得到了有效的缓解,境外债券市场由于自由化程度较高,受美元因素影响较显著。

从表9.8的条件方差方程结果看,境内债券收益率对境外债券收益率存在ARCH波动效应,即境内债券市场受到冲击会提高境外债券市场的波动率(反之则不然),但是在引入控制变量后,ARCH溢出效应消失,说明美元因素和套息因素可以吸收境内外市场间的冲击传导。从GARCH波动效应的系数来看,不论是否引入控制变量,境外对境内市场都存在显著的GARCH型波动溢出效应。

从表9.6的条件方差方程联合检验结果看,境内外债券收益率之间均存在波动溢出效应,当引入控制变量后,境内对境外债券市场的波动溢出消失,说明美元因素和套息因素是影响境内外市场间波动传导的重要因素。以上结果都说明,在人民币汇率"破七"后,境内外债券市场之间的波动传导能力得到了很大提升,两个市场之间的一体化程度显著加强,互相影响更为紧密。

5. 三个阶段的实证结果总结

在"债券通"推出前,境内外债券市场均存在波动溢出效应,说明境内外债券收益率的走势会相互引导。但是在加入控制变量后,境内对境外的波动溢出效应消失,境外对境内的均值溢出效应也消失了。与此同时,我们发现境外债券收益率受美元因素影响显著,境内债券收益率受套息因素影响较显著;境外对境内债券收益率的GARCH波动效应则得到了增强,说明境外对境内债券市场的波动(持续性)效应并没有即刻被吸收,美元因素和套息因素影响市场还需要一定的反映时间。结合"债券通"推出前的长期均衡关系显示,境外债券收益率与境内债券收益率的长期均衡关联系数仅为0.632,说明我国与境外债券市场一体化程度较低。

在"债券通"推出后,境内对境外债券收益率存在均值溢出效应。对比"债券通"推出前,美元因素只能对境外债券收益率产生影响,境内市场只有套息因素影响。而在"债券通"推出后,境内市场成为主导,美元因素和套息因素代表的全球冲击开始影响境内债券收益率。当全球风险放大、汇率成本上升时,境内债券市场可能会进一步承压。

人民币汇率"破七"对离岸中资企业在岸债券收益率也产生了显著影响。实证结果显示,境内债券市场对美元因素、套息因素和汇率成本的影响得到了有效的缓解。境外对境内债券市场存在均值溢出效应,而境内外市场存在双向波动溢出效应。在引入控制变量后,均衡误差对境内外债券市场都具有显著影响,说明境内外债券市场收益之差扩大时,两个市场都会主动进行价格水平的调整来重新达到新的平衡,侧面说明在人民币汇率"破七"后,汇率形成更加市场化,债券市场的市场化程度也得到的了明显增强。

四、结论

本章从收益率角度对中资企业离岸在岸债券关系进行实证研究,并以利率平价理论为基础对中国债券市场对外开放的进程及相关政策效果进行了评估。结果发现"债券通"提升了离岸与在岸债券市场的有效联结以及在岸市场的影响力,增加汇率灵活度对稳定债券收益率、提升离岸在岸市场有效联动有显著效果。

"债券通"提升了离岸在岸债券市场的有效联结以及在岸市场的影响力。"债券通"推出前,离岸与在岸债券市场的长期协整关系为0.63,远低于1,离岸市场只受美元因素影响,在岸市场只受套息因素影响,市场间相互影响不稳定且无规律可循,说明我国离岸与在岸债券市场一体化程度较低。"债券通"推出后,离岸与在岸债券市场长期协整关系的系数提高至0.87,在岸债券市场成为主导,以美元因素、套息因素为代表的全球冲击开始影响在岸债券收益率。

增加汇率灵活度对稳定债券收益率、提升离岸在岸市场有效联结有显著效果，表现在人民币汇率"破七"后离岸在岸市场的关系、美元等因素作用的变化方面。一是随着汇率灵活度大幅提升，离岸与在岸债券市场长期协整关系的系数为 0.83 并且明显提升。二是人民币汇率"破七"后美元因素只对离岸债券市场有影响，美元因素、套息因素和汇率成本对在岸债券市场的影响得到了有效缓解。尤其是在引入美元因素和套息因素后，均衡误差对离岸在岸债券市场都具有显著影响。以上都说明，人民币灵活度提升导致离岸与在岸债券市场收益之差扩大时，两个市场都会主动进行价格水平的调整来重新达到新的平衡，市场之间的一体化程度也得到了明显增强，相互影响并且联动更为紧密。

第十章

从离岸在岸企业债券收益率看利率平价理论在中国的适用性

本章以 2010 年 1 月—2020 年 7 月投资级中资企业美元债与境内高等级信用债日度收益率为样本,检验抵补利率平价(CIPP)理论在中国的适用性。实证结果显示,从 2017 年年中以来,抵补利率平价理论适用于中国,而这主要得益于"债券通"推出之后,中国债券市场开放程度逐步扩大,汇率灵活度提升则进一步提高了利率平价理论在中国的实用性,提升了中国债券市场与国际市场的有效联结,即使是 2020 年的疫情冲击也未改变上述关系。

受资本项目尚未完全可兑换等政策影响,无论是无抵补利率平价(UIRP)还是抵补利率平价,很长一段时期内在中国并不成立,即使是控制了美元指数这一影响全球金融危机以来 CIRP"铁律"失效的重要因素之后,我国的 CIRP 仍不成立。2017 年下半年"债券通"开通以来,我国债券市场与国际市场逐步实现了有效联结,而市场开放为利率平价理论在中国的适用性创造了条件。考虑美元指数影响和汇率成本的企业境内外债券收益率走势显著趋同,表明中国债券市场与国际市场的一体化程度取得了质的飞跃。汇率形成机制改革对企业境内外债券收益率的收敛起到了积极作用,进一步提高了利率平价理论在中国的适用性。

进一步实证检验显示,部分特殊行业债券以及疫情冲击都没有影响利率平价在中国的适用性。对高等级城投债和房地产企业债券收益率的检验进一步支持了利率平价成立,但这类企业境内外发债受到更多政策性限制,政策溢价对这类企业收益率影响更为明显。2020年2月以来的数据说明,疫情冲击也未改变利率平价在中国的适用性,但企业境内外债券收益率的关系受到显著影响,避险情绪下包括投资级在内的中资美元债被大量抛售,收益率大幅上升,投资级中资美元债收益率与美元指数、境内债券收益率的关系发生了明显变化,这也是国际金融形势变化对债券收益率影响的最新例证。

一、引子

作为汇率决定的最基础理论之一,利率平价一直是理论和实证研究关注的重点,而资本可自由流动则是利率平价成立的必要条件。只有国际资本在不同市场自由套利,才能通过外汇市场供求条件的变化影响汇率水平。近年来,中国金融对外开放进程明显加快,资本项目开放程度逐步扩大。根据IMF的法定测度标准,7大类40项资本项目子项中,中国有37项实现了不同程度的开放。按照IMF的实际测度标准,2019年开放程度已高达70%,其中,直接投资(FDI)开放度高达91.7%,资本和货币市场为64%,衍生品和其他工具为50%[①]。由此,国内外金融市场的关联性进一步增强,利率平价理论在中国成立的基础性条件日趋完善。

根据利率平价理论,对于债券发行和投资而言,汇率的作用应当是中性的,考察企业境内外收益率应考虑汇率预期或控制汇率成本。不过,由于我国资本账户尚未完全可兑换,此前文献大多认为,中国并不具备利率平价成立的基本条件。近年来,我国债券市场开放度日益提

---

① 陆磊于2020年9月26日在全球财富管理论坛(GAMF)上海峰会上的发言《构建面向未来五年的金融市场开放新格局》。

高①，而 2017 年推出的"债券通"极大提升了境内外债券市场互联互通效率和一体化程度，为我们探讨利率平价的适用性提供了新的背景和条件。2017 年 7 月"债券通"正式运行，通过与香港金融市场基础设施间的联通，绕开中外清算、托管、信息披露等基础设施安排和监管、税收等政策差异，实现境外投资者一点式接入并投资境内债券市场，为全球投资者参与中国金融市场提供了更便利的通道。截至 2020 年 6 月末，共有 60 多个国家和地区的近 900 家境外法人机构进入中国债券市场，境外机构共发行人民币债券超过 4 000 亿元，持有人民币债券余额约 2.6 万亿元，2017 年以来每年以近 40% 的速度增长。

本章在梳理利率平价文献的基础上，从分析影响中资企业离岸在岸债券收益率的影响因素入手，探讨利率平价理论在中国的适用性。通过对 2010 年以来投资级中资企业美元债与境内高等级信用债收益率的比较，以及对中债投资级美元债指数与对应主体境内债券指数、不同评级和特定行业境内外债券收益率关系的计量分析，在考察企业境内外债券收益的关系及其影响因素的同时，尝试验证利率平价理论是否适用于中国。

本章的实证结果说明，我国已基本实现与国际市场的有效联结，而市场开放为利率平价理论在中国的适用创造了条件。一方面，汇率市场化改革促进了企业境内外债券收益率的趋同。另一方面，"债券通"运行之后，考虑美元指数影响和汇率成本的企业境内外债券收益率走势显著趋同，表明中国债券市场与国际市场的一体化程度取得了质的飞跃。但是，由于我国资本账户尚未完全开放，企业套息空间相对有限。此外，

---

① 中国债券市场从 20 世纪 90 年代初起步，迄今已经是全球规模第二大的债券市场。早在 21 世纪初，我国就通过多种方式推进债券市场双向对外开放。一方面是"走出去"，即通过 QDII、RQDII、QDLP、QDIE 等方式或借助境内金融机构在境外分支机构交易平台投资境外债券市场；另一方面是"引进来"，即允许国际机构在银行间市场发行人民币债，境外投资者通过 QFII、RQFII、"债券通"等渠道或特定类型机构直接参与投资中国债券市场。截至 2020 年 6 月末，境外机构持债规模占我国债券总量的比重为 2.4%，远高于其在股市、外汇和衍生品市场的外资占比。

实证分析验证了产业政策对城投和房地产企业境内外债券收益率差异的影响，而 2020 年疫情冲击也对境内外收益率影响显著。

本章是首篇从债券收益率角度对中资企业境内外债券关系进行实证研究的学术文章，并从理论和实证方面验证了利率平价在中国的适用性。对于当前中国在岸离岸债券市场的研究，本章还有以下意义：一是与此前主要关注中资企业离岸债券发行规模的实证研究（Huang 等，2018 年；Ding 等，2019 年）不同，本章主要关注企业境内外债券收益率关系及其影响因素；二是实证研究数据独特，美银美林投资级中资企业美元债收益率和国内高等级信用债收益率很少被以往的研究用到，中债金融估值中心的中债投资级美元债指数及对应主体境内债券指数等数据也是首次用于学术研究；三是检验了"债券通"、汇率制度改革的政策效果，剖析了资本项目开放中我国存在的不足及对投资者的影响。

二、利率平价理论及其成立条件文献综述

利率平价理论认为，所有货币资产在不同国家的预期收益都应相同，否则将存在套利空间，而市场的套利机制最终将使各国同类资产的预期收益率趋同。按照是否考虑远期外汇市场，利率平价理论分为 UIRP 和 CIRP。UIRP 指的是，在市场套利机制作用下，两国间的利率之差等于两国货币汇率预期变化，也即本国利率低于（高于）外国利率之差等于本国货币的预期升值（贬值）幅度。CIRP 指的是，如果存在远期外汇市场，则本国利率低于（高于）外国利率之差等于本币远期升水（贴水）。UIRP 与 CIRP 在原理上是一致的：如果将远期汇率升（贴）水视为汇率预期变化，那么远期汇率可以作为即期汇率重要的指示器（Macdonald 和 Taylor，1992 年）。最大区别在于，CIRP 引入远期外汇市场，相当于对投资者风险偏好不设任何限定性条件，而 UIRP 则以投资者风险中性作为假设条件。不过，UIRP 和 CIRP 在经验研究上都面临很大的挑战，关于其成立条件的讨论在国际经济学研究中历久弥新。

（一）UIRP 及其成立条件

长期以来，对 UIRP 是否成立的实证研究一直是理论关注的重点。一方面，与 CIRP 相比，UIRP 对投资者风险偏好假设更为严格，需要假定投资者的风险偏好是中性的。另一方面，UIRP 是否成立，对评估政府外汇市场干预政策是否有效非常重要。这是因为，根据 UIRP，政府干预外汇市场无法有效改变与未来即期汇率预期相关的即期汇率水平，这意味着政府的外汇市场干预往往无效，除非允许利率变动（Henderson 和 Sampson，1983 年）。由此，很多学者针对 UIRP 的有效性进行了大量检验。

早期针对 UIRP 有效性的大量实证研究表明，UIRP 并不成立。Cumby（1981 年）和 Obstfeld（1984 年）发现，根据 UIRP 条件得到的未来即期汇率往往与远期汇率明显偏离，高利率国家货币在一段时间后往往并未如理论揭示的出现贬值，反而进一步升值，这意味着市场存在着"超额收益"和长期套利空间，因而被称作"无抵补利率平价之谜"（UIRP Puzzle）或"远期溢价之谜"（Forward Premium Puzzle），成为国际经济学领域最为著名的理论谜团之一（Obsfeld 和 Rogoff，2001 年；Engle 和 Zhu, 2019 年）。

随着有关 UIRP 之迷理论研究的深入开展，以及市场数据的不断丰富和计量方法的不断改进，近年来很多包括发达经济体和新兴市场的研究表明，UIRP 之谜的显著性正在逐渐下降，总体来看，UIRP 仍是成立的，这在很多固定汇率安排的经济体中表现得更为明显（Engle 和 Zhu，2019 年）。

1. UIRP 之谜：外汇市场风险溢价、理性预期偏差及市场不完全

有关影响 UIRP 有效性及其成立条件的讨论，主要分为外汇市场风险溢价、理性预期偏差和市场不完全三个方面[①]。

外汇市场"风险溢价假说"最早由 Fama（1984 年）提出，该文通过对法国、德国、日本等 9 个主要货币与美元远期汇率溢价假说进行检验，认为风险溢价是导致汇率预期与远期汇率偏离的主要原因。该假说被广泛认可和证实。研究者大多利用考虑消费的资本资产定价模型（C-CAPM）的局部均衡分析或基于理性预期的一般均衡模型（最优消费决策）等方法，对 UIRP 中的风险溢价因素进行理论刻画（Lewis，1995 年），并通过汇率波动（方差）、经风险调整后的远期汇率收益率（夏普比）、汇率预期调查等方式，检验风险溢价对 UIRP 的影响（Hochradl 和 Wagner，2010 年；Jorda 和 Taylor，2012 年；Ince 和 Molodtsova，2017 年）。

虽然风险溢价能够很好地解释 UIRP 之谜，但无法很好地说明"超额收益"的变化（特别是其变化幅度非常大），由此引出了理性预期偏差理论（Frankel，1989 年；Froot，1991 年），主要包括异质化市场模型和学习过程理论。异质化市场模型认为，外汇市场中很可能存在一类并不一定理性的投资者，这类投资者风险偏好更高，能够获得更高的投资收益。从预期形成的角度来看，理性预期偏差相当于一个学习过程，这与汇率制度的变化有关。早期有关 UIRP 并不成立的实证研究样本大都集中于 20 世纪 70—80 年代，而这也是各国由固定汇率制度转向浮动汇率制度的关键时期，投资者对汇率预期的变化实际上是随着汇率制度的演变而不断修正预期。因此，汇率制度演变过程和样本选择等问题，对 UIRP 检验可能更为重要（Engle，2014 年）。

市场不完全对市场参与者外汇交易行为有重要影响，这与"本国偏好之谜"（Home Bias Puzzle）密切相关（Lewis，1995 年），是解释 UIRP 是否成立的重要原因。从投资者的角度来看，一国投资者往往更熟悉和

---

① Lewis（1995 年）、Engle（1996 年）对这方面的早期研究成果进行了全面综述。Rossi（2013 年）、Engle（2014 年）对最近 20 年的相关研究进行了详细总结。

偏好本国资产，再加上汇兑投资等实际费用、市场分割及政府对投资的限制，即使资本可自由流动，投资者也很难在全球范围内无差异地分散其投资组合。Obsfeld 和 Rogoff（2001 年）进一步指出，由于市场分割、价格黏性、不完全竞争和交易费用等因素，市场不完全可能导致明显的交易成本。毕竟，现实金融市场中完全无摩擦的情形并不存在，市场交易成本将长期存在，这是导致 UIRP 失效的重要原因（Abeysekera 和 Turtle, 1995 年；Bekaert 等，2007 年）。而且，交易成本和市场摩擦也使得不同国家资产存在明显的异质性，不同国家风险溢价的差异也导致利率平价难以完全成立（Wong 等，2016 年；Stenfors，2019 年）。

2. UIRP 在发达和新兴市场的实证研究

早期有关 UIRP 的实证研究主要是以发达国家货币为样本，发现高通胀国家（如意大利）的检验效果好于低通胀国家（如德国），而多数基于长期数据检验的 UIRP 成立。Froot 和 Thaler（1991 年）认为，高通胀国家的通胀风险往往能够被市场预期，其货币也能够如市场预期那样倾向贬值。此外，长期汇率数据的 UIRP 检验效果要明显好于短期利率的汇率预测（一般是一年以下，多数是三个月）。由于汇率预期等于未来即期汇率与风险溢价之和，而风险溢价受通胀、增长等不确定性因素的影响。短期数据难以反映长期预期变化（Colacito 和 Croce, 2013 年；Bansal 和 Shaliastovich, 2013 年），这可能是其远期溢价偏离的重要原因。为此，很多学者采用长期汇率变化与长期收益率数据（5 年或 10 年）进行实证分析（Alexius，2001 年；Chinn 和 Meredith，2004 年；Chinn 和 Quayyum，2012 年；Boudoukh 等，2016 年），发现长期数据检验的 UIRP 仍是成立的。

还有学者考虑风险溢价、预期偏差等因素后，利用新的实证研究方法，对发达经济体 UIRP 成立条件进行了实证分析，证实了 UIRP 的长期有效性。Lothian 和 Wu（2011 年）通过分样本回归和滚动回归等方法，对英国、法国、美国 200 多年的 UIRP 回归系数的时变特征进行检验，发现制度变化后预期无法迅速调整将导致 UIRP 失效（学习过程），但 UIRP 在长期内仍是成立的。Lothian（2016 年）对 17 个发达国家平均长达近 160 年历史数据的实证研究，再次支持了 UIRP 的长期有效性。Sarantis（2006 年）、Baillie 和 Chang（2011 年）分别利用指数和对数平滑转换模型（ESTR/LSTR），检验时变风险溢价和不同市场交易策略对 UIRP 的非线性影响。Cho（2018 年）通过多重体制转换平滑自回归模型（Multi Regime STAR），以美国、英国、日本等 6 个发达国家货币为样本，考察了结构性变化对利率平价的影响。

随着金融全球化和外汇市场的深化，很多研究进一步关注新兴经济体，发现新兴经济体在经济正常时期更符合 UIRP（Bansal 和 Dahlquist，2000 年；Alper 等，2009 年；Frankel 和 Poonawala，2010 年；Miah 和 Altiti，2020 年）。Loring 和 Lucey（2013 年）对包含全球金融危机期间样本（2004—2011 年）的实证研究表明，发达经济体和新兴经济体都符合利率平价条件。Frankel 和 Poonawala（2010 年）的实证研究认为，正常时期（1996—2004 年）新兴经济体远期汇率偏离并不明显。Miah 和 Altiti（2020 年）基于 12 个新兴经济体和 15 个发达国家 2007—2016 年对美元汇率的实证研究，发现远期汇率偏离程度明显下降。总体看，新兴市场经济正常时期更符合 UIRP 条件，危机期间风险溢价和理性预期偏差对所有国家远期汇率偏离都具有显著的影响。不过，新兴发展中国家不确定性较大，这似乎与风险溢价假说相背，其背后原因与高通胀发达国家 UIRP 检验往往成立类似。很多经济基本面并不健全的新兴市场国家，市场通常能够更准确地预期其汇率长期趋势，因而 UIRP 的检验效果也更为理想。

（二）CIRP 及其在金融危机后失效的相关研究

CIRP 一直被认为是极少数很好被经验研究证明的国际平价条件之一（其他的国际平价条件包括一价定律、购买力平价、国际费雪效应，等等），而外汇市场参与者大多是以 CIRP 条件进行汇率和利率定价（Dooley 和 Isard，1980 年；Taylor，1989 年）。这是因为，远期汇率相当于锁定汇率预期或汇率成本，如果利率与远期汇率不对应，就会存在确定的无风险套利机会。

全球金融危机以来，CIRP 这一国际金融领域的"铁律"经常被打破，这主要表现为外汇掉期基点的异常变化（Borio 等，2016 年）。与远期汇率类似，市场参与者可通过外汇掉期确定未来汇兑成本，并以外币换取美元的方式获得美元融资，而不是在即期市场直接借入美元。外汇掉期融资与即期美元融资成本之差就是外汇掉期基点。根据 CIRP，在无摩擦的完全市场条件下，外汇掉期基点应接近于零，但在全球金融危机和 2011 年欧债危机期间，欧元、日元等主要货币外汇掉期融资的美元成本一直明显高于即期美元融资成本，这意味着 CIRP 存在较大偏差，尤其是 2014 年以来，两类成本出现持续、系统性偏离（Avdjiev 等，2019 年；Eirk 等，2020 年）。

全球金融危机以来的外汇掉期基点持续偏离是全球美元供求的变化共同作用导致的。从供给角度来看，由于危机后加强金融监管，银行作为传统外汇市场美元供给者，杠杆率、流动性比率等受到更严格的限制，致使其参与外汇市场套利的能力和意愿都明显下降（Borio 等，2016 年；Sushko 等，2018 年；Du 等，2018 年）。另外，不同类型银行的融资成本和资产负债表扩张能力不同，市场实际上处于分割状态，套利机制难以有效发挥，致使一价定律难以发挥作用（Rime 等，2017 年）。从需求角度来看，各类市场主体对冲美元汇率风险需求、美元流动性短缺和美元指数走强是 CIRP 偏差的重要原因。全球金融危机以来，非美国的银行、保险、养老金等金融机构和非金融企业美元融资需求明显增加（Borio 等，2016 年；Sushko 等，2018 年；Jiang 等，2019 年）。而危机期间，全球对美元流动性（美元安全资产）需求上升，致使美元指数走强，这进一步提高了银行美元杠杆的"影子价格"，抑制银行美元供给，加大了美元需求缺口，因而美元指数与 CIRP 偏差程度呈显著正相关关系（Ivashina 等，2015 年；Avdjiev 等，2019 年）。2014 年以来，美国与欧日等主要央行货币政策明显分化，也是导致 CIRP 偏差的重要原因（Iida 等，2016 年；Cerutti 等，2019 年）。

Skinner 和 Mason（2011 年）发现，与 UIRP 之谜类似，风险溢价、市场不完全等都是导致新兴市场国家 CIRP 并不成立的重要原因。全球金融危机以来，CIRP 的失效主要是由于美元融资的汇率风险对冲强劲需求与市场容量下降，这在一定程度上扭曲了市场套利机制，降低了外汇市场的广度、深度及对冲汇率风险的有效性。事实上，Lee（2003 年）很早就发现，外汇市场流动性不足是韩元兑美元 CIRP 条件并不成立的重要原因。Fong 等（2010 年）针对港币兑美元的分析也表明，市场流动性风险和信用风险是 CIRP 失效的重要原因。Suh 和 Kim（2016 年）指出，CIRP 应考虑新兴发展中国家市场分割的实际情况，针对韩国外汇市场的实证分析支持了这一点。

（三）有关中国利率平价理论适用性的相关文献

由于我国资本账户尚未完全开放，汇率弹性和金融市场深度有限，很早就有中国学者指出，中国的利率平价应考虑交易成本因素或体制性因素的摩擦系数（张萍，1996 年；易纲、范敏，1997 年），这方面研究主要采用货币市场短期利率数据。不少实证研究表明，人民币与美元汇率并不满足利率平价条件（Cheung 等，2006 年；Wang，2010 年，2015 年；谭小芬和高志鹏，2016 年）[①]。金中夏和陈浩（2012 年）指出，汇率变化并不能够说明中国的利率平价是否成立，通过抵补利率平价条件得到的人民币升值压力与外汇储备的实证分析表明，外汇市场干预是重要的原因。此外，我国债券市场深度相对有限，也限制了价格发现能力、

---

① 虽然也有研究表明，中国的抵补利率平价仍是成立的（崔明超、黄运成，2008 年），但由于资本管制等因素影响，大多数研究并不支持中国 UIRP 和 CIRP 成立。

流动性及效率，在一定程度上影响了利率平价条件的成立。一是中国债券市场交易主体以风险偏好较低且长期持有资产配置的银行为主（易纲，2020年）。受严格的市场准入限制，我国金融衍生品市场发展相对滞后，资产支持证券市场仍待完善（徐忠，2018年）。二是买断式回购市场、标准债券远期、信用违约互换等创新工具发展有限，市场交易并不活跃，债券市场流动性较低[①]。三是我国债券市场评级虚高，不能反映债券的真正风险。尤其是在过去刚性兑付预期下，信用债的信用利差主要体现为期限溢价而非信用风险溢价（纪志宏、曹媛媛，2017年）。但是，此前还没有研究利用中国债券市场数据检验利率平价是否成立。

针对中国利率平价的成立条件的实证分析，分别支持了风险溢价假说、理性预期偏差及市场不完全等因素的影响。在风险溢价方面，Kim和Cho（2011年）发现，考虑与资本流动相关的市场风险后，中国的无抵补利率平价仍是成立的。Chang和Su（2015年）利用非线性门限单位根模型检验表明，资本流动、外汇市场效率、货币一体化程度等风险因素，对人民币与亚洲8个国家货币的UIRP是否成立有着非常重要的影响。虽然肖立晟、刘永余（2016年）的检验表明，时变风险溢价影响并不显著，但经风险调整后的外汇套利收益较低，是影响中国UIRP成立的重要因素。在理性预期偏差方面，李晓峰、陈华（2010年）考察了交易者异质性预期的影响，发现人民币汇率预期存在显著的异质性特征。在市场不完全及交易成本方面，潘锡泉（2013年）借鉴成本加成方式引入资本流动的交易成本变量，利用分阶段协整分析表明，人民币非抵补套利平价在长期内仍是成立的。Wang（2015年）发现，外汇管制和市场摩擦导致的信用风险和外汇市场流动性短缺，是人民币与美元CIRP持续存在偏离的重要原因。谭小芬、高志鹏（2017年）比较了风险溢价和资本管制的影响，发现资本管制导致的交易成本等的影响明显大于风

---

① 2019年，我国债务融资工具现券交易换手率为1.9倍，公司债现券交易换手率不足0.7倍，与美国国债市场约10倍左右换手率、信用债2倍左右换手率相比，差距明显。

险溢价，是中国 CIRP 并不成立的重要原因。肖立晟、刘永余（2016 年）也认为，交易成本对人民币 UIRP 是否成立有着重要的影响，在交易成本较低的区域，UIRP 倾向于成立，央行外汇市场干预和跨境套利收益的变化会导致 UIRP 偏离更加严重。

三、模型设定、指标选取及数据初步分析

（一）计量模型设定

目前，对 UIRP 之谜的检验，主要分间接法和直接法两类。间接法公式由 Fama（1984 年）提出：

$$s_{t+1} - s_t = \alpha + \beta(f_t - s_t) + \varepsilon_t \quad （1）$$

其中，s_t 和 f_t 分别为 t 时期的即期汇率和远期汇率（直接标价法）。这一方法的优势在于远期汇率数据可得性较好，但这个公式隐含着 CIRP 成立的前提，实际上是对 UIRP 和 CIRP 的联合检验。因此，很多研究采用直接法公式：

$$s_{t+1} - s_t = \alpha + \beta(i_t - i_t^*) + \varepsilon_t \quad （2）$$

其中，i_t，i_t^* 分别为 t 时期国内利率和国外利率。

根据 UIRP 和 CIRP，很容易得到公式（1）和公式（2）。无论是间接法公式，还是直接法公式，如果利率平价条件成立，那么理论上应有 $\alpha = 0$，$\beta = 1$。不过，多数实证研究表明，$\beta < 1$，甚至经常会有 $\beta < 0$，也即所谓的"远期溢价之谜"。

根据 UIRP：$(1+i_t) = (1+i_t^*)\dfrac{E_{[s]t+1}}{s_t}$，可得：$i_t^* \approx i_t - (E_{[s]t+1} - s_t)$。类似地，根据 CIRP，可得：$i_t^* \approx i_t - (f_t - s_t)$。对 UIRP 实证检验的直接法和间接法，都是通过这一条件推导而得。不过，公式（1）和公式（2）都未考虑可能影响利率平价或离岸债券收益率的其他因素。为此，我们采用如下计量模型：

$$i_t^* = \alpha + \beta_1 i_t + \beta_2 \Delta s_{t+1} + \beta_X X_t + \varepsilon_t \quad (3)$$

其中，X_t 为其他控制变量。公式（3）也是本章的基本计量模型。

可见，利率平价理论是分析企业境内外债券收益率的分析基准。公式（3）是根据 UIRP 得到的，以企业境外债券收益率为因变量，以企业境内债券收益率关系及其影响因素作为自变量的实证分析。在控制汇率成本（Δs_{t+1}）或考虑汇率预期变化（$E\Delta s_{t+1}$）后，相当于对抵补利率平价和无抵补利率平价条件进行检验。理论上，企业债券收益率等于无风险利率与信用溢价之和。对于同类债券发行主体，信用风险相同，企业境内外债券收益率之差主要反映了本国与外国无风险利率之差。在考虑汇率成本后，企业境内外债券融资成本或境内外债券投资收益应当是相同的。根据公式（1）或公式（2），如果资本自由流动程度越高，各国金融市场一体化程度越高（也即风险偏好、预期偏差、交易成本及资产异质性等差异性越小），那么利率平价条件就可以成立，此时应有 $\beta_1 = 1$。

（二）主要指标和数据选取

1. 企业境内外债券收益率

我们主要研究信用等级较高的境外评级投资级中资美元债券收益率与国内高等级债券收益率的关系。这是因为，我国债券市场在市场深度、投资政策和评级等方面，与主要发达经济体债券市场仍存在较大差异。其中，信用风险较高的企业境内外债券收益率的影响因素非常复杂，两者关系并不确定，甚至很可能走势发生背离，难以直接比较。由于企业境外信用评级较为严格，投资级美元债的信用利差相对较小，主要是被以资产配置为主的风险厌恶型机构投资者持有，与国内市场结构差异不大。

中资企业早在 21 世纪初就已在离岸市场进行（主要是以美元计价的）债券融资。美银美林很早就推出了投资级中资企业美元债指数（ACCG），跟踪中资企业在美国境内及欧洲美元市场发行的以美元计价的投资级债券的表现，作为美银美林投资级亚洲美元债指数的一个子指数。样本中的合格债券最少待偿期限为1年，发行期限至少为18个月，流通规模最少为1.5亿美元且为固息债券品种，样本券评级基于国际三大评级机构的综合考量。ACCG数据最早可追溯至2008年4月30日，市场认可度较高。

我们选取美银美林投资级中资企业美元债指数收益率作为投资级中资企业美元债收益率指标。由于美银美林中资投资级美元债平均久期为5年左右，境内相应选取中债中短期票据超AAA和AAA级5年期平均中债估值收益率，作为与投资级中资美元债对标的境内高等级信用债收益率指标。

出于稳健性的考虑，我们还将采用2018年以来中债投资级美元债指数和收益率数据，对境内外债券收益率关系和利率平价有效性进行实证检验［详见本章第四节第（五）小节］。

2. 汇率成本及其他控制变量

我们以1年期美元兑人民币汇率掉期（$Swap1y$）作为汇率成本指标。目前，我国已推出了远期、外汇掉期、期权等基础的衍生产品，能够满足市场汇率避险的基本需求。由于人民币汇率采用直接标价法，外汇掉期为正且越大表明人民币汇率贬值幅度越高，外汇掉期与投资级境外美元债收益率应该呈显著负相关关系。

参考全球金融危机后CIRP失效的讨论及影响离岸债券收益率相关研究，我们选择美元指数和套息因素作为控制变量。我们选取的美元指数为美联储公布的名义美元指数（2006年1月=100）。现有研究大多认为，正常情况下高等级美元离岸债券收益率与美元指数呈正相关关系，而高收益美元离岸债券与美元指数关系并不确定。这是因为，高等级美元离岸债券为投资者提供近似于无风险且收益较高的美元替代资产，美元升值将拉升高信用等级企业美元债价格（Gambacorta等，2020年）。但在危机情况下，美元避险货币的功能可能导致高信用等级美元债收益率与美元指数（以及境内债券收益率）的关系不确定（甚至呈显著正相关关系）的反常现象。这主要是因为，全球金融市场恐慌情绪导致美元指数高企和美元荒，各类信用债（包括非美国企业发行的投资级债券以及高收益债）被大量抛售（Rose 和 Spiegel，2012 年；Hordahl 和 Shim，2020 年）。

借鉴 Bruno 和 Shin（2017 年）、Ding 等（2019 年）的研究，我们采用考虑外汇期权隐含波动率调整后的境内外货币市场利差（即隔夜质押回购利率与联邦基金利率之差除以隔夜外汇期权隐含波动率）作为套息指数。与境内外利差密切相关的套息交易是影响离岸债券收益率的重要原因，对不同国家利率与汇率之间的长期均衡关系具有显著影响（Engle，2014 年；Banerjee 等，2020 年）。在资本可自由流动条件下，套息指数应与投资级中资企业美元债收益率呈显著负相关关系。不过，由于企业发行美元债仍受政策限制，我国资本账户尚未完全开放，套息指数变量可能并不显著。

（三）数据初步分析

根据公式（3）并参考 Huang（2019 年）的研究，我们首先分别针对是否考虑汇率成本因素，考察企业境内外债券收益率的关系，并对中国债券市场开放程度做出初步判断。图 10.1 显示，境内高等级信用债收益率大多明显高于投资级中资企业美元债收益率，这与中美利差大多为正的典型性事实相吻合。样本期内，*IVCN* 与 *IVUSD* 利差平均为 0.75%。2017 年 7 月 3 日 "债券通" 运行前后，利差平均分别为 0.78% 和 0.66%，虽然 "债券通" 运行后平均利差收敛幅度仅为 11 个基点，难以得到境内外债券收益率趋同的结论。但是，考虑美元兑人民币的汇率成本后的利差平均为负。经 1 年期外汇掉期调整后，境内债券平均收益率反而不如境外债券，样本期内境内外债券收益率利差平均为 –4.3%。当然，利差大多为负很大程度上与外汇掉期成本有关，如果选择更短期限外汇掉

第十章 从离岸在岸企业债券收益率看利率平价理论在中国的适用性

期进行调整（如 1 周、1 个月或 3 个月汇率掉期），平均利差则趋近于零或约为正，这些发现与 Huang（2019 年）所提类似。另外，"债券通"运行前后利差平均分别为 –4.6% 和 –3.6%，两者相差 100 个基点，境内外债券利差明显收窄，表明我国债券市场与国际市场的一体化程度明显上升。

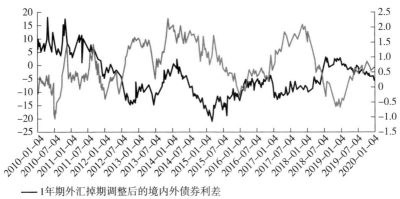

—— 1年期外汇掉期调整后的境内外债券利差
—— 境内高等级信用债（IVCN）与投资级中资企业美元债（IVUSD）利差（右轴）

图 10.1　企业境内外债券利差（%）

"债券通"对利差也有显著影响（图 10.2），尤其是"债券通"运行后经外汇调整的境内外债券收益的收敛更为显著。"债券通"运行之后，企业境内外债券利差的离散程度明显高于"债券通"运行之前（2017 年 7 月 1 日前后的标准差分别为 0.66 和 0.76），境内外债券收益率似乎并未收敛。不过，考虑汇率成本后的企业境内外债券收益率明显趋同，表现在企业境内外债券利差的离散程度在"债券通"运行后明显下降（2017 年 7 月 1 日前后的标准差分别为 8.10 和 3.77）。此外，虽然无论是否经过外汇掉期调整，"债券通"运行前后境内外债券收益率之差的均值都存在明显差异，但均值相等性的 t 检验表明，仅是境内外债券利差的均值相等性 t 检验的 P 值为 0.013，是在 5% 水平下显著，而经汇率调整后的收益均值相等性 t 检验的 P 值则是在 1% 水平下显著，说明考虑外汇变化成本更有助于比较企业境内外债券收益率情况。

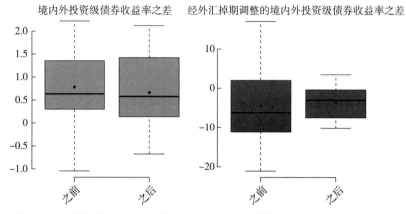

图 10.2 "债券通"运行前后(经外汇掉期调整)的境内外债券利差均值箱线图

四、计量分析结果

(一)全样本计量检验结果

根据企业离岸债券收益率影响因素的分析,本节以投资级中资企业美元债收益率作为因变量,以境内高等级信用债收益率作为自变量,考虑汇率成本并控制美元指数和套息机会等变量,进行回归并检验企业境内外债券收益率的关系。由于全球金融危机及疫情冲击可能对企业境内外债券收益率产生显著影响,本节分析 2010 年 1 月 4 日—2020 年 1 月 23 日的日度数据,其中,套息指数仅为 2016 年 1 月 4 日以来的数据。显著性检验(t 检验)采用 Newey-West(1987 年)提出的异方差自相关一致性稳健标准差。

表 10.1 为投资级中资企业美元债与境内高等级信用债收益率的简单回归结果。其中最值得注意的是,由 Wald 系数检验显示所有方程均在 1% 水平下拒绝了 IVCN 系数等于 1 的原假设,表明全样本回归中,虽然企业境内外债券收益率呈显著正相关关系,但两者变化并不同步,中外债券市场融合程度仍相对有限,利率平价并不完全成立,这一结论与此前多数有关中国利率平价的实证研究一致。

表 10.1 还显示出以下几个方面。第一，企业境内券与境外债券收益率始终在 1% 显著性水平下呈正相关关系，表明中国债券市场与国际债券市场基本实现了有效联结，但 IVCN 系数均小于 1，表明境内债券收益率明显高于境外债券，与境内外利差大多为正的典型性事实相符。第二，汇率掉期始终在 1% 显著性水平下与 IVUSD 呈负相关关系，与理论分析相符。在考虑汇率成本后，美元指数在 5% 显著性水平下与 IVUSD 呈负相关关系，而套息指数与 IVUSD 回归系数并不显著，这表明从境内外收益率来看，企业境外债券融资套息空间并不大，这也与我国资本账户并未完全开放、套息收益较小有关。第三，如果同时控制美元指数和套息指数，这两个变量均不显著，美元指数符号发生变化，显示存在明显的共线性问题。第四，考虑汇率掉期因素后，回归方程的 R2 由不到 0.2 大幅提升至 0.57，而进一步控制美元指数、套息指数，R2 提高并不大，这也表明汇率成本是比较境内外债券收益率更重要的因素。由于套息指数变量并不显著，在后面的计量分析中，我们不再控制这一变量。

表 10.1 投资级中资企业美元债与境内高等级信用债收益率（IVUSD 为因变量）

样本期 自变量	2010-01-04—2020-01-23			2016-01-04—2020-01-23	
Constant	2.113 8*** （0.172 8）	2.396 9*** （0.139 9）	3.407 4*** （0.427 8）	2.068 2*** （0.199 2）	1.865 9* （1.067 3）
IVCN	0.363 1*** （0.038 6）	0.354 5*** （0.029 3）	0.290 3*** （0.037 1）	0.475 2*** （0.051 3）	0.475 5*** （0.047 9）
Swap1y	—	−0.048 1*** （0.003 4）	−0.045 1*** （0.003 6）	−0.084 9*** （0.012 6）	−0.083 9*** （0.013 5）
USDindex	—	—	−0.007 5** （0.003 0）	—	0.001 8 （0.009 4）
Carryindex	—	—	—	−0.189 4 （0.158 8）	−0.206 5 （0.164 2）
R²	0.181 2	0.566 3	0.575 8	0.652 4	0.645 9
S.E.	0.533 9	0.388 7	0.384 5	0.320 8	0.320 4

续表

自变量 \ 样本期	2010-01-04—2020-01-23			2016-01-04—2020-01-23	
F	539.1***	1 584.3***	1 093.8***	613.2***	460.7***
C（2）=1Wald 卡方统计量	272.9***	485.3***	366.5***	104.5***	119.7***

注：括号内数字为 Newey-West 稳健标准差，"***""**""*"分别代表显著性水平为 1%、5%、10%，下同。

（二）"债券通"：OLS 及基于 MGARCH-BEKK 模型的估计

本小节以 2017 年 7 月 3 日作为分界，首先对"债券通"正式运行前后境内外债券收益率的关系进行 OLS 回归检验。表 10.2 显示，各变量系数回归结果均比较理想，而且 Wald 系数检验表明，"债券通"运行前，境内债券收益率回归系数虽然为正，但明显小于 1 且均显著拒绝等于 1 的原假设。"债券通"运行后，如果不考虑其他变量，境内债券收益率回归系数仍在 1% 显著性水平下拒绝等于 1 的原假设，而一旦考虑汇率成本，无论是否控制美元指数，IVCN 系数均无法拒绝等于 1 这一利率平价成立的原假设。可见，"债券通"运行后，利率平价适用于中国，企业境内外债券收益呈现同步变化态势，这也表明中国债券市场与国际金融市场的融合程度有了质的飞跃。

表 10.2　"债券通"运行前后企业境内外债券收益率（IVUSD 为因变量）

自变量 \ 样本期	2010-01-04—2017-06-30			2017-07-03—2020-01-23		
Constant	1.823 0*** (0.168 9)	2.330 9*** (0.150 3)	4.563 9*** (0.415 6)	2.461 6*** (0.439 8)	0.133 0 (0.239 2)	3.999 9* (2.297 3)
IVCN	0.427 4*** (0.037 8)	0.366 0*** (0.030 8)	0.234 9*** (0.034 2)	0.342 4*** (0.100 6)	0.972 0*** (0.061 0)	0.850 3*** (0.098 9)
Swap1y	—	−0.042 7*** (0.003 3)	−0.034 1*** (0.003 7)	—	−0.157 6*** (0.007 3)	−0.161 7*** (0.007 1)

续表

样本期 自变量	2010-01-04—2017-06-30			2017-07-03—2020-01-23		
USDindex	—	—	-0.017 0*** (0.003 1)	—	—	-0.029 3* (0.017 9)
R^2	0.268 8	0.618 0	0.646 9	0.102 9	0.788 1	0.793 4
S.E.	0.515 8	0.372 9	0.358 6	0.493 3	0.252 1	0.249 2
F	666.4***	1 459.9***	1 101.6***	57.00***	1 151.2***	780.8***
C(2)=1Wald 卡方统计量	229.8***	422.8***	501.8***	45.17***	0.210 9	2.292 5

理论上，一国债券市场开放程度越高，与国际债券市场关联度越强，境内外市场应存在明显的波动溢出效应，也即市场自身的波动性传播至外部的现象。为了进一步检验"债券通"对境内外债券市场关联性和利率平价适用性的作用，我们采用 Engle 和 Kroner（1995 年）的多元非对称 MGARCH-BEKK 模型来刻画境内外债券市场之间的波动性及交叉影响，以说明两个市场之间的互动与引导关系的变化。这里，分别以投资级中资企业美元债收益率及与之相对应的境内高等级信用债收益率作为主要分析变量，滞后阶数为 3，具体结果如下：

表 10.3 "债券通"运行前后 MGARCH-BEKK 估计结果

样本期	2010-01-04—2017-06-30		2017-07-03—2020-01-23	
自变量	均值方程			
	IVUSD	IVCN	IVUSD	IVCN
Constant	0.010 5 (0.029 1)	0.025 75 (0.016 0)	-0.125 4*** (0.001 1)	0.035 3*** (0.002 7)
$IVUSD_{t-1}$	0.999 9*** (0.014 9)	0.024 62 (0.011 3)	0.967 3*** (0.002 1)	0.044 8*** (0.001 4)
$IVUSD_{t-2}$	0.016 8*** (0.005 8)	-0.021 0*** (0.002 5)	-0.059 9*** (0.000 7)	-0.039 7*** (0.000 5)
$IVUSD_{t-3}$	-0.024 2 (0.019 4)	-0.002 7 (0.010 0)	0.091 4*** (0.000 6)	-0.002 7*** (0.000 1)

续表

样本期	2010-01-04—2017-06-30		2017-07-03—2020-01-23	
自变量	均值方程			
$IVCN_{t-1}$	0.029 3*** （0.008 7）	1.426 9*** （0.011 5）	−0.081 5*** （0.000 9）	1.342 6*** （0.000 3）
$IVCN_{t-2}$	−0.048 7*** （0.000 6）	−0.380 9*** （0.014 5）	0.122 3*** （0.000 9）	−0.288 5*** （0.000 4）
$IVCN_{t-3}$	0.022 3* （0.009 0）	−0.048 4*** （0.003 4）	−0.021 0*** （0.001 0）	−0.061 1*** （0.000 4）
$Swap1y$	−0.000 003 （0.000 003）	0.000 001 7 （0.000 001 7）	−0.000 009 （0.000 004）	0.000 01*** （0.000 002）
$USDIndex$	0.000 04 （0.000 1）	−0.000 197 （0.000 088）	0.000 4*** （0.000 01）	−0.000 2*** （0.000 003）
自变量	条件方差方程			
α_{11}	0.172 8*** （0.042 1）		0.458 4*** （0.096 2）	
α_{12}	0.037 3（0.032 4）		−0.012 3（0.037 5）	
α_{21}	0.001 1（0.029 0）		0.024 1（0.081 6）	
α_{22}	0.361 8*** （0.046 6）		0.408 0*** （0.076 2）	
β_{11}	0.986 1*** （0.005 0）		0.849 4*** （0.054 3）	
β_{12}	−0.004 1（0.005 3）		−0.000 2（0.016 5）	
β_{21}	−0.003 2（0.013 9）		−0.027 2（0.043 4）	
β_{22}	0.911 7*** （0.026 6）		0.839 3*** （0.029 64）	

注：α_{12}是指境外债券收益率对境内债券收益率的ARCH波动效应；α_{21}是其反相解释；β_{12}是境外对境内债券收益率的GARCH波动效应，同样β_{21}是其反相解释。

由表10.3可见，"债券通"运行前，虽然境内外债券收益率互相影响，但是汇率掉期和美元指数都与境内外债券收益率关系并不显著，说明境内外债券收益率与汇率、美元价格波动的关系不大。"债券通"运行后，境内债券收益率与汇率掉期、美元指数均在1%水平下显著，境外债券收益率也与美元指数在1%水平下显著。上述变化表明，我国境内外债券市场的联动性得到了明显的提升。

第十章 从离岸在岸企业债券收益率看利率平价理论在中国的适用性

表 10.4 联合检验结果

样本期	2010-01-04—2017-06-30	2017-07-03—2020-01-23
H0 假设	均值方程联合检验结果	
境内对境外债券收益率不存在均值溢出效应	100 395.6***	781 937.6***
境外对境内债券收益率不存在均值溢出效应	80.3***	34 719.3***
H0 假设	条件方差方程联合检验结果	
境内对境外债券收益率不存在波动溢出效应	1.717 8	0.567 6
境外对境内债券收益率不存在波动溢出效应	0.138 2	0.401 4

注：表中结果均为 Wald 检验的卡方统计量。

从表 10.4 的联合检验结果中可以看出，"债券通"运行前境内外债券收益率存在双向均值效应，在"债券通"运行后依然存在双向均值溢出效应，这充分说明境内外债券收益率紧密联系，相互影响。但是，联合检验结果表明，离岸在岸市场不存在波动溢出效应，两个时期两个市场的波动相对独立，一个市场当期波动剧烈，并不会促使另一个市场剧烈震荡，两个市场的波动溢出效应并不明显。从市场风险的角度看，这意味着离岸在岸市场的风险相对隔离，市场风险的传导不显著，这在一定程度上说明，虽然"债券通"运行以来，我国债券市场与国际市场的关联性明显提高，但由于资本账户仍未完全开放等原因，中国债券市场与国际市场关联性与主要发达国家相比仍相对较低[1]，这对今后中国金融开放提出了更高的要求。

---

[1] 例如，根据彭博的数据，2011 年 7 月—2020 年 6 月，中国十年期国债收益率与美国、英国、日本、欧元区国家同期限国债相关系数分别为 0.32、0.24、0.20、0.23，明显低于主要发达国家和很多新兴市场国家。

(三)"债券通"与汇率形成机制改革

由表 10.1 至表 10.4 可见,"债券通"运行以来,高信用等级企业境内外债券收益率明显趋同,利率平价适用于中国。我们进一步通过引入虚拟变量的方法,对"债券通"对境内外市场关联程度和利率平价的影响进行稳健性检验。由于"债券通"上线后境外机构进入中国债券市场备案、开户等工作需要一定的准备时间,开通前三个月境外机构通过"债券通"持有的债券规模 700 余亿元,占当时全部境外机构持债规模不到 10%[①],政策效果显现存在一定的时滞。因此,"债券通"虚拟变量($Dum1$)以 2017 年 8 月 31 日之前设为 0,之后设为 1。

汇率成本对比较企业境内外债券收益率和利率平价关系至关重要,我们可以借此关注市场化汇率形成机制改革的影响。2005 年 7 月我国实行有管理的自由浮动以来,人民币市场化形成机制改革稳步推进,2015 年 8 月 11 日调整人民币中间价报价机制,做市商需参考上一日银行间外汇市场收盘汇率进行报价,以更好地反映市场供求变化。不过,在当时人民币贬值预期下,我国外汇市场和资本流动出现大幅波动。为此,2015 年 12 月我国开始发布人民币汇率指数,强调要加大参考一篮子货币的力度,并在 2016 年年初初步形成"收盘汇率+一篮子货币汇率变化"的中间价形成机制,一定程度上加强了对中间价汇率形成的政策引导。2017 年 5 月,进一步引入"逆周期调节因子",提高政策调整的权重。随着我国跨境资本流动和外汇市场供求趋于均衡,2018 年 1 月初—8 月 23 日,"逆周期调节因子"一度回归中性,减少政策干预。由于外部经济环境的恶化,2019 年以来,我国加大汇率形成机制改革的力度,美元兑人民币即期汇率和中间价分别在 2019 年 8 月 5 日和 8 月 8 日"破七",进一步弱化了具体的汇率目标,汇率形成更加尊重市场供求。为此,汇率改革的虚拟变量

---

① 在"债券通"开通之前,境外机构主要是境外央行、港澳人民币清算行与境外参加银行等机构直接入市、QFII 和 RQFII 等渠道参与中国债券市场。

（$Dum2$），对汇率形成机制中市场化更高的时期（2015年8月11日—12月31日、2018年1月2日—8月23日、2019年8月5日以后日期）虚拟变量设为1，其他日期设为0。出于稳健性考虑，我们将2019年8月5日之前取0，之后取1，设定汇率虚拟变量（$Dum3$）。

在引入虚拟变量回归时，借鉴Wooldridge（2012年）的方法，将虚拟变量与$IVCN$相乘，以考察改革对变量系数的具体影响。由表10.5可见，各方程回归效果均比较理想，除仅控制$Dum3$方程美元指数不显著外（P值为0.12），其他各变量均在5%水平下显著。而且，$Dum1$系数显著为正，表明"债券通"的运行确实提高了境内企业债券与境外债券收益率的关系，这也为利率平价成立创造了条件。$Dum2$系数也显著为正，表明市场化汇率改革确实有助于境内外债券收益的趋同和市场融合，从而提高利率平价在中国的适用性。不过，$Dum3$系数显著为负，这很可能与市场对外汇环境恶化过度悲观引发的人民币贬值预期有关。控制$Dum2$和$Dum3$之后，各变量仍是显著的，表明市场化汇率改革作用明显。另外，同时控制"债券通"和汇率改革虚拟变量，回归结果仍非常理想，表明计量检验结果非常稳健。

表10.5 "债券通"、汇率市场化改革与企业境内外债券收益率
（$IVUSD$为因变量）

自变量 \ 样本期	2010-01-04—2020-01-23				
Constant	4.234 0*** (0.428 8)	3.730 7*** (0.452 2)	3.211 8*** (0.426 7)	3.762 1*** (0.437 8)	4.369 4*** (0.411 4)
$IVCN$	0.240 9*** (0.035 0)	0.274 5*** (0.036 4)	0.281 1*** (0.037 9)	0.245 5*** (0.036 0)	0.207 4*** (0.033 9)
$Swap1y$	−0.041 7*** (0.003 8)	−0.044 8*** (0.003 7)	−0.046 6*** (0.003 6)	−0.046 8*** (0.003 7)	−0.044 1*** (0.003 9)
$USDindex$	−0.013 6*** (0.003 0)	−0.009 9*** (0.003 3)	−0.004 6 (0.003 0)	−0.008 8*** (0.003 2)	−0.013 4*** (0.003 0)
$IVCN*Dum1$	0.038 5*** (0.014 6)	—	—	—	0.033 6** (0.017 2)

续表

自变量 \ 样本期	2010-01-04—2020-01-23				
IVCN*Dum2	—	0.036 4*** (0.014 0)	—	0.071 9*** (0.011 7)	0.059 8*** (0.015 2)
IVCN*Dum3	—	—	−0.117 6*** (0.012 8)	−0.171 1*** (0.012 5)	−0.175 0*** (0.013 2)
R^2	0.582 9	0.583 1	0.597 1	0.621 7	0.626 1
S.E.	0.381 3	0.381 2	0.374 6	0.363 1	0.361 0
F	844.4***	845.2***	895.2***	793.6***	673.8***
C（2）=1Wald 卡方统计量	470.1***	369.6***	361.9***	437.2***	545.1***

（四）疫情冲击影响

2020年1月底、2月初疫情暴发后，市场风险偏好明显下降，中资美元债市场调整明显。特别是，2020年2月末、3月初国外疫情加剧，市场恐慌情绪蔓延并出现"美元荒"，全球风险资产被大量抛售。中资美元债大幅下挫，特别是高收益中资美元债跌幅更大[①]。2020年3月9日—3月22日的两周内，中资美元债价格整体下跌7.1%，其中投资级下跌5%，高收益级下跌11.7%，2020年1季度中资美元债整体回报为−2.00%，其中投资级总体回报持平略为正（0.62%），高收益级为−7.19%，中资高收益级房地产美元债为−8.26%。由于美元债发行成本飙升，投资者大多持币观望，2020年2月、3月中资美元债发行量分别降至152.6亿美元和153.7亿美元。尤其是2020年3月中旬以来，受二级市场剧烈调整影响，中资美元债一级市场发行几乎停滞，而由于在中美贸易协议达成等乐观因素影响下，1月份中资美元债发行量较高

---

① 本部分有关疫情以来中资美元债市场情况，主要参见：《中资美元债研究报告》（2020年第1季度、第2季度），《美元流动性紧缺下的中资美元债》，《中国外汇》（2020年第8期）。

（259.6亿美元），2020年1季度中资美元债整体发行规模仍高达565.9亿美元，环比和同比分别增长23.7%和11.6%。随着美联储积极救市并主导各国央行货币互换投放大量美元流动性，2020年2季度以来，国际市场避险情绪逐步缓解，美元指数高位徘徊后于6月初开始逐步回落，全球投资级和高收益级债券信用利差均明显收窄，投资者风险偏好逐步恢复，进一步带动了中资美元债市场的复苏。2020年2季度，中资美元债一级市场发行仅为394.1亿美元，环比和同比分别下降30.4%和42.0%，其中4月、5月、6月分别为50.6亿美元、72.6亿美元和270.9亿美元，二级市场中资美元债总回报也由负转正（4.95%），其中投资级为2.95%，高收益级更是大幅反弹上涨至9.30%。由此，疫情冲击下企业离岸债券收益率与美元指数关系并不确定，甚至可能显著为正。

除了国际市场环境的变化外，自2020年1月底以来我国采取了大规模疫情应对政策，国内金融市场流动性合理充裕，资金面整体宽松，债券市场收益率明显下行。再加上国内疫情得到有效控制等因素，在国际疫情暴发的最初两个月，我国企业境内外债券收益率走势还出现了一定背离，直至2020年5月中下旬我国货币政策开始转向灵活且更加适度，国际金融市场避险情绪也得到有效缓解，企业境内外债券收益率的关系才逐步向正常恢复。为此，我们针对疫情期间样本回归，并通过引入虚拟变量（$Dum4$）的方式，考察疫情的具体影响，将2020年2月3日以来变量设为1，其他变量为0，样本延至2020年7月10日。出于稳健性的考虑，分别控制$Dum1$、$Dum2$观察"债券通"、汇率市场化改革的影响。

表10.6为针对2020年2月以来疫情期间样本的回归结果。如果仅是考虑汇率成本，境内债券收益率并不显著，汇率成本显然是在疫情期间支配中资美元债收益率更重要的因素。进一步控制美元指数，则各变量均通过显著性检验，但美元指数呈显著正相关关系。此外，疫情样本的回归表明，美元指数明显增强了回归方程的整体解释程度（R^2由0.6036上升至0.8690），这充分说明疫情期间中资美元债由于投资者风险偏好的下降而被大量抛售，美元迅速走强显著影响了中资美元债收

表 10.6 疫情对企业境内外债券收益率的影响（IVUSD 为因变量）

自变量 \ 样本期	2017-07-03—2020-07-10						2010-01-04—2020-07-10			
Constant	3.280 2*** (0.380 5)	-4.600 2*** (1.119 9)	0.417 5* (0.231 7)	0.375 6 (0.243 4)	-0.435 1 (2.131 2)	-0.634 5 (1.966 0)	3.416 3*** (0.147 3)	3.376 2*** (0.426 0)	4.140 8*** (0.428 3)	4.122 4*** (0.1905)
$IVCN$	0.006 2 (0.150 2)	0.369 2*** (0.090 7)	0.899 4*** (0.058 7)	0.897 7*** (0.061 1)	0.928 4*** (0.091 1)	0.930 2*** (0.084 1)	0.311 9*** (0.014 0)	0.290 2*** (0.036 9)	0.244 3*** (0.035 0)	0.247 8*** (0.015 8)
$Swap1y$	-0.074 3*** (0.015 9)	-0.076 1*** (0.007 4)	-0.149 9*** (0.006 8)	-0.154 3*** (0.007 7)	-0.149 5*** (0.007 4)	-0.153 5*** (0.008 2)	-0.045 1*** (0.001 1)	-0.045 4*** (0.003 6)	-0.042 4*** (0.003 7)	-0.043 1*** (0.001 2)
$USDindex$	—	0.005 6*** (0.007 9)	—	—	0.006 4 (0.015 9)	0.007 6 (0.014 9)	-0.008 4*** (0.001 0)	-0.006 9*** (0.001 0)	-0.012 8*** (0.001 3)	-0.012 8*** (0.001 4)
$IVCN*Dum4$	—	—	0.137 7*** (0.030 3)	0.125 8*** (0.032 5)	0.132 8*** (0.036 3)	0.118 7*** (0.039 2)	—	0.117 8*** (0.022 3)	-0.127 8*** (0.024 1)	-0.139 0*** (0.012 8)
$IVCN*Dum1$	—	—	—	0.035 3*** (0.011 4)	—	0.036 0*** (0.011 5)	—	—	0.035 7*** (0.005 9)	0.024 2*** (0.006 4)
$IVCN*Dum2$	—	—	—	—	—	—	—	—	—	0.026 0*** (0.006 0)
R^2	0.603 6	0.869 0	0.820 4	0.833 8	0.820 5	0.834 6	0.599 6	0.613 2	0.618 8	0.621 4
S.E.	0.163 7	0.095 4	0.255 3	0.245 7	0.255 4	0.245 3	0.385 5	0.379 0	0.376 3	0.374 9
F	79.95***	223.2***	1 105.3***	909.5***	815.9***	719.3***	1 259.6***	999.7***	818.6***	689.0***
C(2)=1Wald 卡方统计量	43.80***	48.35***	2.940 3*	2.802 7	0.618 5	0.689 4	2 413.1***	370.5***	465.1***	2 280.5***

益率。

引入虚拟变量回归可以发现,"债券通"运行以来,企业境内债券收益率、汇率掉期等变量与境外债券收益率的关系仍比较稳定,均在1%水平下显著。不过,由于疫情冲击和美元指数迅速走强,美元指数变量并不显著,控制疫情虚拟变量后符号发生明显变化,可能存在明显的共线性问题。

令我们欣喜的是,涵盖疫情期间样本的回归结果表明,仅考虑汇率成本将在 1% 水平下拒绝的 $IVCN$ 系数等于 1 的原假设,引入疫情虚拟变量则仅在 10% 显著性水平下拒绝 $IVCN$ 系数等于 1 的原假设;进一步控制美元指数后虽存在共线性问题,但无法拒绝 $IVCN$ 系数等于 1 的原假设。以上结果说明,考虑疫情冲击并未改变"债券通"运行以来企业境内外债券收益率的收敛趋势,利率平价条件仍然是成立的。另外,如果将样本扩展至"债券通"之前,包括美元指数在内的各变量的回归结果均比较理想。而且,无论是全部样本回归还是"债券通"以来,市场化汇率改革虚拟变量($Dum2$)均是显著的。由此可见,本章对各变量关系的计量分析结果稳健可靠。

(五)基于中债投资级中资美元债数据的稳健性检验

2019 年 5 月,中债金融估值中心对外发布投资级中资美元债指数,样本范围为中国境内机构(包括政府机构、金融机构及境内其他企事业单位和外商投资企业)及境内自然人或机构控制的境外企业或分支机构,在境外金融市场发行的以美元计价的债券,以 2017 年 12 月 31 日为基准日,基点值为 100,数据可追溯至 2018 年 1 月 2 日。中债金融估值中心提供了包含所有剩余期限和发行量的投资级中资美元债指数,以及与之对应主体在境内债券市场发行的各类债券的价格指数,从而使我们能够更好地比较同类发行主体境内外债券指数的关系。与美银美林投资级中资企业美元债指数样本券平均久期为 5 年左右类似,中债投资级中资美元债指数样本券平均待偿期限为4.8年。

我们分别对中债金融估值中心的境内外全价指数和净价指数（前者包含未分配利息，也即全价＝净价＋应计利息）进行检验。由于自变量为债券价格指数，美元债指数与外汇掉期、美元指数等变量的理论关系与收益率是相反的。考虑到样本期限较短，这里仅控制$Dum3$作为汇率市场化改革控制变量，并引入$Dum4$考察疫情的具体影响。

由表10.7可见，除疫情期间样本回归企业境内债券收益率及全价指数方程控制汇率改革虚拟变量后美元指数并不显著外，其他各变量回归结果比较理想，均至少在5%水平下显著。而且，除疫情样本回归及同时控制汇率改革和疫情变量的全价指数回归中对应主体境内债券指数系数分别在1%和10%显著性水平下拒绝等于1的原假设外，其他所有方程回归均不能显著拒绝其等于1的原假设，表明利率平价仍是成立的。针对疫情期间样本的回归表明，汇率成本和美元指数变量至少都在10%水平下显著且符号与理论相符，但企业境内债券价格指数并不显著，这可能与样本并未包括中资美元债市场明显回暖的6月份样本有关，进一步支持了之前危机期间变量关系可能发生明显变化的理论分析。由上可见，本章的计量分析结论是稳健可靠的。

在发布中债投资级中资美元债指数的同时，中债金融估值中心还发布了投资级中资美元债收益率曲线，参考国际评级并细分包括A+至BBB-六个信用等级，数据可追溯至2017年12月28日。中债投资级中资美元债收益率曲线随可靠市场价格每日更新，对无市场价格债券根据同一发行人和可比公司的市场价格进行曲线调整，采用可靠市场价格确定关键期限收益率，根据Hermite模型进行插值得到期限完整的收益率曲线。中债金融估值中心提供了与中债投资级中资美元债收益率样本券对应主体境内债券收益率，由此可以对同一主体境内外企业债券收益率的关系进行分析。选取5年期A+级至BBBB-级中资投资级美元债收益率及其对应主体境内债券收益率，仅对疫情暴发前变量间关系进行检验。

表 10.7 中债投资级美元债指数与对应主体境内债券指数的关系

因变量 自变量	全价指数	全价指数	全价指数	全价指数	全价指数	净价指数	净价指数	净价指数	净价指数	净价指数
样本期	2018-01-02—2020-01-23	2018-01-02—2020-01-23	2018-01-02—2020-01-23	2018-01-02—2020-06-01	2020-02-03—2020-06-01	2018-01-02—2020-01-23	2018-01-02—2020-01-23	2018-01-02—2020-01-23	2018-01-02—2020-06-01	2020-02-03—2020-06-01
Constnat	-16.64^{***} (6.0540)	-16.232^{***} (5.752)	2.1548 (10.306)	7.0740 (9.4958)	60.04^{**} (19.28)	-41.00^{***} (8.0736)	-32.84^{***} (8.1782)	-10.62 (13.164)	-1.7400 (11.922)	68.92^{**} (16.83)
对应主体境内债券指数	1.1093^{***} (0.0577)	0.9435^{***} (0.0953)	0.8385^{***} (0.1069)	0.8160^{***} (0.1020)	0.2994 (0.2098)	1.3486^{***} (0.0077 5)	1.0329^{***} (0.1207)	0.9047^{***} (0.1321)	0.8682^{***} (0.1247)	0.1911 (0.1828)
Swap1y	0.3731^{***} (0.0275)	0.4011^{***} (0.0293)	0.3255^{**} (0.0447)	0.3025^{*} (0.0371)	0.1619^{*} (0.0921)	0.4057^{***} (0.0293)	0.4354^{***} (0.0286)	0.3506^{***} (0.0484)	0.3230^{***} (0.0390)	0.1818^{**} (0.0834)
USDindex	—	0.1471^{**} (0.0579)	0.0816 (0.0587)	0.30592 (0.0406)	0.0931^{*} (0.0491)	—	0.2139 (0.546)	0.1354^{**} (0.0602)	0.0910^{*} (0.0412)	0.1134^{***} (0.0413)
对应主体境内债券指数 *Dum3	—	—	0.0081^{*} (0.0034)	0.00977^{***} (0.0031)	—	—	—	0.00872^{**} (0.0035)	0.01122^{***} (0.0030)	—
对应主体境内债券指数 *Dum4	—	—	—	$-0.006 8^{**}$ (0.0030)	—	—	—	—	$-0.008 6^{**}$ (0.0032)	—
R^2	0.8203	0.8297	0.8409	0.9046	0.3797	0.7733	0.7984	0.8130	0.8868	0.4391
S.E.	0.8222	0.7971	0.7713	0.7616	0.6112	0.8738	0.8209	0.7914	0.7812	0.5494
F	1141.6^{***}	795.8^{***}	646.1^{***}	1070.1^{***}	14.69^{***}	852.8^{***}	646.8^{***}	531.4^{***}	883.3^{***}	18.79^{***}
C(2)=1Wald卡方统计量	3.584^{*}	0.3517	2.2841	3.2503^{*}	11.15^{***}	20.21^{***}	0.0745	0.5207	1.1168	19.58^{***}

由表 10.8 可见，对不同评级中资美元债收益率的回归效果非常理想，所有方程的对应主体境内债券收益率回归系数均无法拒绝等于 1 的原假设，说明利率平价条件仍是成立的。考虑汇率成本和美元指数后，企业境内外债券收益率基本呈同步变化态势，再次说明本章的计量分析结论是稳健可靠的。

表 10.8 中债投资级中资美元债及对应主体境内债券收益率
（样本期：2017-12-28—2020-01-23）

自变量 \ 因变量	A+级美元债	A级美元债	A-级美元债	BBB+级美元债	BBB级美元债	BBB-级美元债
Constnat	3.071 5 (2.503 0)	3.914 6 (2.490 7)	4.279 3* (2.322 6)	3.501 0 (2.608 0)	4.128 4** (2.252 9)	5.082 9** (2.429 8)
对应主体境内债券收益率	1.091 1*** (0.057 7)	1.027 9*** (0.112 2)	0.952 7*** (0.097 5)	1.091 7*** (0.117 9)	0.960 6*** (0.090 9)	1.012 0*** (0.097 9)
$Swap1y$	−0.131 2*** (0.007 5)	−0.119 4*** (0.007 4)	−0.131 2*** (0.007 5)	−0.135 4*** (0.007 6)	−0.116 9*** (0.007 2)	−0.123 3*** (0.007 7)
$USDindex$	−0.034 5*** (0.018 2)	−0.039 3*** (0.018 2)	−0.039 6*** (0.017 0)	−0.036 1*** (0.018 8)	−0.037 6*** (0.016 4)	−0.044 6** (0.017 5)
R^2	0.822 4	0.810 6	0.825 0	0.818 7	0.835 2	0.835 6
S.E.	0.229 2	0.234 4	0.223 3	0.230 9	0.218 7	0.233 6
F	756.1***	700.7***	769.9***	737.8***	827.5***	830.5***
C(2)=1 Wald 卡方统计量	0.643 4	0.062 1	0.234 8	0.607 4	0.191 2	0.014 9

2019 年 12 月，中债金融估值中心发布了部分行业中资美元债收益率曲线，包括近年来受境外发债限制更为严格的城投、房地产行业的投资级美元债分别为 A 至 BBB- 级五个信用等级和 BBB+ 至 BBB- 级三个信用等级，数据可追溯至 2018 年 12 月 28 日。中债金融估值中心提供了投资级城投和房地产企业中资美元债对应境内债券收益率曲线。我们分别选取 5 年期企业境内外债券收益率，针对疫情暴发前样本进行计量分析。

由表 10.9 可见，城投美元债回归中，除 BBB- 级方程的美元指数并

表10.9 中债投资级中资城投、房地产美元债及对应境内债券收益率（样本期：2018-12-28—2020-01-23）

债券行业类型	城投债					房地产债		
自变量 \ 因变量	A级美元债	A-级美元债	BBB+级美元债	BBB级美元债	BBB-级美元债	BBB+级美元债	BBB级美元债	BBB-级美元债
Constnat	11.38***	8.9462***	15.11***	15.83***	14.19***	9.3155***	0.2030	4.2682
	(2.2663)	(1.9109)	(2.1202)	(2.5062)	(1.8687)	(1.9672)	(2.8377)	(2.6585)
对应境内债券收益率	0.5386***	0.5419***	0.4904***	0.5195***	0.2888***	0.6267***	0.0820	-0.2170
	(0.0759)	(0.0635)	(0.0821)	(0.0911)	(0.0916)	(0.1080)	(0.1253)	(0.1334)
$Swap1y$	-0.1037***	-0.0984***	-0.0951***	-0.0947***	-0.0832***	-0.1122***	-0.0967***	-0.0879***
	(0.0080)	(0.0072)	(0.0080)	(0.0096)	(0.0084)	(0.0081)	(0.0126)	(0.0112)
$USDindex$	-0.0876***	-0.0598	-0.1093***	-0.1160***	0.0920	-0.0707***	0.0334	0.0103
	(0.0189)	(0.0154)	(0.0174)	(0.0202)	(0.0160)	(0.0169)	(0.0237)	(0.0226)
R^2	0.7995	0.8773	0.8399	0.8149	0.7896	0.8196	0.6080	0.5197
S.E.	0.1674	0.1150	0.1480	0.1657	0.1501	0.1600	0.1545	0.1646
F	329.7***	591.1***	433.6***	364.0***	310.3***	375.7***	128.2***	89.43***
C(2)=1 Wald卡方统计量	36.98***	52.05***	38.57***	27.84***	60.26***	11.95***	53.64***	83.21***

不显著且符号与理论相反，可能存在共线性问题外，其他变量均在1%水平下显著，计量结果仍是比较理想的。不过，即使是考虑了汇率成本并控制了美元指数，城投美元债对应境内债券收益率的变量系数虽然为正，但仍显著小于1，表明城投企业债券发行受非市场因素影响较多，市场不完全可能是影响其结果不支持利率平价成立的重要原因。与城投企业相比，房地产企业在境内发债本已受到很多政策限制，海外发行债券资格和资金等管制更为严格，2018年第2季度以来，房地产企业境外发债只能为避免违约而用于偿还到期债务，限制外债资金投资境内外房地产项目、补充运营资金①。很多房地产企业为避免违约对其在境外市场评级和相关业务的负面影响，只能以更高成本进行债券融资，债券收益率包含了更多政策风险溢价。由此，可以理解BBB和BBB-级房地产企业境内外债券收益率关系并不显著，甚至出现BBB-境内外收益率走势背离的反常现象。

五、结论及政策含义

本章是首篇用离岸在岸债券收益率验证利率平价理论在中国是否适用的学术文章，研究表明"债券通"运行以来，中国利率平价成立。与大多数针对中国的研究结论一致，本章对企业境内外债券收益率的实证研究表明，中国利率平价（UIRP和CIRP）在很长一段时期内并不成立，资本管制是重要的原因，即使是控制了美元指数这一影响全球金融危机以来CIRP有效"铁律"的重要因素之后，我国的CIRP仍不成立。2017年以来，随着中国金融开放的加快推进，特别是"债券通"运行以来，

---

① 2018年5月国家发展改革委、财政部联合发布《关于完善市场约束机制严格防范外债风险和地方债务风险的通知》，2019年国家发改委进一步严格了房地产和城投企业境外发债的备案管理。尽管2020年3月中国人民银行和国家外汇管理局调整了全口径跨境融资宏观审慎调节参数，扩大了中资企业境外债务融资的空间，但此次政策调整并不适用于房地产和城投企业。

考虑汇率成本后，企业境内外债券收益率并没有显著的差异，是否考虑美元指数并不改变这一结论，这为中国抵补利率平价条件成立提供了有力的实证支撑，同时说明中国外汇市场是有效的。

本章从离岸在岸债券收益关系视角考察中国债券市场开放程度。我们通过对2010年以来美银美林投资级中资美元债收益率与同类高信用等级企业境内外收益率的实证分析，证实了中国债券市场与国际债券市场基本实现了有效联结，但企业境内外债券收益率变化并不同步，表明中外债券市场融合程度依然有限。具体来说，美元指数对中资美元债收益率有着显著的影响，说明汇率成本是影响企业境内外债券收益率的重要因素。此外，虽然中美利差为企业套息提供了可能的空间，但由于我国资本账户仍未完全开放，套息对企业境内外收益率的影响并不显著，这与已有的文献结论发现并不相同。

本章的实证分析还可以验证我国汇率制度改革以及金融市场开放政策的效果以及存在的问题。一是我国汇率机制改革对企业境内外债券收益率的收敛起了积极作用，但美元指数对中资企业境外债券收益率有着显著影响，说明人民币汇率灵活度仍有进一步提升的空间。二是"债券通"运行之后，考虑汇率成本的企业境内外债券收益率走势显著趋同，说明境内外债券市场一体化程度提高。三是我国资本账户尚未完全开放，企业套息空间相对有限。四是城投和房地产企业境内外发债受更多政策性限制，政策溢价对这类企业收益率影响更为明显。五是疫情冲击对企业境内外债券收益率的关系产生了显著影响。避险情绪下，中资美元债被大量抛售，收益率大幅上升，投资级中资美元债收益率与美元指数、境内债券收益率的关系发生了明显变化，这也是宏观经济变化对债券收益率影响的最新例证。

本章为我国系统性推进债券市场开放提供了实证基础。系统性的金融市场开放必须要汇率灵活度的进一步提升和资本项目可兑换。在技术层面上，放开利率和信用衍生品市场准入，促进外汇衍生品市场的发展，也可以有效降低债券投资的利率风险、信用风险和汇率风险，为企业提供更好的投融资机会。

　　未来仍有很多值得深入研究的问题。一是对高收益中资美元债影响因素，以及可能导致高收益企业债境内外收益率背离的具体原因。二是境内外债券市场发行主体和投资者结构对企业境内外债券收益率的影响，以及不同类型所有制企业境内外债券收益率的关系。三是在清算、托管、信息披露等基础实施以及税收、监管标准等的具体差异上，对企业境内外债券收益率的影响及政策可能改进的方向。四是人民币国际化、资本账户开放程度及具体措施，以及在岸外汇市场、债券市场发展重要举措及市场深化程度，对企业境内外债券收益率的具体影响。

后　记

我国金融开放与安全

当前，由于逆全球化、地区冲突等，使全球金融秩序被践踏，金融基础设施被滥用，增加了各国对金融开放与安全的关注。在百年未有之大变局下，应总结我国的金融开放经验教训，明确未来金融开放方向，在经济金融发展中谋求金融安全和国家安全。

一、我国过去的金融开放一直是管道式、渐进式

过去 40 余年中，随着经济贸易的不断发展，我国金融业在世界版图中的地位逐渐提升。2021 年，我国股票市值近 90 万亿元（占 GDP 比重为 80%），仅次于美国，居全球第二位。2022 年 5 月，债券市场托管总额超过 139 万亿元（占 GDP 比重超过 120%），居全球第二，超过日本和韩国。2022 年 6 月，银行业总资产超过 344 万亿元（超过 GDP 比重 300%），居全球第一，在全球一级资本和资产规模最大的十家银行中，中国占据五家。

我国在金融业规模不断增加的同时，对外开放程度也在不断推进。外资持有股票的比例 2021 年为 4.3%，持有债券的比例为 3.4%。本书没有涉及的金融对外开放还包括外资银行、保险公司、外资基金管理公司和证券公司在华业务、中资银行海外贷款等方面。其中，2021 年，银行业外资占比约为 1.4%（占比较为稳定的部分原因是中资银行扩展速度过

快），外资寿险公司在中国的市场份额已经超过11%，基金管理的外资份额超过38%。更值得注意的是人民币的国际地位稳步上升。2022年5月，在国际货币基金组织的特别提款权篮子中，人民币比重从此前的10%提升到了12.28%。

但是，我国金融总体开放水平并不高，落后于经济贸易对外开放程度。过去多年，我国经济总量占全球的比重超过15%，经济增长对全球的贡献率超过30%；我国贸易在全球贸易中占比超过12%，但我国金融在全球的地位与我国经济贸易还不匹配。以人民币国际化为例，人民币已经成为全球第三大贸易融资货币、第五大支付货币、第五大储备货币，但在全球贸易融资、支付和储备中占比只有2%—4%（2022年5月在贸易融资、全球支付中占比2.37%和2.15%，2022年一季度在全球外汇储备中占比2.9%），是我国经济贸易在全球比重中的零头，也远远落后于美元、英镑、日元在全球货币体系中的地位。2021年，美国、英国、日本经济总量中在全球的比重分别为23.9%、3.3%、5.1%，而2022年5月，美元、英镑、日元在贸易融资中占比分别为87.49%、0.64%、1.35%，在全球支付中占比分别为41.13%、6.26%、2.71%，2022年一季度在全球外汇储备中占比分别为58.9%、5.0%、5.4%。我国资本市场开放程度也低于主要发达国家。美国股市的外资持股比例约16%，英国约56%，日本、韩国约30%；美国国债海外持有者占比约为30%，英国约14%，日本约14%，韩国约17%；均高于中国。

我国金融开放不断推进，但都是管道式、渐进式。我国股市、债市对外开放都是通过与我国香港、伦敦、纽约等交易所的专门通道，由托管银行的特别账户按照相关规则进行资金划转。2022年3月，我国与香港地区的互联互通扩展到了理财产品和交易所交易基金领域，跨境资金虽然有了增长空间，但仍然是在新的或扩大了的管道中运行。从跨境人民币流动渠道看，人民币的国际支付大都在贸易、债券和股票互通等主要渠道进行，没有放开证券和个人对外投资。2008年人民币国际化之前，涉外金融服务多涉经常项目；人民币国际化正式开始后，前7年以贸易需求为主要驱动力，2017年之后，金融市场开放使得证券投资及相关外汇交易成为跨境资金流动的主要动力。

我国金融对外开放促进了资金流动，增加了市场竞争，提升了对金融监管的要求，而提升金融对外开放水平也是中国明确的政策导向。资金进入中国市场意味着外资可以分享中国经济增长的红利，一方面加剧了中外金融机构的竞争，提高了市场效率，另一方面也增加了市场的波动和监管的难度。这也是为什么我国面对复杂严峻的国际环境，仍然不断提升金融对外开放的水平。从近年的政策举措看，美国的贸易战等对华遏制的政策措施并没有减缓我国金融开放的步伐。实际上，我国加快了金融开放的脚步。我国2019—2020年逐步放宽并完全取消了银行、保险、基金管理和证券行业的外资占股比例限制，便捷香港地区进入内地股市和债市，加上明晟等机构将中国股票、债券纳入指数，提升了跨境资金流动。

二、新形势下对我国开放模式的反思

首先应该总结金融对外开放几十年的经验教训。一是金融对外开放大都是建立在经济贸易基础上的，是市场驱动和为实体经济服务的，政府政策大多是顺势而为。一方面，我国经济发展过程中，外国投资者有进入中国金融市场和配置人民币资产的需求，国内投资者有分散风险投资海外的需求。另一方面，我国是全球第二大经济体、第二大贸易国，多种大宗商品的最大购买者和消费者，我国开放性经济新体制逐步健全，也可以服务国内外投资者。二是金融对外开放都是采取渐进的方式，先试点再扩展，抓住关键时机，推进重点领域改革。例如，2013—2015年，我国经济稳定、市场相对平静，我们要加入SDR就必须开放某些领域。一旦突破某些开放的瓶颈，我们往往将成为开放举措的赢家。三是开放过程中积极与市场、金融机构和企业沟通，推出所需的政策举措。总结来看，应该本着对市场机制扭曲最少、对实体经济干预最少的原则,优先利用市场自动调节机制,适时引导市场预期,并加强对海外市场的了解。

当前,需要在新的地缘政治背景下思考我国的金融对外开放模式。由于全球金融规则、基础设施和话语权仍然掌握在美国等西方国家手中,短中期内很难改变,被排除在国际金融体系之外意味着贸易停滞、金融风险和经济倒退。

因此,我国需要反思全球金融资产配置、支付体系、外汇储备乃至国际货币体系的未来方向,明确我国对外开放的新范式。一是ESG(环境、社会责任、治理)的投资理念正在改变,ESG评估方法也在被修订。ESG原来都是评估项目和企业在环境、社会绩效以及公司治理方面应对风险、长期发展的能力。近期,评级机构开始在ESG风险评估方法中增加新的地缘政治变量[1]。二是不少新兴市场国家都在探索和扩大SWIFT之外的支付系统,显示当前国际支付体系也将面临变化,可能为人民币支付体系打开了一扇窗户。三是"美元计价的资产正在因为美国为地缘政治目的而增加金融和资本市场制裁,变得越来越脆弱"(桥水公司),而我国汇率已经基本反映市场供求关系,巨额外汇储备的主要原因在于内需不足及资本项目尚未开放。目前,亟须考虑在提振内需的同时,借鉴日本经验,逐步实现藏汇于民。四是美国频繁利用金融和货币霸权达到地缘政治目的,已经降低了各国对美元的信任。但是,美元国际地位是美国综合实力的体现,不是短中期能够被取代的,未来若干年内国际货币体系仍将相对稳定。

在百年未有之大变局下,我国应通过在继续对外开放中完善金融体系,继续遵循透明、可控的原则和渐进式的开放方法,进一步提升金融开放水平。在逆全球化大背景下,我国金融供应链对外依赖程度大于发达国家对我国的依赖程度,因此,提升金融开放水平是我们唯一的选

---

[1] Pratsch, Marcus (2022) "How the new geopolitical reality affects ESG". OMFIF. (16 June 2022).

择。只有更大幅度、更高水平的开放,才能做到你中有我、我中有你,更好地与国际投资者利益相融合。一方面,跨境资本逐利的本性根深蒂固,只要我国经济不断发展,就会对国际投资者有吸引力,而增强国际投资者分享我国发展红利的机会也有利于进一步融入全球金融体系。另一方面,高水平的对外开放有利于我国金融体系的发展和效率提升,更有利于支持我国经济发展,被排除在国际金融体系之外有损我国金融系统的效率和稳定。

三、安全与发展并重才是大国竞争中金融安全战略基石

新时代地缘政治背景下的金融安全是你中有我、我中有你,经济贸易金融深度融合对双方都有益处。需要跳出金融的框架思考金融安全,在发展中求安全,为我国增加战略空间,维护国家利益。第一,没有绝对的金融安全,发展与安全不可分割。第二,我国目前金融安全的核心问题不是外汇储备,而是营商环境。只有改善营商环境、促进科技创新,使经济稳步发展,才有金融安全。第三,最大的金融不安全就是封闭锁国,更加深度地参与国际贸易和国际金融市场,才能带来更高层次的安全。

第一,没有绝对的金融安全,发展与安全不可分割。安全与发展息息相关,没有经济发展和科技创新就没有安全,更不用谈金融安全。且不论国际上正在发生的案例,我国近四十余年的改革开放发展历程也能从侧面说明这一问题。20世纪末,我国多家大型银行不良贷款率高企、资本金严重不足,几近技术破产。虽然我们采取了在线修复、发行特别国债补充大型银行资本金等方式处理银行问题,但如果没有当年的经济高速发展,大型银行很难在短期内化解风险、吸引战略投资者,并通过改善治理、提升金融科技和多地上市的方式获得资产规模等多方面的提升。

第二,我国目前金融安全的核心问题不是外汇储备,而是环境的变

化。只有改善环境以促进科技创新，才有金融安全。中国当前金融安全的核心问题是环境。更值得注意的是，营商环境不佳一定程度上恶化了科技创新的环境。一方面，降低了私营部门投入科创的资金，而私募基金等领域加倍内卷；另一方面，没有好的营商环境，即使有人才也做不出成果，或者有了成果却不被认可或没有机制转化，降低了科技创新政策和资金的支持效率。

第三，最大的金融不安全就是封闭锁国，更加深度地参与国际贸易和国际金融市场，才能带来更高层次的安全。一是提升人民币国际化，尤其是人民币的支付及定价能力。国际货币体系不断变化，人民币国际化水平不足就会使我们受制于其他储备货币国。如果中国能提升综合竞争力尤其是法治水平，人民币可信度就会提升，为国际化创造空间。不少新兴市场国家正在寻找 SWIFT 的替代机制，如果中国和更多新兴市场国家的贸易可以使用人民币跨境支付系统，未来五年人民币国际化将迈上新台阶。此外，全球石油美元已走向枯竭，美国不再需要通过石油进口输出美元，而中东需要替代货币。沙特阿拉伯已表示接受其他货币代替美元兑换石油，这可能成为人民币国际化中提高定价能力的重要指标。期间，还可以更加提升人民币对区域内部分非大宗商品、但对区域贸易有重要意义的商品的定价能力，欲至千里，先积跬步。二是中国金融安全的核心问题不是外汇储备过大、也不是外汇储备以美元为主。实际上，美元是美国最重要的战略优势，中国用美元是自身经济金融发展的需要，也有利于保持对美国的一定牵制力。短中期可以做的，是借鉴日本经验，通过修订《外汇管理法》，逐步实现藏汇于民。三是大力发展我国债券市场，提升以国债为基础的海外金融产品供给。健全债券市场制度规则，加强债券市场基础设施建设并互联互通，丰富债券市场品种，提高债券市场普惠性，加强对承销商、会计师事务所和律师事务所、评级公司等中介机构监管，进一步便利熊猫债发行、境内企业海外发债、南北双向债券投资等，全面提升中国债券市场的国际竞争力和影响力。我国可以通过新的以国债为基础的金融产品，提升海外以人民币为基础的金融产品供给。

总体来看,我国金融对外开放取决于综合国力以及金融监管水平,推进金融开放的关键是做好自己的事。只要保持一定的经济增速,强化产权保护,稳定国内外投资者的政策预期,我国就可以在金融开放中稳步前行。

附　录

（一）命题 2 的证明

命题 2：当 $\mathbb{E}[e_1] = e_0$ 即 $e = 1$ 时，金融开放程度越大（θ 越大）价差越小，即 $\dfrac{\partial G}{\partial \theta} < 0$。

证明：当 $e = 1$ 时，$G = \gamma \left(\dfrac{\theta}{1 - \varphi(1 - \theta^2)} - 1 \right) \varphi \sigma_v$

其中，$\varphi = \dfrac{v^2 \sigma_e + \sigma_v (1 + \sigma_e)}{v^2 \sigma_e + \sigma_v (1 + \sigma_e) + \theta \sigma_v}$，且 $\dfrac{\partial \varphi}{\partial \theta} = -\dfrac{\varphi(1 - \varphi)}{\theta} < 0$。于是有：

$$\dfrac{\partial G}{\partial \theta} = \gamma \sigma_v \left\{ \left[\dfrac{\theta}{(1 - \varphi + \varphi \theta^2)^2} - 1 \right] \dfrac{\partial \varphi}{\partial \theta} + \dfrac{\varphi(1 - \varphi - \varphi \theta^2)}{(1 - \varphi + \varphi \theta^2)^2} \right\}$$

$$= \gamma \sigma_v \dfrac{\varphi}{\theta(1 - \varphi + \varphi \theta^2)^2} \left[(1 - \varphi)(1 - \varphi + \varphi \theta^2)^2 - \varphi \theta^3 \right]$$

$$= \gamma \sigma_v \dfrac{\varphi}{(1 - \varphi + \varphi \theta^2)^2} \left[\dfrac{\sigma_v (1 - \varphi + \varphi \theta^2)^2}{v^2 \sigma_e + \sigma_v (1 + \sigma_e) + \theta \sigma_v} - \varphi \theta^2 \right]$$

$$= \gamma \sigma_v \dfrac{\varphi \theta^2}{(1 - \varphi + \varphi \theta^2)^2} \left\{ \dfrac{\sigma_v}{v^2 \sigma_e + \sigma_v (1 + \sigma_e) + \theta \sigma_v} \left[\dfrac{\sigma_v}{v^2 \sigma_e + \sigma_v (1 + \sigma_e) + \theta \sigma_v} + \varphi \theta \right]^2 - \varphi \right\}$$

$$= \gamma \sigma_v \dfrac{\varphi^2 \theta^2}{(1 - \varphi + \varphi \theta^2)^2} \left\{ \dfrac{\sigma_v}{v^2 \sigma_e + \sigma_v (1 + \sigma_e) + \theta \sigma_v} \left[\dfrac{\theta v^2 \sigma_e + \theta \sigma_v (1 + \sigma_e)}{v^2 \sigma_e + \sigma_v (1 + \sigma_e)} \right]^2 \varphi - 1 \right\}$$

$$= \gamma \sigma_v \dfrac{\varphi^2 \theta^2}{(1 - \varphi + \varphi \theta^2)^2} \left\{ \dfrac{\sigma_v}{v^2 \sigma_e + \sigma_v (1 + \sigma_e)} \left[\dfrac{\theta v^2 \sigma_e + \theta \sigma_v (1 + \sigma_e) + \sigma_v}{v^2 \sigma_e + \sigma_v (1 + \sigma_e) + \theta \sigma_v} \right]^2 - 1 \right\}$$

$$= -\gamma \sigma_v \dfrac{\varphi^2 \theta^2}{(1 - \varphi + \varphi \theta^2)^2} \dfrac{\sigma_v (v^2 + \sigma_v) \sigma_e}{v^2 \sigma_e + \sigma_v (1 + \sigma_e)} \left\{ \left[\dfrac{\theta v^2 \sigma_e + \theta \sigma_v (1 + \sigma_e) + \sigma_v}{v^2 \sigma_e + \sigma_v (1 + \sigma_e) + \theta \sigma_v} + 1 \right] \right.$$

$$\left. \dfrac{1 - \theta}{v^2 \sigma_e + \sigma_v (1 + \sigma_e) + \theta \sigma_v} + 1 \right\}$$

$$= -\gamma \sigma_v \frac{\varphi^2 \theta^2}{(1-\varphi+\varphi\theta^2)^2} \frac{\sigma_v(v^2+\sigma_v)\sigma_e}{v^2\sigma_e + \sigma_v(1+\sigma_e)} \left\{ \left[\frac{\theta v^2 \sigma_e + \theta \sigma_v(1+\sigma_e) + \sigma_v}{v^2\sigma_e + \sigma_v(1+\sigma_e)} \varphi + 1 \right] \right.$$

$$\left. \frac{1-\theta}{v^2\sigma_e + \sigma_v(1+\sigma_e)} \varphi + 1 \right\}$$

因此，$\frac{\partial G}{\partial \theta} < 0$。命题得证。

（二）模型性质的数值分析

本书第五章的分析表明，在一定情景下，本币汇率的升值预期和金融开放程度提高都能缩小差价。为了更好地理解第五章模型在更一般的情景下的价差特征，接下来通过数值方法进行相关模拟和分析。模拟结果显示，本币汇率预期升值幅度越大（e 越大）则价差越小，金融开放程度越高（θ 越大）则价差越小，并且金融开放程度越高，汇率预期对价差的边际作用也就越小（见附图2.1）。

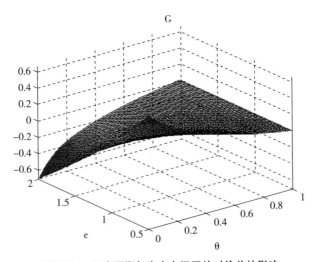

附图2.1　汇率预期与资本市场开放对价差的影响

注：参数设定为 $\gamma=1$、$v=1.2$、$\sigma_e=0.1$、$\sigma_v=0.1$。

参考文献

第一篇 绪言

第一章 以对外开放促进金融市场改革发展

1. 上海证券交易所.上海证券交易所统计年鉴（2021卷）[M].北京：中国金融出版社，2021.
2. 深圳证券交易所.深圳证券交易所市场统计年鉴2021[M].北京：中国金融出版社，2021.
3. 谢多.银行间市场综合知识读本[M].北京：中国金融出版社，2014.
4. 徐忠，张雪春，曹媛媛，汤莹玮，万泰雷.以对外开放促进金融市场改革发展[R]//2017·径山报告（分报告六）.杭州：中国金融四十人论坛，2017.
5. 中国人民银行.2022年人民币国际化报告[R].北京：中国人民银行，2022.
6. 中国证券监督管理委员会.中国证券监督管理委员会年报（2020年）[M].北京：中国财政经济出版社，2021.

第二篇 股票市场

第二章 股票市场开放历程

1. 中国证券监督管理委员会.中国资本市场三十年[M].北京：中国金融出版社，2021.

第三章 中概股的发展历程

1. 肖钢.中国资本市场变革[M].北京：中信出版社，2020.
2. Afego, P. N., 2017. Effects of changes in stock index compositions: A literature survey. International Review of Financial Analysis, 52, pp.228—239.
3. Amihud, Y. and Mendelson, H., 1986. Asset pricing and the bid-ask spread, Journal of Financial Economics, 17（2）, pp.223—249.

4. Biktimirov, E.N. and Xu, Y., 2019. Market reactions to changes in the Dow Jones industrial average index, International Journal of Managerial Finance, 15（5）, pp. 792—812.

5. Chan, K., Kot, H.W. and Tang, G.Y., 2013. A comprehensive long-term analysis of S&P 500 index additions and deletions, Journal of Banking & Finance, 37（12）, pp.4920—4930.

6. Chen, H., Noronha, G. and Singal, V., 2004. The price response to S&P 500 index additions and deletions: Evidence of asymmetry and a new explanation, The Journal of Finance, 59（4）, pp.1901—1930.

7. Chertov, A. Johnston, B. Marinichev, G. and Strizh, V. "Delisting of Russian Issuer' Depositary Receipts – The End of An Era?", Morgan Lewis, 2022-04-20, https://www.morganlewis.com/pubs/2022/04/update-delisting-of-russian-issuers-depositary-receipts-the-end-of-an-era.

8. Daya, W., Mazouz, K. and Freeman, M., 2012. Information efficiency changes following FTSE 100 index revisions. Journal of International Financial Markets, Institutions and Money, 22（4）, pp.1054—1069.

9. Gopinath, S. "Russian Listings Abroad Could Be a Thing of the Past: ECM Watch", Bloomberg News, 2022-04-20.

10. Harris, L. and Gurel, E., 1986. Price and volume effects associated with changes in the S&P 500 list: New evidence for the existence of price pressures, The Journal of Finance, 41（4）, pp.815—829.

11. Kamal, R., 2014. New Evidence from S&P 500 Index Deletions. The International Journal of Business and Finance Research, 8（2）, pp.1—10.

12. Kamal, R., Lawrence, E.R., McCabe, G. and Prakash, A.J., 2012. Additions to S&P 500 Index: not so informative any more. Managerial Finance, 38（4）, pp.380—402.

13. Kot, H.W., Leung, H.K. and Tang, G.Y., 2015. The long-term performance of index additions and deletions: Evidence from the Hang Seng Index. International Review of Financial Analysis, 42, pp.407—420.

14. Li, X. and Tan, T.K., 2015. Governance Changes for Firms Added to the S&P 500. The International Journal of Business and Finance Research, 9（4）, pp.21—35.

15. Liu, S., 2020. S&P 500 Affiliation and Stock Price Informativeness. Journal of Behavioral Finance, 21（3）, pp.219—232.

16. lobal.com/en/research-insights/articles/china-a-share-inclusion-an-update-one-year-later.
17. Orzano, M., 2020-09-26, China A-Share Inclusion – An Update One Year Later. www.spg.
18. Petajisto, A., 2008. Selection of an optimal index rule for an index fund. Available at SSRN 1264698.
19. Petajisto, A., 2011. The index premium and its hidden cost for index funds. Journal of Empirical Finance, 18（2）, pp.271—288.
20. Shleifer, A., 1986. Do demand curves for stocks slope down?. The Journal of Finance, 41(3), pp.579—590.
21. Smith, E. "London-listed Russian stocks are collapsing, with trading now suspended", CNBN, 2022-03-03, https://www.cnbc.com/2022/03/03/london-listed-russian-stocks-are-collapsing-with-trading-now-suspended.html.
22. Smith, R.S. "Opinion: You might still own Russian stocks without knowing it — that's why the U.S. should order a complete ban ", MarketWatch, 2022-04-11, https://www.marketwatch.com/story/you-might-still-own-russian-stocks-without-knowing-it-thats-why-the-u-s-should-order-a-complete-ban-11649689471.
23. Soe, A.M. and Dash, S., 2008. The Shrinking Index Effect: A Global Perspective. Available at SSRN 1568122.
24. Vespro, C., 2006. Stock price and volume effects associated with compositional changes in European stock indices. European Financial Management, 12（1）, pp.103—127.
25. Vijh, A.M., 1994. S&P 500 trading strategies and stock betas. Review of Financial Studies, 7（1）, pp.215—251.
26. "Econ Ministry proposes delisting Russian companies' securities from international exchanges", Interfax Group, 2022-3-30, https://interfax.com/newsroom/top-stories/77574/.
27. "Putin Calls Time on Foreign Listings in Fresh Hit to Tycoons（2）", Bloomberg News, 2022-04-20.
28. "Russian Stocks Alert: Why a May 5 Delisting Could Lift C, JPM, DB, BK Stocks", InvestorPlace, 2022-04-20, https://investorplace.com/2022/04/russian-stocks-alert-why-a-may-5-delisting-could-lift-c-jpm-db-bk-stocks/.

第四章　A股和H股溢价分析：宏观视角

1. 胡章宏，王晓坤．中国上市公司A股和H股价差的实证研究[J]．经济研究，2008（4）：

119—131.

2. 刘昕. 信息不对称与H股折价关系的定量研究 [J]. 财经研究, 2004, 30（4）: 39—49.

3. 陆瑶, 施新政, 杨博涵, 张叶青. 沪港通实施、资本流动与A-H股溢价 [J]. 经济学报, 2018, 5（01）: 38—63.

4. 宋军, 吴冲锋. 国际投资者对中国股票资产的价值偏好: 来自A–H股和A–B股折扣率的证据 [J]. 金融研究, 2008（03）: 103—116.

5. 田瑛, 王燕鸣. 市场分割理论在我国A、B股市场的实证研究 [J]. 国际经贸探索, 2009（9）: 58—62.

6. Arquette, Gregory C., William O. Brown, and Richard C. K. Burdekin. US ADR and Hong Kong H-Share Discounts of Shanghai-Listed Firms, Journal of Banking and Finance, vol. 32/no. 9,（2008）, pp. 1916—1927.

7. Bai, Ye, and Darien Yan Pang Chow. Shanghai-Hong Kong Stock Connect: An Analysis of Chinese Partial Stock Market Liberalization Impact on the Local and Foreign Markets, Journal of International Financial Markets, Institutions & Money, vol. 50/（2017）, pp. 182—203.

8. Bailey, Warren. Risk and Return on Chinas New Stock Markets: Some Preliminary Evidence, Pacific-Basin Finance Journal, vol. 2/no. 2,（1994）, pp. 243—260.

9. Burdekin, Richard C. K., and Luke Redfern. Sentiment Effects on Chinese Share Prices and Savings Deposits: The Post-2003 Experience, China Economic Review, vol. 20/no. 2,（2009）, pp. 246—261.

10. Burdekin, Richard C. K., and Pierre L. Siklos. Quantifying the Impact of the November 2014 Shanghai-Hong Kong Stock Connect, International Review of Economics and Finance, vol. 57/（2018）, pp. 156—163.

11. Cao, Guangxi, and Ling Zhou. Asymmetric Risk Transmission Effect of Cross-Listing Stocks between Mainland and Hong Kong Stock Markets Based on MF-DCCA Method, Physica A: Statistical Mechanics and its Applications, vol. 526/（2019）, pp. 1—12.

12. Chakravarty, Sugato, Asani Sarkar, and Lifan Wu. Information Asymmetry, Market Segmentation and the Pricing of Cross-Listed Shares: Theory and Evidence from Chinese A and B Shares, Journal of International Financial Markets, Institutions & Money, vol. 8/no. 3,（1998）, pp. 325—356.

13. Chan, Kalok, Johnny K. H. Kwok. Market Segmentation and Share Price Premium: Evidence from Chinese Stock Markets, Journal of Emerging Market Finance, vol. 4/no. 1,（2005）, pp. 43—61.
14. Chan, Kalok, Albert J. Menkveld, and Zhishu Yang. Information Asymmetry and Asset Prices: Evidence from the China Foreign Share Discount, The Journal of Finance, vol. 63/no. 1,（2008）, pp. 159—196.
15. Chen, G. M., Bong - Soo Lee, and Oliver Rui. Foreign Ownership Restrictions and Market Segmentation in Chinas Stock Markets, Journal of Financial Research, vol. 24/no. 1,（2001）, pp. 133—155.
16. Eichler, Stefan. Exchange Rate Expectations and the Pricing of Chinese Cross-Listed Stocks, Journal of Banking and Finance, vol. 35/no. 2,（2011）, pp. 443—455.
17. Eun, Cheol S., and Sanjiv Sabherwal. Cross-Border Listings and Price Discovery: Evidence from U.S.-Listed Canadian Stocks, The Journal of Finance, vol. 58/no. 2,（2003）, pp. 549—575.
18. Fan, Qingliang, and Ting Wang. The Impact of Shanghai–Hong Kong Stock Connect Policy on A-H Share Price Premium, Finance Research Letters, vol. 21/（2017）, pp. 222—227.
19. Fong, T, Wong, A., and I. Yong（2007）Share Price Disparity In Chinese Stock Markets, HKMA Working Paper 11/2007.
20. Fong, Tom, Alfred Wong, and Ivy Yong. Share Price Disparity in Chinese Stock Markets, Journal of Financial Transformation, no. 30,（2010）, pp. 23—31.
21. Gramming, Joachim, Michael Melvin, and Christian Schlag. Internationally Cross-Listed Stock Prices during Overlapping Trading Hours: Price Discovery and Exchange Rate Effects, Journal of Empirical Finance, vol. 12/no. 1,（2005）, pp. 139—164.
22. Hasbrouck, Joel. One Security, Many Markets: Determining the Contributions to Price Discovery, The Journal of Finance, vol. 50/no. 4,（1995）, pp. 1175—1199.
23. Hietala, Pekka T. Asset Pricing in Partially Segmented Markets: Evidence from the Finnish Market, The Journal of Finance, vol. 44/no. 3,（1989）, pp. 697—718.
24. Hui, Eddie C. M., and Ka Kwan Kevin Chan. Does the Shanghai–Hong Kong Stock Connect significantly Affect the A-H Premium of the Stocks?, Physica A: Statistical Mechanics and its Applications, vol. 492/（2018）, pp. 207—214.

25. Huo, Rui, and Abdullahi D. Ahmed. Return and Volatility Spillovers Effects: Evaluating the Impact of Shanghai-Hong Kong Stock Connect, Economic Modelling, vol. 61/（2017）, pp. 260—272.

26. Li, Yuming, Daying Yan, and Joe Greco. Market Segmentation and Price Differentials between A Shares and H Shares in the Chinese Stock Markets, Journal of Multinational Financial Management, vol. 16/no. 3,（2006）, pp. 232—248.

27. Lin, Wensheng. Modeling Volatility Linkages between Shanghai and Hong Kong Stock Markets before and After the Connect Program, Economic Modelling, vol. 67/（2017）, pp. 346—354.

28. Ma, Xianghai. Capital Controls, Market Segmentation and Stock Prices: Evidence from the Chinese Stock Market, Pacific-Basin Finance Journal, vol. 4/no. 2,（1996）, pp. 219—239.

29. Ma Rufei, Chengtao Deng, Huan Cai, Pengxiang Zhai. Does Shanghai-Hong Kong Stock Connect drive market comovement between Shanghai and Hong Kong: A new evidence North American Journal of Economics and Finance, 50（2019）, 100980.

30. Minton, Bernadette A. & Schrand, Catherine. The impact of cash flow volatility on discretionary investment and the costs of debt and equity financing , Journal of Financial Economics, Elsevier, vol. 54（3）, 1999, pages 423—460, December.

31. Muller, Aline, and Willem F. C. Verschoor. Foreign Exchange Risk Exposure: Survey and Suggestions, Journal of Multinational Financial Management, vol. 16/no. 4,（2006）, pp. 385—410.

32. Na Jiang, Sohn Sungbin. Stock Market Liberalization and Price Discovery: Evidence from the Shanghai-Hong Kong Stock Connect, SSRN Electronic Journal.

33. Nishimura, Yusaku, Yoshiro Tsutsui, and Kenjiro Hirayama. Do International Investors Cause Stock Market Spillovers? Comparing Responses of Cross-Listed Stocks between Accessible and Inaccessible Markets, Economic Modelling, vol. 69/（2018）, pp. 237—248.

34. Scheinkman, José A., Wei Xiong, and Jianping Mei. Speculative Trading and Stock Prices: Evidence from Chinese A-B Share Premia,（2005）, NBER Working Paper.

35. Schreiber, Paul S., and Robert A. Schwartz. Price Discovery in Securities Markets, Journal of Portfolio Management, vol. 12/no. 4,（1986）, pp. 43.

36. Stulz, Rene M., and Walter Wasserfallen. Foreign Equity Investment Restrictions, Capital

Flight, and Shareholder Wealth Maximization: Theory and Evidence, The Review of Financial Studies, vol. 8/no. 4,(1995), pp. 1019—1057.

37. Sun, Q. & Tong, W.H.S. 2000, "The effect of market segmentation on stock prices: The China syndrome", Journal of Banking and Finance, vol. 24, no. 12, pp. 1875—1902.

38. Xianfeng Jiang, Frank Packer. Credit Ratings of Domestic and Global Agencies: What Drives the Differences in China and how are they Priced?, BIS working paper,(2017).

39. Wang S S, Jiang L. 2004. Location of Trade, Ownership Restrictions, and Market Illiiquidity: Examining Chinese A-and H-shares. Journal of Banking and Finance, 28(6), pp.1273—1297.

40. Warne, Anders. A Common Trends Model: Identification, Estimation and Inference, Anonymous Translator(Stockholm, Inst. for International Economic Studies, 1993).

41. Yang, Kun, Yu Wei, Jianmin He, et al. Dependence and Risk Spillovers between Mainland China and London Stock Markets before and After the Stock Connect Programs, Physica A: Statistical Mechanics and its Applications, vol. 526/(2019), pp. 1—12.

42. Yeh, Yin-Hua, Tsun-siou Lee, and Jen-fu Pen. Stock Returns and Volatility Under Market Segmentation: The Case of Chinese A and B Shares, Review of Quantitative Finance and Accounting, vol. 18/no. 3,(2002), pp. 239—257.

43. Yiu, Enoch, Price gap between A and H shares expected to remain, even with the arrival of Shenzhen-Hong Kong trading link ,South China Morning Post ,(2016).

第五章 A股相对H股和ADR价差分析

1. 陈学胜，覃家琦.交叉上市股票价格发现能力差异及交易信息含量测度[J].中国管理科学，2013，21（02）.

2. 陈学胜，周爱民.交叉上市股票价格发现及贡献差异的横截面分析[J].中国管理科学，2009，17（02）.

3. 胡章宏，王晓坤.中国上市公司A股和H股价差的实证研究[J].经济研究，2008（04）.

4. 黄瑜琴，胡聂风，李汉军.我国融券制度的推出是否减小了AH股价差[J].投资研究，2015，34（09）.

5. 江百灵，叶文娱.区际风险分担与汇率风险因素：对AH股价差的一个新解释[J].经济学动态，2012（06）.

6. 李媛，吴菲菲.A+H双重上市公司股票价格差异与汇率变动研究[J].国际贸易问题，2016（02）.

7. 陆瑶，施新政，杨博涵，张叶青. 沪港通实施、资本流动与 A-H 股溢价 [J]. 经济学报，2018，5（01）.

8. 张雪春，贾彦东，吕婷婷. A 股 H 股溢价分析：宏观视角 [A]. 中国人民银行工作论文，2020（4）.

9. Alexander, G. J., Eun, C. S., & Janakiramanan, S. (1987). Asset pricing and dual listing on foreign capital markets: A note. *The Journal of finance*, 42（1）, pp.151—158.

10. Amihud, Y. (2002). Illiquidity and stock returns: Cross-section and time-series effects. Journal of Financial Markets, 5(1), pp.31—56.

11. Amihud, Y., Hameed, A., Kang, W., & Zhang, H. (2015). The illiquidity premium: International evidence. Journal of Financial Economics, 117（2）, pp.350—368.

12. Arquette, G. C., Brown Jr, W. O., & Burdekin, R. C. (2008). US ADR and Hong Kong H-share discounts of Shanghai-listed firms. Journal of Banking & Finance, 32（9）, pp.1916—1927.

13. Artavanis, N.T., Morse, A., & Tsoutsoura, M. (2015). Tax evasion across industries: soft credit evidence from Greece. NBER Working Paper 21552.

14. Atanasova, C., & Li, M. (2015). Multi-market trading, price spreads and liquidity. Working paper.

15. Auguste, S., Dominguez, K. M., Kamil, H., & Tesar, L. L. (2006). Cross-border trading as a mechanism for implicit capital flight: ADRs and the Argentine crisis. Journal of Monetary Economics, 53（7）, pp.1259—1295.

16. Bae, S. C., Kwon, T. H., & Li, M. (2008). Foreign exchange rate exposure and risk premium in international investments: Evidence from American depositary receipts. Journal of Multinational Financial Management, 18（2）, pp.165—179.

17. Baruch, S., Andrew Karolyi, G., & Lemmon, M. L. (2007). Multimarket trading and liquidity: theory and evidence. The Journal of Finance, 62（5）, pp.2169—2200.

18. Beckmann, K.S., Ngo, T., Wang, D., (2015). The informational content of ADR mispricing. Journal of Multinational Finance Management. pp.32—33, 1—14.

19. Blau, B. M., Van Ness, R.A., Warr, R.S. (2012). Short selling of ADRs and foreign market short-sale constraints. Journal of Banking & Finance, 36（3）, pp.886—897.

20. Burdekin, R. C., & Siklos, P. L. (2018). Quantifying the impact of the November 2014 Shanghai-Hong Kong stock connect. International Review of Economics & Finance, 57,

pp.156—163.

21. Chakravarty, S., Sarkar, A., & Wu, L. (1998). Information asymmetry, market segmentation and the pricing of cross-listed shares: theory and evidence from Chinese A and B shares. *Journal of International Financial Markets, Institutions and Money*, 8 (3—4), pp.325—356.

22. Chan, K., Menkveld, A. J., & Yang, Z. (2008). Information asymmetry and asset prices: Evidence from the China foreign share discount. *The Journal of Finance*, 63 (1), pp.159—196.

23. Chan, M.K., Kwok S.S. (2015). Capital account liberalization and dynamic price discovery: evidence from Chinese cross-listed stocks. Applied Economics, 48 (6), pp.517—535.

24. Chen, J., Hong, H., & Stein, J. C. (2002). Breadth of ownership and stock returns. *Journal of financial Economics*, 66 (2-3), pp.171—205.

25. Chen, H., & Choi, P. M. S. (2012). Does information vault Niagara falls? Cross-listed trading in New York and Toronto. Journal of Empirical Finance, 19 (2), pp.175—199.

26. Das, S. (2019). Chinas Evolving Exchange Rate Regime, IMF Working Paper WP/19/50.

27. De Long, J. B., Shleifer, A., Summers, L. H., & Waldmann, R. (1990). Noise trader risk in financial markets. Journal of Political Economy, 98 (4), pp.703—738.

28. Diamond, D. W., & Verrecchia, R. E. (1987). Constraints on short-selling and asset price adjustment to private information. *Journal of Financial Economics*, 18 (2), pp.277—311.

29. Ding, H., Jin, Y., Koedijk, K.G., Wang, Y. (2020). Valuation effect of capital account liberalization: Evidence from the Chinese stock market, Journal of International Money and Finance, 107, pp.1—8.

30. Domowitz, I., Glen, J., & Madhavan, A. (1997). Market segmentation and stock prices: Evidence from an emerging market. *The Journal of Finance*, 52 (3), pp.1059—1085.

31. Eichler, S. (2011). Exchange rate expectations and the pricing of Chinese cross-listed stocks. Journal of Banking & Finance, 35 (2), pp.443—455.

32. Eichler, S., Karmann, A., & Maltritz, D. (2009). The ADR shadow exchange rate as an early warning indicator for currency crises. Journal of Banking & Finance, 33 (11), pp.1983—1995.

33. Errunza, V., & Losq, E. (1985). International asset pricing under mild segmentation: Theory and test. *The Journal of Finance*, 40 (1), pp.105—124.

34. Errunza, V., & Losq, E. (1989). Capital flow controls, international asset pricing, and investors welfare: A multi - country framework. *The Journal of Finance*, 44 (4), pp.1025—1037.

35. Frijns, B., & Zwinkels, R. C. (2018). Time-varying arbitrage and dynamic price discovery. Journal of Economic Dynamics and Control, 91, pp.485—502.

36. Gagnon, L., & Karolyi, G. A. (2010). Multi-market trading and arbitrage. Journal of Financial Economics, 97 (1), pp.53—80.

37. Goldstein, I., Li, Y., & Yang, L. (2014). Speculation and hedging in segmented markets. The Review of Financial Studies, 27 (3), pp.881—922.

38. Grammig, J., Melvin, M., & Schlag, C. (2005). Internationally cross-listed stock prices during overlapping trading hours: price discovery and exchange rate effects. Journal of Empirical Finance, 12 (1), pp.139—164.

39. Greenwood, R., Hanson, S. G., & Liao, G. Y. (2018). Asset price dynamics in partially segmented markets. The Review of Financial Studies, 31 (9), pp.3307—3343.

40. Grossman, S. J., & Stiglitz, J. E. (1980). On the impossibility of informationally efficient markets. *The American economic review*, 70 (3), pp.393—408.

41. Grossmann, A., Ngo, T. (2020). Economic policy uncertainty and ADR mispricing. Journal of Multinational Financial Management, 55, pp.1—19.

42. Grossmann, A., Ngo, T., & Simpson, M. W. (2017). The asymmetric impact of currency purchasing power imparities on ADR mispricing. Journal of Multinational Financial Management, 42, pp.74—94.

43. Hansen, L. P., & Sargent, T. J. (2008). Robustness. Princeton University Press.

44. Harrison, J. M., & Kreps, D. M. (1978). Speculative investor behavior in a stock market with heterogeneous expectations. *The Quarterly Journal of Economics*, 92 (2), pp.323—336.

45. Harmon, C., & Walker, I. (1995). Estimates of the economic return to schooling for the United Kingdom. The American Economic Review, 85 (5), pp.1278—1286.

46. Hietala, P. T. (1989). Asset pricing in partially segmented markets: Evidence from the Finnish market. The Journal of Finance, 44 (3), pp.697—718.

47. Hong, H., & Stein, J. C. (2003). Differences of opinion, short-sales constraints, and market crashes. *The Review of Financial Studies*, 16 (2), pp.487—525.

48. Huo, W., Fu, C., Huang, Y., & Zheng, S. X. (2018). The valuation of ADR IPOs. Journal of International Financial Markets, Institutions and Money, 53, pp.215—226.
49. Jithendranathan, T., Nirmalanandan, T. R., & Tandon, K. (2000). Barriers to international investing and market segmentation: Evidence from Indian GDR market. Pacific-Basin Finance Journal, 8 (3—4), pp.399—417.
50. Jurado, K. (2016). Advance information and distorted beliefs in macroeconomic and financial fluctuations. Working papers.
51. Kadiyala, P., & Kadiyala, P. (2004). ADRs as leading indicators of exchange rates. Emerging Markets Review, 5 (1), pp.83—107.
52. Lamont, O. A., & Thaler, R. H. (2003). Anomalies: The law of one price in financial markets. Journal of Economic Perspectives, 17 (4), pp.191—202.
53. Ma, R., Deng, C., Cai, H., & Zhai, P. (2019). Does Shanghai-Hong Kong Stock Connect drive market comovement between Shanghai and Hong Kong: A new evidence. The North American Journal of Economics and Finance, 50, 100980.
54. Mei, J., Scheinkman, J., & Xiong, W. (2005). Speculative trading and stock prices: Evidence from Chinese A-B share premia. Annals of Economics and Finance, 10 (2), pp.225—255.
55. Miller, E. M. (1977). Risk, uncertainty, and divergence of opinion. *The Journal of finance*, 32 (4), pp.1151—1168.
56. Nishimura, Y., Tsutsui, Y., & Hirayama, K. (2018). Do international investors cause stock market spillovers? Comparing responses of cross-listed stocks between accessible and inaccessible markets. Economic Modelling, 69, pp.237—248.
57. Pascual, R., Pascual-Fuster, B., & Climent, F. (2006). Cross-listing, price discovery and the informativeness of the trading process. Journal of Financial Markets, 9 (2), pp.144—161.
58. Pavlidis, E. G., & Vasilopoulos, K. (2020). Speculative bubbles in segmented markets: Evidence from Chinese cross-listed stocks. *Journal of International Money and Finance*, 109, 102222.
59. Rabinovitch, R., Silva, A. C., & Susmel, R. (2003). Returns on ADRs and arbitrage in emerging markets. Emerging Markets Review, 4 (3), pp.225—247.
60. Ross, S. A. (1977). The capital asset pricing model (CAPM), short-sale restrictions and

related issues. *The Journal of Finance*, 32（1）, pp.177—183.

61. Shea, J.（1997）. Instrument relevance in multivariate linear models: A simple measure. Review of Economics and Statistics, 79（2）, pp.348—352.

62. Stigler, M., Shah, A., & Patnaik, I.（2010）. Understanding the ADR premium under market segmentation. National Institute of Public Finance and Policy Working paper.

63. Stulz, R. M., & Wasserfallen, W.（1995）. Foreign equity investment restrictions, capital flight, and shareholder wealth maximization: Theory and evidence. *The Review of Financial Studies*, 8（4）, pp.1019—1057.

64. Sun, Q., & Tong, W. H.（2000）. The effect of market segmentation on stock prices: The China syndrome. Journal of Banking & Finance, 24（12）, pp.1875—1902.

65. Wang, W., & Yang, M.（2014）. New determinants to Chinese ADRs long term performance. Journal of Finance and Accountancy, 17, pp.1—18.

66. Wu, C., & Chen, K.（2015）. Return transmissions between ADRs and A-shares of dual-listed Chinese firms. Managerial Finance. 41（5）, pp.465—479.

67. Wu, J., Lin, J., Yang, Z., & Dong, L.（2020）. Effects of cross-border capital flows on stock returns of dual-listed firms in mainland China and Hong Kong: Evidence from a natural experiment. Pacific Economic Review, 2020, pp.1—29.

68. Wu, Q., Hao, Y., & Lu, J.（2017）. Investor sentiment, idiosyncratic risk, and mispricing of American Depository Receipt. Journal of International Financial Markets, Institutions and Money, 51, pp.1—14.

第六章　从 H 股、A 股对 ADR 的波动溢出效应看中概股回归

1. 梁上坤，徐灿宇，王瑞华．董事会断裂带与公司股价崩盘风险 [J]．中国工业经济，2020（03）：155—173．

2. 郑挺国，刘堂勇．股市波动溢出效应及其影响因素分析 [J]．经济学，2018，17（02）：669—692．

3. 李昊．中概股私有化与分拆回归 A 股的特点与影响分析 [J]．证券市场导报，2017（11）：42—48．

4. 徐晓光，廖文欣，郑尊信．沪港通背景下行业间波动溢出效应及形成机理 [J]．数量经济技术经济研究，2017，34（03）：112—127．

5. 戴丹苗，刘锡良．中概股公司财务舞弊的文献综述 [J]．金融发展研究，2017（01）：

11—19.

6. 彭涛.中概股回归国内资本市场问题研究[J].国际经济合作，2016（10）：92—95.

7. 刘纪鹏，林蔚然.VIE 模式双重道德风险及监管建议[J].证券市场导报，2015（10）：4—12.

8. 梁琪，李政，郝项超.中国股票市场国际化研究：基于信息溢出的视角[J].经济研究，2015，50（04）：150—164.

9. 雷光勇，王文，金鑫.公司治理质量、投资者信心与股票收益[J].会计研究，2012(02)：79—86.

10. 胡秋灵，马丽.我国股票市场和债券市场波动溢出效应分析[J].金融研究，2011（10）：198—206.

11. 饶慧民.发展我国企业境外上市的 ADR 方式[J].中国工业经济，1999（02）：39—41.

12. Ahmed, A.D., & Huo, R.（2019）. Impacts of Chinas crash on Asia-Pacific financial integration: Volatility interdependence, information transmission and market co-movement, Economic Modelling, pp.79, 28—46.

13. Antonakakis, N., & Gabauer, D.（2017）. Refined measures of dynamic connectedness based on TVP-VAR. MPRA Working Paper No. 78282.

14. Baker, R.S., Bloom, N. and Davis, S. J.（2016）. Measuring economic policy uncertainty, The Quarterly Journal of Economics, 131（4）, pp.1593—1636.

15. Chung, K., & Zhang, H.（2011）. Corporate governance and institutional ownership. Journal of Financial Quantitative Analysis, 46, pp.247—273

16. Diebold, F.X., & Yilmaz, K.（2009）. Measuring financial asset return and volatility spillovers, with application to global equity markets. Economic Journal, 119, pp.158—171.

17. Diebold, F. X., & Yilmaz, K.（2012）. Better to give than to receive: Predictive measurement of volatility spillovers. International Journal of Forecasting, pp.28, 57—66.

18. Eiling, E., & Gerard, B.（2015）. Emerging equity market comovements: Trends and macroeconomic fundamentals. Review of Finance, pp.19, 1543—1585.

19. Eun, C., & Shim, S.（1989）. International transmission of stock market movements. Journal of Financial and Quantitative Analysis, 24（2）, pp.241—256.

20. Fernández-Rodríguez, F., Gómez-Puig, M., & Sosvilla-Rivero, S.（2016）. Using connectedness analysis to assess financial stress transmission in EMU sovereign bond market volatility. Journal

of International Financial Markets, Institutions and Money, pp.43, 126—145.

21. Grossmann, A. and Ngo, T.（2020）Economic policy uncertainty and ADR mispricing. Journal of Multinational Financial Management pp.55, 1—19.

22. Kim, S.W., & Rogers, J.H.（1995）. International stock price spillovers and market liberalization: Evidence from Korea, Japan, and the United States. Journal of Empirical Finance, 2（2）, pp.117—133.

23. King, M., & Wadhwani, S.（1990）. Transmission of volatility between stock markets. Review of Financial Studies, 3（1）, pp.5—33.

24. Koutmos, G., & Booth, G.G.（1995）. Asymmetric volatility transmission in international stock markets. Journal of International Money and Finance, 14（6）, pp.747—762.

25. Pastor, L., & Veronesi, P.（2012）. Uncertainty about government policy and stock prices. The Journal of Finance, pp.67, 1219—1264.

26. Prasad, N., Grant, A. & Kim, S.J.（2018）. Time varying volatility indices and their determinants: Evidence from developed and emerging stock markets. International Review of Financial Analysis, 60，pp.115—126.

27. Pretorius, E（2002）. Economic determinants of emerging stock market interdependence. Emerging Markets Review, 3（1）, pp.84—105.

28. Su, X.（2020）. Dynamic behaviors and contributing factors of volatility spillovers across G7 stock markets. The North American Journal of Economics and Finance, pp.53, 101218.

29. Zheng, T., & Huo, H.（2013）. Reexamining the time-varying volatility spillover effects: A Markov switching causality approach. North American Journal of Economics and Finance, pp.26, 643—662.

30. Zhou, X., Zhang, W. & Zhang, J.（2012）. Volatility spillovers between the Chinese and world equity markets. Pacific-Basin Finance Journal, 20（2）, pp.247—270.

第三篇　债券市场

第八章　债券市场开放历程

1. 徐忠，张雪春，曹媛媛，汤莹玮，万泰雷.以对外开放促进金融市场改革发展[R]//2017·径山报告（分报告六）.杭州：中国金融四十人论坛，2017.

2. 中央国债登记结算有限责任公司.新中国债券市场发展简史[M].北京：北京时代华文

书局，2019.

第九章 在岸和离岸债券收益率联动关系及相关政策效果

1. 丁剑平，胡昊，叶伟. 在岸与离岸人民币汇率动态研究——基于美元因素和套利因素的视角[J]. 金融研究，2020（06）：78—95.
2. 冯永琦，王丽莉. 离岸与在岸人民币债券市场波动溢出效应研究——基于债券利率期限结构的分析[J]. 国际经贸探索，2016，32（07）：53—63.
3. 管涛. 人民币汇率破"7"：如期而至的调整[J]. 清华金融评论，2019（10）：65—69.
4. 纪志宏，曹媛媛. 信用风险溢价还是市场流动性溢价：基于中国信用债定价的实证研究[J]. 金融研究，2017（02）：1—10.
5. 荣蓉，王亚亚，吴梦晗. 人民币汇率破"7"市场主体应对有序[J]. 中国外汇，2019（18）：14—17.
6. 徐忠. 经济高质量发展阶段的中国货币调控方式转型[J]. 金融研究，2018（04）：1—19.
7. 肖敏，王雪飞. 人民币债券离岸市场和在岸市场的相关性分析——基于DCC-GARCH模型的研究[J]. 中央财经大学学报，2014（S1）：23—30.
8. 易纲. 再论中国金融资产结构及政策含义[J]. 经济研究，2020，55（03）：4—17.
9. 周先平，李敏，刘天云. 境内外人民币债券市场的联动关系及其影响因素分析[J]. 国际金融研究，2015（03）：44—53.
10. Aldasoro, I., Ehlers, T., McGuire, P., and von Peter, G. 2020. Global Banks' Dollar Funding Needs and Central Bank Swap Lines. *BIS Bulletin*, No.27.
11. Andrews, Donald W. K. 1993. Tests for Parameter Instability and Structural Change with Unknown Change Point. *Econometrica*, 61(4), pp. 821—856.
12. Banerjee, R., Hofmann, B., and Mehrotra, A. 2020. Corporate Investment and the Exchange Rate. BIS Working Paper, No.839.
13. Barberis, N., Shleifer, A., and Wurgler, J. 2005. Comovement. *Journal of Financial Economics*, 75（2）, pp. 283—317.
14. Bekaert, G., Wei, M., and Xing, Y. 2007. Uncovered Interest Rate Parity and the Term Structure. *Journal of International Money and Finance*, 26（6）, pp. 1038—1069.
15. Bruno, V. and Shin, H. 2017. Global Dollar Credit and Carry Trades. *Review of Financial Studies*, 30（3）, pp. 703—749.
16. Bunda, I., Hamann, A.J., and Lall, S. 2009. Correlations in emerging market bonds: The role

of local and global factors. *Emerging Markets Review*, 10（2）, pp. 67—96.

17. Chow, Gregory C. 1960. Tests of equality between sets of coefficients in two linear regressions. *Econometrica: Journal of the Econometric Society*, 28（3）, pp. 591—605.

18. Christiansen, C. 2014. Integration of European Bond Markets. *Journal of Banking & Finance*, 42, pp. 191—198.

19. Committee on the Global Financial System（CGFS）. 2020. US Dollar Funding: An International Perspective. CGFS Papers No. 65. https://www.bis.org/publ/cgfs65.htm.

20. Ding, D., Huang, Y., and Zhou, Y. 2019.China's Offshore Corporate Dollar Bonds. In: *The Future of China's Bond Market*, IMF, Chapter16, pp. 357—379.

21. Ding, D.K., Tse, Y., and Williams, M.R. 2014. The price discovery puzzle in offshore Yuan trading: different contributions for different contracts. *Journal of Futures Markets*, 34（2）, pp. 103—123.

22. Du, W., Tepper, A., and Verdelhan, A. 2018. Deviations from Covered Interest Rate Parity. *Journal of Finance*, 73（3）, pp. 915—957.

23. Égert, B. and Kočenda, E. 2007. Interdependence between Eastern and Western European stock markets: Evidence from intraday data. *Economic Systems*, 31（2）, pp. 184—203.

24. Eichengreen, B., Park D. and Shin K. 2012. When Fast-Growing Economies Slow Down: International Evidence and Implications for China, *Asian Economic Papers*, 11（1）, pp. 42—87.

25. Engle, C. 2014.Exchange Rates and Interest Parity. In: *Handbook of International Economics*, *Vol*.4 edited by G. Gopinath, E. Helpman, and K. Rogoff. Elsevier. pp. 453—522.

26. Engel, C. and Hamilton, J.D.A. 1990. Long Swings in the Dollar: Are They in the Data and Do Markets Know It? *The American Economic Review*, 80（4）, pp. 689—713.

27. Engle, R.F. and Kroner, K.F. 1995. Multivariate simultaneous generalized ARCH. *Econometric Theory*, 11（1）, pp. 122—150.

28. Frankel, J. 2012. Internationalization of the RMB and Historical Precedents. *Journal of Economic Integration*, 27, pp. 329—365.

29. Gambacorta, L., Mayordomo, S., and Garralda, J. 2020. Dollar Borrowing, Firm-characteristics, and FX-hedged Funding Opportunities. BIS Working Paper, No. 843.

30. Hardy, B. and Saffie, F. 2019. From Carry Trades to Trade Credit. BIS Working Paper, No.

773.

31. Hordahl, P. and Shim, I. 2020. EME Bond Portfolio Flows and Long-term Interest Rates during the Covid-19 Pandemic. *BIS Bulletin*, No.18.

32. Huang, Y., Panizza, U., and Portes, R. 2018. Corporate Foreign Bond Issuance and Interfirm Loans in China. NBER Working Paper, No. 25413.

33. Huo, R. and Ahmed, A.D. 2017. Return and volatility spillovers effects: Evaluating the impact of Shanghai-Hong Kong Stock Connect. *Economic Modelling*, 61, pp. 260—272.

34. Jiang, Z., Krishnamurthy, A., and Lustig, H. 2018.Foreign Safe Asset Demand for US Treasuries and the Dollar.*AEA Papers and Proceedings*, 108（5）, pp. 537—541.

35. Lewis, K. 1995.Puzzles in International Financial Markets. In: *Handbook of International Economics*, Vol.3, edited by G. Grossman and K. Rogoff. North-Holland. pp. 1931—1971.

36. Ma, R., Deng, C., Cai, H., and Zhai, P. 2019. Does Shanghai-Hong Kong Stock Connect drive market comovement between Shanghai and Hong Kong?: A new evidence. *North American Journal of Economics and Finance*, 50, 100980.

37. McCauley, R. and Schenk, C. 2020.Central Bank Swaps Then and Now. BIS Working Paper, No.851.

38. McCauley, R.N., Shu, C., and Ma, G. 2014. Non-deliverable forwards: 2013 and beyond. *BIS Quarterly Review*. March.

39. Miyajima, K., Mohanty, M.S., and Chan, T. 2015. Emerging market local currency bonds: diversification and stability. *Emerging Markets Review*, 22, pp. 126—139.

40. Obsfeld, M. and Rogoff, K. 2001. The Six Major Puzzles in International Macroeconomics. In: *NBER Macroeconomics Annual* 2000, edited by B. Bernanke and K. Rogoff. Chicago: University of Chicago Press. pp. 339—412.

41. Rose, A. and Spiegel, M. 2012. Dollar Illiquidity and Central Bank Swap Arrangements during the Global Financial Crisis. *Journal of International Economics*, 88（2）, pp. 326—340.

42. Schipke, M.A., Rodlauer, M.M., and Zhang, M.L. eds. 2019. *The Future of China's Bond Market*. International Monetary Fund.

43. Stenfors, A. 2019.The Covered Interest Parity Puzzle and the Evolution of the Japan Premium. *Journal of Economic Issues*, 53（2）, pp. 417—424.

44. Sutton, G.D. 2000. Is there excess comovement of bond yields between countries? *Journal of*

International Money and Finance, 19（3）, pp. 363—376.

45. Verdelhan Adrien. 2018. The Share of Systematic Variation in Bilateral Exchange Rates. *Journal of Finance*, 73（1）, pp. 375—418.

46. Ventosa-Santaulària, D., Gómez-Zaldívar, M., and Wallace, F.H. 2015. The real exchange rate, regime changes and volatility shifts. *Applied Economics*, 47, pp. 2445—2454.

第十章　从离岸在岸企业债券收益率看利率平价理论在中国的适用性

1. 崔明超，黄运成.人民币远期汇率定价实证分析 [J]. 国际金融研究，2008（10）.

2. 纪志宏，曹媛媛.信用风险溢价还是市场流动性溢价 [J]. 金融研究，2017（2）.

3. 金中夏，陈浩.利率平价理论在中国的实现形式 [J]. 金融研究，2012（7）.

4. 李晓峰，陈华.交易者预期异质性、央行干预效力与人民币汇率变动 [J]. 金融研究，2010（8）.

5. 潘锡泉.中美利率和汇率动态效应研究 [J]. 国际贸易问题，2013（6）.

6. 谭小芬，高志鹏.中美利率平价的偏离资本管制抑或风险因素 [J]. 国际金融研究，2017（4）.

7. 肖立晟，刘永余.人民币非抛补利率平价为什么不成立 [J]. 管理世界，2016（7）.

8. 徐忠.经济高质量发展阶段的货币调控方式转型 [J]. 金融研究，2018（4）.

9. 徐忠，张雪春，曹媛媛，汤莹玮，万泰雷.以对外开放促进金融市场改革发展 [R]//2017·径山报告（分报告六）.杭州：中国金融四十人论坛，2017.

10. 易纲.再论中国金融资产结构及政策含义 [J]. 经济研究，2020（4）.

11. 易纲，范敏人民币汇率的决定因素及走势分析 [J]. 经济研究，1997（10）.

12. 张萍.利率平价理论及其在中国的表现 [J]. 经济研究，1996（10）.

13. Abeysekera, S. and H. Turtle, 1996, "Long-run Relations in Exchange Markets: A Test of Covered Interest Parity", Journal of Financial Research, 18（4）, pp. 431—447.

14. Alexius, A., 2001, "Uncovered Interest Parity Revisited", Review of International Economics, 9（3）, pp. 505—517.

15. Alper, C., O. Ardic and S. Fendoglu, 2009, "The Economics of TheUncovered Interest Parity Condition for Emerging Markets", Journal of Economic Surveys, Wiley 23（1）, pp. 115—138.

16. Avdjiev, S., W. Du, C. Koch and H. Shin, 2019, "The Dollar, Bank Leverage, and Deviations from Covered Interest Parity", American Economic Review: Insights, 1（2）, pp. 193—208.

17. Baillie, R. and S. Chang, 2011, "Carry TradesMomentum Trading and the Forward Premium Anomaly", Journal of Financial Markets, 14(3), pp. 441—464.

18. Banerjee, R., B. Hofmann and A. Mehrotra, 2020, "Corporate Investment and the Exchange Rate", BIS Working Paper, No.839.

19. Bansal, R. and M.Dahlquist, 2000, "The Forward Premium Puzzle: Different Tales from Developed and Emerging Economies", Journal of International Economics 51(1), pp. 115—144.

20. Bansal, R. and I.Shaliastovich, 2013, "A Long-Run Risks Explanation of Predictability Puzzles in Bond and Currency Markets", Review of Financial Studies, 26(1), pp. 1—33.

21. Bekaert, G., M. Wei and Y. Xing, 2007, "Uncovered Interest Rate Parity and the Term Structure", Journal of International Money and Finance, 26(6), pp. 1038—1069.

22. Borio, C., R. McCauley, P.McGuire and V. Sushko, 2016, "Covered Interest Parity Lost", BIS Quarterly Review, (September), pp. 45—64.

23. Boudoukh, J., M. Richardson and R. Whitelaw, 2016, "New Evidence on the Forward Premium Puzzle", Journal of Financial and Quantitative Analysis, 51(3), pp. 875—897.

24. Bruno, V. and H. Shin, 2017, "Global Dollar Credit and Carry Trades", Review of Financial Studies, 30(3), pp. 703—749.

25. Cerutti, E., M. Obstfeld and H. Zhou, 2019, "Covered Interest Parity Deviations", NBER Working Papers, No.26129.

26. Chang, H. and C. Su, 2015, "Uncovered Interest Parity and Monetary Integration in East Asian Countries Based on China", Journal of International Trade & Economic Development, 24(4), pp. 451—464.

27. Cheung, Y., M. Chinn and E.Fujii, 2006, "The Chinese Economies in Global Context", Journal of the Japanese and International Economies, 20(1), pp. 128—153.

28. Chinn, M., and G. Meredith, 2004, "Monetary Policy and Long-Horizon Uncovered Interest Parity", IMF Staff Papers, 51(3), pp. 409—430.

29. Chinn, M. and S.Quayyum, 2012, "Long Horizon Uncovered Interest Parity Re-Assessed", NBER Working Papers, No.18482.

30. Cho, D., 2018, "On the Persistence of the Forward Premium in the Joint Presence of Nonlinearity, Asymmetry, and Structural Changes", Economic Modelling, 70(C), pp. 310—319.

31. Colacito, R. and M. Croce, 2013. "International Asset Pricing with Recursive Preferences", Journal of Finance, American Finance Association, 68（6）, pp. 2651—2686.

32. Cumby, R. and M. Obstfeld, 1981, "A Note on Exchange-rate Expectations and Nominal Interest Differentials", Journal of Finance, 36（3）, pp. 697—703.

33. Cumby, R. and M. Obstfeld, 1984, "International Interest Rate and Price Level Linkages under Flexible Exchange Rates", in Exchange Rate Theory and Practice, Bilson, J. and R. Marston（eds）, pp. 121—151. Chicago: University of Chicago Press.

34. Ding, D., Y. Huange and Y. Zhou, 2019, "China's Offshore Corporate Dollar Bonds", in The Future of China's Bond Market, IMF, Chapter16, pp. 357—379.

35. Dooley, M. and P. Isard, 1980, "Capital Controls, Political Risk and Deviations from Interest Rate Parity", Journal of Political Economy, 88（2）, pp. 370—384.

36. Du, W, A.Tepper and A.Verdelhan, 2018, "Deviations from Covered Interest Rate Parity", Journal of Finance, 73（3）, pp. 915—957.

37. Engel, C., 1996, "The Forward Discount Anomaly and the Risk Premium: A Survey of Recent Evidence", Journal of Empirical Finance, 3（2）, pp. 123—192.

38. Engle, C., 1996, "The Forward Discount Anomaly and the Risk Premium: A Survey of Recent Evidence", Journal of Empirical Finance, 3（2）, pp. 123—192.

39. Engle, C., 2014, "Exchange Rates and Interest Parity", in Handbook of International Economics, Vol.4, pp. 453—522.

40. Engle, C. and F. Zhu, 2019, "Exchange Rate Puzzles", BIS Working Paper, No. 805.

41. Engle, R., and K. Kroner, 1995, "Multivariate Simultaneous Generalized ARCH", Econometric Theory, 11（1）, pp. 122—150.

42. Fama, E., 1984, "Forward and Spot Exchange Rates", Journal of Monetary Economics, 14（3）, pp. 319—338.

43. Fong, W., G. Valente and J. Fung, 2010, "Covered Interest Arbitrage Profits", Journal of Banking & Finance, 34（5）, pp. 1098—1107.

44. Frankel, J., 2014, "Effects of Speculation and Interest Rates in a 'Carry Trade' Model of Commodity Prices", Journal of International Money and Finance, 42（C）, pp. 88—112.

45. Frankel, J. and K. Froot, 1987, "Using Survey Data to Test Standard Propositions Regarding Exchange Rate Expectations", American Economic Review, 77（1）, pp. 133—153.

46. Frankel, J. and J. Poonawala, 2010, "The Forward Market in Emerging Currencies", Journal of International Money and Finance, 29(3), pp. 585—598.

47. Froot, K. and J. Frankel, 1989, "Forward Discount Bias", Quarterly Journal of Economics, 104(1), pp. 139—161.

48. Froot, K. and J. Frankel, 1991, "Exchange Rate Forecasting Techniques, Survey Data and Implications for the Foreign Exchange Market", NBER Working Paper, No.3470.

49. Gambacorta, L., S. Mayordomo and J. Garralda, 2020 "Dollar Borrowing, Firm-characteristics, and FX-hedged Funding Opportunities", BIS Working Paper, No. 843.

50. Henderson, D. and S. Sampson, 1983, "Intervention in Foreign Exchange Markets", Federal Reserve Bulletin, November, pp. 830—836.

51. Hochradl, M. and C. Wagner, 2010, "Trading the Forward Bias", Journal of International Money and Finance, 29(3), pp. 423—441.

52. Hordahl, P. and I. Shim, 2020, "EME Bond Portfolio Flows and Long-term Interest Rates during the Covid-19 Pandemic", BIS Bulletin, No.18.

53. Huang, H., 2019, "China Onshore Insights: A New Way to Look at China's Corporate Bonds", HSBC Euromoney Fixed Income Research Survey, May.

54. Huang, Y., U. Panizza and R. Portes, 2018, "Corporate Foreign Bond Issuance and Interfirm Loans in China", NBER Working Paper, No. 25413.

55. Iida, T., T. Kimura and N. Sudo, 2016, "Regulatory Reforms and the Dollar Funding of Global Banks", Bank of Japan Working Paper, No. 16-E-14.

56. Ince, O., and T. Molodtsova, 2017, "Rationality and Forecasting Accuracy of Exchange rate Expectations", Journal of International Financial Markets, 47(C), pp. 131—151.

57. Jiang, Z, A. Krishnamurthy and H. Lustig, 2018, "Foreign Safe Asset Demand for USTreasuries and the Dollar", American Economic Review, AEA Papers and Proceedings, 108(5), pp. 537—541.

58. Jorda, O. and A., Taylor, 2012, "The Carry Trade and Fundamentals", Journal of International Economics, 88(1), pp. 74—90.

59. Ivashina, V, D. Scharfstein and J. Stein, 2015, "Dollar Funding and the Lending Behavior of Global Banks", Quarterly Journal of Economics, 130(3), pp. 1241—1281.

60. Kim, H. and J. Cho, "A Test of the Revised Interest Parity in China and Asian Emerging

Markets", Emerging Markets Finance and Trade, 47（sup4）, pp. 23—41.

61. Lee, S., 2003, "Deviation from Covered Interest Rate Parity in Korea", East Asian Economic Review, 7（1）, pp. 125—141.

62. Lewis, K., 1995, "Puzzles in International Financial Markets", in Handbook of International Economics, Vol.3, Grossman,G. and K. Rogoff（eds）, pp. 1931—1971. North-Holland.

63. Loring, G. and B. Lucey, 2013, "An Analysis of Forward Exchange Rate Biasedness across Developed and Developing Country Currencies", Emerging Markets Review, 17（C）, pp. 14—28.

64. Lothian, J., 2016, "Uncovered Interest Parity: The Long and the Short of It", Journal of Empirical Finance, 36（C）, pp. 1—7.

65. Lothian, J. and L. Wu, 2011, "Uncovered Interest Rate Parity over the Past Two Centuries", Journal of International Money and Finance, 30（3）, pp. 448—473.

66. Macdonald, R. and M. Taylor, 1992, "Exchange Rate Economics: A Survey", IMF Staff Papers, 39（1）, pp. 1—57.

67. McCauley, R., P. McGuire and V. Sushko, 2015, "Global Dollar Credit", BIS Working Paper, No. 483.

68. Miah, F. and O. Altiti, 2020, "Risk Premium or Irrational Expectations?",NorthAmerican Journal of Economics and Finance, 51（C）, pp. 1—22.

69. Newey, W. and K. West, 1987, "A Simple, Positive Definite, Heteroskedasticity and Autocorrelation Consistent Convariance Matrix", Econometrica, 55（3）, pp. 703—708.

70. Obsfeld, M. and K. Rogoff, 2001, "The Six Major Puzzles in International Macroeconmics", in NBER Macroeconomics Annual 2000, Bernanke, B. and K. Rogoff（eds）, pp. 339—412. Chicago: University of Chicago Press.

71. Rime, D., A.SchrimpfandO.Syrstad, 2017, "Segmented Money Markets and Covered Interest Parity Arbitrage", BIS Working Papers（No. 651）.

72. Rose, A. and M. Spiegel, 2012, "Dollar Illiquidity and Central Bank Swap Arrangements during the Global Financial Crisis", Journal of International Economics, 88（2）, pp. 326—340.

73. Rossi, B., 2013, "Exchange Rate Predictability", Journal of Economic Literature, 51（4）, pp. 1063—1119.

74. Sarantis, N., 2006, "Testing the Uncovered Interest Parity Using Traded Volatility, a Time- varying Risk Premium andHeterogeneous Expectations", Journal of International Moneyand Finance, 25（7）, pp. 1168—1186.

75. Skinner, F. and A. Mason, 2011, "Covered Interest Rate Parity in Emerging Markets", International Review of Financial Analysis, 20（5）, pp. 355—363.

76. Stenfors, A., 2019, "The Covered Interest Parity Puzzle and the Evolution of the Japan Premium", Journal of Economic Issues, 53（2）, pp. 417—424.

77. Suh, S. and Y. Kim, 2016, "Covered Interest Parity and Arbitrage Paradox in Emerging Markets", Pacific-Basin Finance Journal, 38（C）, pp. 161—176.

78. Sushko, V., C. Borio, R. McCauley and P. McGuire, 2018, "The Failure of Covered Interest Parity FX Hedging Demand and Costly Balance Sheets", BIS Working Paper, No.590.

79. Taylor, M., 1989, "Covered Interest Arbitrage and Market Turbulence", Economic Journal, 99（396）, pp. 376—391.

80. Wang, Y., 2010, "Anomaly in China's Dollar–RMBForward Market", China & World Economy, 18（2）, pp. 96—120.

81. Wang, Y., 2015, "Convertibility Restriction in China's Foreign Exchange Market and Its Impact on Forward Pricing", Journal of Banking & Finance, 50（C）, pp. 616—631.

82. Wong, A., D. Leung and N. Calvin, 2016, "Risk-adjusted Covered Interest Parity: Theory and Evidence", Hong Kong Institute for Monetary Research Working Papers, No. 16/2016.

83. Wooldridge, J., 2012. Introductory Econometrics: A Modern Approach. Cengage Learning.